워런 버핏의
투자원칙

나는 사람에게 투자한다

워런 버핏의

마키노 요 지음
신동기 옮김

투자원칙

SIAA 시아

내가 워런 버핏을 처음 알게 된 것은, 1980년대 후반부터 1990년대 초반에 걸쳐 니혼게이자이 신문사日本經濟新聞社에서 기자로 일할 때였다. 마침 도쿄 증권거래소 기자단에 속해 있었기 때문에 증권업계, 특히 외국 자본 계열의 증권회사를 취재하는 데에 힘을 쏟고 있었다.

일본 버블 경제 시기에 외국 자본 계열의 증권회사들이 규제 완화의 순풍을 타고 도쿄에서 급속도로 세력을 뻗치고 있었다. 특히 '월스트리트의 황제'로 불리던 살로먼 브러더스는 순풍에 돛단 듯한 기세로 다가왔다. 도쿄에 주재하고 있던 데릭 모건을 몇 번인가 취재한 적도 있다.

그런 만큼 국채 부정입찰 사건으로 살로먼이 엄청난 혼란에 빠져 있을 때 나는 개인적인 흥미를 갖고 상황을 지켜보았다. 모건이 살로먼 본사에 업무 책임자로 발탁된 것도 놀라운 일이었지만, 버핏이 혜성처럼 나타나 회장 겸 최고경영자로 취임한 사실도 무척 놀라운 일이었다. '투자가'인 그가 도대체 어떻게 '월스트리트의 황제'의 최고경영자로 영입된 것인가? 나는 점점 더 흥미로워졌다.

다음으로 버핏을 주목하게 된 것은, 1995년 취리히 지국장을 지낼 때였다. 스위스와 미국은 별다른 관계가 없지만, 당시 스위스를 위시한 유럽 각국에서도 '행동하는 주주'가 서서히 등장하고 있었다. 그러던 중에 거대 미디어 기업인 ABC/캐피털 시티가 거대 오락기업인 월트 디즈니에 매수되고, 더구나 배후 인물이 '버핏'이라는 뉴스를 듣게 되었다. 하지만 그때까지도 나는 '버핏은 엄청나게 영향력 있는 인물일 것이다.' 하는 정도로만 생각하며 남의 일로 여겼다.

그런데 1996년 봄, 그것은 남의 일이 아니었다. 나는 뉴욕에서 근무하게 되었고, 게다가 월스트리트를 담당하게 되었다. 그가 나의 취재 대상이 된 사실에 무척 흥분했었다. 그리고 버핏이 어떤 인물인지 연구해 보기로 마음먹었고, 결국 이 책을 쓰게 되었다.

나는 버크셔 해서웨이의 연차주주총회에 1997년과 1998년 연이어 참가하여, 6시간이 넘는 '버핏의 투자 철학' 강연을 들었다. 짧은 시간이었지만 그를 만나보기도 했다.

나는 버핏에게 직접 편지를 써서 이 책의 출판 계획을 알려 주었다. 그리고 그에게 개별적으로 인터뷰를 하고 싶다는 제의를 했다. 하지만 그가 언론과 개별적으로 인터뷰하는 일은 극히 드문 일이었을 뿐만 아니라, 자신에 관한 책과 관련해서 인터뷰를 한 적은 한 번도 없었다. 대답은 예상한 대로 "노"였다. 그러나 그는 친절하게도 직접 편지를 써서 책의 출판을 알려 주어서 고맙다는 뜻을 보내왔다.

아쉽게도 버핏과 장시간 개별적으로 인터뷰할 수는 없었지만, 버핏을 직접 알고 있는 사람들과 인터뷰한 것이 많은 참고가 되었다. 버핏에게 선발되어 살로먼 회장에 취임했던 데릭 모건, 트래블러스 그룹 최고경영자에서 시티그룹 최고경영자로 자리를 옮긴 샌퍼드 웨일, 코카콜라 최고경영자 더글러스 아이베스터, 질레트 최고경영자 마이클 홀리 등과 인터뷰하였다. 모건은 이 책을 위해서 특별히 시간을 내주었고, 버핏의 성격에 대해 장시간에 걸쳐 이야기해 주었다.

물론 일상의 취재 활동을 통해 다수의 기업 경영자, 투자은행가, 연금기금 간부, 펀드매니저, 증권 분석가, 변호사, 학자들과 인터뷰한 자료도 많이 활용했다. 그것들은 미국의 증권 시장을 이해하는 데에 매우 유용한 자료가 되었다.

　　이 책은 버핏 개인보다도 '버핏 형 기업'을 주제로 쓰여졌다. 버핏에게 초점을 맞추면서 '주식회사 미국'이 어떻게 변화하고 부활하여 왔는가를 부각시키는 것이 목적이기 때문이다.

　　이 책을 쓰면서 많은 자료의 도움을 받았다. 그 중 가장 도움이 된 자료는 버핏이 매년 버크셔 해서웨이의 주주들에게 보낸 연차보고서에 쓴 「회장의 편지」이다. 버크셔 해서웨이의 주주가 되지 않으면 볼 수 없었지만 지금은 인터넷에 공개되고 있는 「회장의 편지」야말로 워런 버핏의 인생, 투자 철학, 가치관 등 모든 것이 들어 있다고 해도 과언이 아닐 것이다.

　　　　　　　　　　　　　　　　　　　　　　　　마키노 요

차 례
CONTENTS

III 나는 사람에게 투자한다

주주들의 성지 순례

저는 돈을 벌기 위해 경영하는 것이 아니라 단지 그 일이 즐겁기 때문에 합니다. '누구를 위해서 일하고 있는가?' 하고 묻는다면 답은 단연코 '주주들을 위해서'입니다. 가능한 한 많은 주주들과 직접 만나는 일은 매우 즐겁습니다.

주주총회, 그 축제의 현장

1998년 5월 초, 최고급 스테이크로 유명한 미국 네브래스카 주 오마하. 여느 때 같으면 조용하고 목가적인 분위기였을 이 작은 도시가 갑자기 시끌벅적한 국제 도시의 모습을 띠기 시작했다. 오마하에 본사를 두고 있는, 직원 12명의 투자회사 버크셔 해서웨이의 주주총회에 미국, 유럽, 아시아 등 수십 개국에서 1만 1천 명의 주주들이 참가했던 것이다. 전 해에 비해서는 40퍼센트, 5년 전에 비하면 5배가 증가한 인원이었다. 같은 해, 컴퓨터 업계의 거인 IBM이 개최한 주주총회도 성황리에 열렸다고 하지만, 모인 주주는 500명이 채 되지 않았다.

이런 축제와 같은 총회의 주최자는 '오마하의 현인oracle of Omaha'이라는 별명을 갖고 있는, 버크셔 해서웨이의 회장 겸 최고경영자 워런 버핏이었다.

총회 개최일인 5월 4일 월요일. 총회가 열릴 거대한 스타디움 아크사벤 경기장은 주주들로 넘쳐났고, 약간 구부정한 몸에 안경을 쓴 버핏이 부회장 찰스 멍거Charles T. Munger와 나란히 단상에 올라서자 그 모습이 벽에 설치된 몇 개의 대형 화면에 크게 비쳤다. 명실상부한 미국 최대의 주주총회였다.

버핏은 한 손에 (그가 좋아하는) 체리코크를 든 채 특유의 빠른 어조로 자신의 투자 철학과 투자하고 있는 기업에 대해 재미있게 설명했다.

그는 10대의 어린아이까지 포함된 주주들의 질문에 정중히 대답하면서 여섯 시간에 걸친 마라톤 총회를 이끌어갔다. 휴식 시간이라고는 점심 시간 30분밖에 없는 총회를 무리 없이 치르는 것을 보니, 그가 67세라고는 도저히 믿어지지 않았다. 더구나 변호사 출신인 멍거는 74세의 고령이었다.

총회가 시작되기 전 토요일과 일요일에는 주주들을 위한 작은 축제가 준비되어 있었다. 우선 버핏은 토요일에 오마하의 야구장에 나타나서 그 지역의 마이너리그 팀인 오마하 로열스의 경기에서 시구를 했다.

그는 오마하 로열스 구단의 주식 25퍼센트를 가지고 있는 오너이다. 1991년 125만 달러를 투자하여 경영난에 빠진 로열스를 구한 것이다. 그런 행동의 이유를 궁금해하는 주주나 기자들에게 그는, "오마하 사람들은 자신들의 팀을 잃지 않은 것을 매우 기쁘게 생각하고 있습니다. 주민들이 자신이 살고 있는 지역을 자랑스러워하는 것은 아주 중요한 일입니다." 하며 로열스에 투자한 의의를 설명했다.

축제는 총회 당일인 월요일 아침까지 계속되었다. 버크셔 해서웨이는 주주들에게 보석점에서의 쇼핑, 스테이크 하우스에서의 저녁 만찬, 데어리 퀸Dairy Queen에서의 후식 등 많은 이벤트를 제공했다. 월요일 아침에는 총회장 내에 설치되어 있는 대형 화면을 통해, 워런 버핏 부부가 마이크로소프트의 회장 겸 최고경영자이자 그의 친구인 빌 게이츠Bill Gates 부부와 함께 중국을 여행하면서 찍은 비디오를 상영하여 주주들을 즐겁게 해주었다. 이날 특별히 경호원도 동반하지 않은 채 총회장에 나타난 버핏은 주주들이 말을 걸어올 때마다 웃는 얼굴로 화답해 주었다.

단시간 내에 모든 것이 박수를 통해 일사천리로 끝나는 총회, 별다른 내용이 없는 질의응답이 오가거나 고함과 야유가 대부분인 보통의 주주총회와 비교해 본다면 버크셔 해서웨이의 주주총회는 매우 특별했다.

버핏은 주주를 '주主'로 여기고 자신은 '종從'의 역할을 철저히 수행함으로써 주식회사를 기둥으로 하는 자본주의의 기본 이념을 충실히 실현하였다.

1년 뒤인 1999년 5월에 열린 주주총회에도 총 1만 5천 명 정도가 몰려들었다. 이런 주주총회의 모습을 본 버크셔 해서웨이의 주주 중 한 사람은, "이슬람교도가 메카를 성지 순례하듯 투자가는 오마하를 순례한다." 하고 표현할 만큼 총회는 대성황을 이루었다.

대부호, 일류 경영자, 그리고 천재적인 투자가

1달러를 원화 1,200원의 환율로 계산한다면 버핏은 53조 원 이상의 개인 자산을 갖고 있는 세계적인 대부호大富豪이다. 부호 순위로는 마이크로소프트 사의 지분을 가지고 있는 빌 게이츠를 추월하여 1위에 오른 적도 있었다.

그가 경영하는 버크셔 해서웨이는 『포춘』지가 해마다 발표하는 '가장 존경받는 미국 10대 기업'에 1998년과 1999년 2년 연속 선정되었을 뿐만 아니라, 1998년에는 대규모 재보험회사 제너럴 리를 매수함으로써 주주 자본의 규모로는 미국 최대의 기업으로 뛰어올랐다.

투자가로서의 버핏을 살펴본다면, 그는 1965년부터 35여 년에 걸친 세월 동안 꾸준히 연평균 24.7퍼센트의 수익률을 달성하여, **S&P500지수**(연평균 12.9퍼센트) 등 대표적인 주가지수보다 높은 성적을 보이고 있다. 이 경우의 수익률은 투자 신탁의 수익률과 같은 방법으로 계산한 것으로, 버크셔 해서웨이가 갖고 있는 주당순자산(주주 자본에 상당)의 증감률을 측정한 것이다.

워런 버핏이 얼마나 높은 수익률을 올려 왔는지 구체적으로 살펴보자.

만약 버핏이 버크셔 해서웨이의 실질적인 오너

> **S&P500지수**
> **(Standard & Poor's 500 index)**
>
> 미국의 스탠더드 앤 푸어스 사가 기업 규모·유동성·산업 대표성을 감안하여 선정한 보통주 500종목을 대상으로 작성해 발표하는 주가지수로 미국에서 가장 많이 활용되는 대표적인 지수이다. 공업주(400종목)·운수주(20종목)·공공주(40종목)·금융주(40종목)의 그룹별 지수가 있으며, 이를 종합한 것이 S&P500지수이다.
>
> 산출 방법은 각 종목의 주가에 상장 주식수를 곱하여 시가 총액을 구하고, 전체 시가 총액 합계를 기준 연도인 1941년부터 1943년까지의 평균 시가 총액으로 나눈 뒤에 기준시의 지수(10)를 곱하는 시가 총액 방식이다.

가 된 1965년에 버크셔 해서웨이의 주식을 1만 달러 어치 산 주주가 있다면, 1998년 말에 그가 가질 수 있는 자산은 5,100만 달러이다. 하지만 그 주주가 같은 시기에 1만 달러를 버크셔 해서웨이의 주식을 사는 대신 S&P500종목에 투자했다면 1998년 말에 그가 소유할 수 있는 자산은 50만 달러가 채 되지 않는다(S&P500 주가지수는 미국 기업 가운데 500위 이내에 드는 회사들로 구성되는 대표적인 주가지수의 하나이다). 더구나 버크서 해서웨이는 세금을 공제한 후이고 S&P500지수는 세금을 공제하기 전의 수치이므로, 실질적인 차이는 더욱 크다.

일반적으로 어떤 천재적인 펀드매니저라도 연이어 주가지수보다 높은 성적을 거두기는 불가능하다. 실제로 매년, 예외 없이 S&P500종목의 수익률은 미국 투자 신탁의 수익률보다 높기 때문에, 보통의 펀드매니저가 몇 년 동안 계속해서 S&P500종목보다 높은 수익률을 거둘 수 있다면 그는 정말 뛰어난 능력을 가진 사람이라고 할 수 있다.

시장의 효율화가 진행된 정보화 사회에서 가장 안전하고 현명한 투자 방법은 '**분산 투자**'라고 주장하는 경제학자들은, 극단적인 집중 투자로도 '안전여유율'을 확보하는 버핏의 실적은 합리적으로 설명할 수 없으며, 사실상 연구 대상에서 벗어나 있는 경우라고 말한다.

그것을 25여 년(버크서 해서웨이 이전의 파트너십 시대까지 포함한다면 35년 이상)에 걸쳐 이룩한 버핏은 투자가로서 거의 절대적인 존경을 받고 있다. 다시 말해 그는 세계적인 부호이자 일류 기업의 경영자인 동시에, 국제적인 투자가로 유명한 **조지 소로스**보다 이름 높은 투자가이다.

그런 만큼 버핏이 자기 회사의 주식을 대량 보유하고 있다는 사실을 영예롭게 여기는 경영자들이 많다. 미국 굴지의 오락·미디어 기업으로 미국 문화를 상징하는 월트 디즈니의 회장 겸 최고경영

분산 투자

주식 시장은 가격 변동이 심하기 때문에 손해를 볼 위험이 항상 존재한다. 이런 주식 시장의 속성에도 안전하게 수익을 올릴 수 있는 방법 중 하나가 바로 '분산 투자'라고 할 수 있다. 분산 투자를 하면 여러 종류의 주식을 보유함으로써 어느 주식이 하락하더라도 다른 주식이 상승함으로써 손실을 상쇄할 수 있기 때문이다.

조지 소로스(George Soros)

1930년 헝가리 태생의 유태인으로 제2차 세계대전 당시 아버지의 기지 덕분에 가까스로 학살 위기를 모면하기도 하였다. 그 후 영국에 유학을 가서 런던 경제대학을 다니면서 철학자 칼 포퍼에게 매료되어 그의 사상에 심취하였다. 졸업 후 미국 월스트리트로 진출하여 타고난 날카로운 투자 감각으로 뛰어난 성과를 올려, 세계적인 투자자의 반열에 오른다. 국제적인 투기 자본이라고 불리는 '헤지펀드'의 대표격인 퀀텀 펀드를 설립했다.

자인 마이클 아이즈너도 거의 매년 오마하에 가서 버핏의 투자 철학을 주의 깊게 듣는다. 버크셔 해서웨이의 주주로서가 아닌, '버핏 주식'에 이름이 올라 있는 월트 디즈니의 대표로서 말이다.

자신이 사주社主로 있는 유력 일간지『워싱턴 포스트Washington Post』지에 워터게이트 사건을 폭로하도록 하여 결국 닉슨 정권을 붕괴하도록 만든 캐서린 그레이엄Katherine Graham도, 1997년 버크셔 해서웨이의 주주총회에서 자신이 쓴『캐서린 그레이엄 자서전Personal History』의 저자 사인회를 열었다.

워싱턴 포스트 사는 지난 25년 동안 '버핏 주식'에 이름이 올라 있는 회사로, 워싱턴 포스트를 영원히 '버핏 주식'에 올려놓으려는 버핏을 최고 이사회의 중요 임원으로 대우하고 있다. 그레이엄은 버핏을 경영에 있어 소중한 조언자로 생각할 뿐 아니라 가족끼리도 친밀한 관계를 유지하고 있다.

누구나 아는 방법으로 투자한다

버크셔 해서웨이의 경영자인 버핏의 투자 철학은 간단명료하다. "오너인 주주를 '파트너'(동업자)로 대우하는 것." 이것이 바로 그의 투자 철학의 기본인 것이다.

버핏이 가장 자랑스럽게 생각하는 것은 자기 자산의 99퍼센트 이상을 버크셔 해서웨이의 무배당주無配當株로 보유하여 주주와 '위험 부담'을 함께하고 있다는 사실이다. 그가 일반적인 투자가와는 달리 이러한 투자 스타일을 고집하는 것은 자신이 잘못 투자했을 때 주주들과 함께 손해의 고통을 감수하겠다는 의지를 보여 주는 것이다. 그는 자신이 사

스톡옵션(stock option)

기업에서 임직원에게 일정 수량의 자사 주식을 매입하여 나중에 임의대로 처분할 수 있도록 하는 제도로, 흔히 '자사 주식 매입 선택권'이라고 한다. 이 제도는 자사의 주식을 일정 한도 내에서 액면가 또는 시세보다 훨씬 낮은 가격으로 매입할 수 있도록 한 뒤 일정 기간이 지나면 임의대로 처분할 수 있는 권한을 부여하는 것인데, 해당 기업의 경영상태가 좋아져 주가가 상승하면 자사 주식을 소유한 임직원은 가지고 있던 주식을 매각함으로써 상당한 차익금을 남길 수 있기 때문에 사업 전망이 밝은 기업일수록 스톡옵션의 매력이 높아진다. 미국의 경우 스톡옵션이 거의 일반화되어 있어 전문 경영인들은 스톡옵션을 통해 본봉보다 더 많은 소득을 올리기도 한다.

스톡옵션은 그 대상이 되는 임직원을 열심히 일하도록 유도할 수 있는 효과적인 능률급 제도로 여겨짐으로써 새로운 경영 전략의 하나로 자리잡고 있다.

다우존스 30산업지수
(DowJones Industrial)

다우존스 사가 발표하는, 가장 오래되고 널리 인용되는 주식 시장 지수들 중 하나로, 개인이나 기관투자자들이 널리 보유한 30대 주요 핵심 기업들의 주식으로 구성된다. 이들 30대 주식들은 미국 주식들의 시장가치의 20퍼센트, 뉴욕 증권 거래소에 상장된 주식 가치의 25퍼센트를 차지하고 있다.

망한 후에는 자기 자산의 99퍼센트 이상을 사회에 환원하겠다고 공공연히 말하고 있다.

버크셔 해서웨이에서 최고경영자로서 받는 버핏의 보수는 기본급 10만 달러뿐이다. 다른 대기업의 최고경영자와 비교할 때 가장 적은 축에 든다. 그는 **스톡옵션**(stock option, 자사주 매입 선택권)도 '주주보다 경영자에게 이로운 도구'라고 하며 거부하고 있다.

이처럼 보유하고 있는 주식의 배당도 없고(워런 버핏이 가지고 있는 주식은 대부분 무배당주이다), 주식을 매각하지도 않기 때문에, 세계적인 대부호라는 소리를 듣는 버핏이기는 하지만 남들이 생각하는 만큼 사치할 능력도 없고, 또 그럴 생각도 없다. 그는 꼭 필요하지 않은 인력은 고용하지 않는 등, 직장에서도 될 수 있는 한 낭비를 줄이고 있다. 경영자 역시 주주와 마찬가지로 주가 상승으로 인한 이익만을 수입으로 삼아야 한다고 생각하기 때문이다. 그는 오마하 시내에 있는 집에서 매우 소박한 생활을 하고 있다.

버크셔 해서웨이는 아메리칸 익스프레스 American Express, 월트 디즈니Walt Disney Company, 코카콜라Coca-Cola Company 등 세 회사의 주식을 대량 보유하여 대표 종목으로 삼고 있다. 세 개 회사 모두 미국을 대표하는 30대 회사로 구성되는 '다우존스 30산업지수DowJones Industrial'에 포함되는 기업이기 때문에, 버핏은 다우존스 주가평균의 10퍼센트 정도를 좌지우지하는 영향력을 갖고 있는 셈이다. 버핏이 선택한 기업인 만큼 세 회사 모두 미국 최고의 최고경영자가 경영하고 있으며, 장기간에 걸쳐 대표적인 주가지수보다 높은 수익률을 올리고 있다.

버핏은 마음에 드는 투자 대상을 발견하면 '주식'이 아니라 '기업'을 사듯 투자한다. 코카콜라 정도의 기업을 통째로 매수하기는 사실상 불가능하지만 그 이하 수준의 기업은 주식을 100퍼센트 취득한다. 초콜릿 회사 시즈 캔디 숍스See's Candy Shops, 보석점 보샤임Borsheim, 덱스터 제화, 버펄로 뉴스Buffalo News 신문사, 가구점 네브래스카 퍼니처 마트, 소프트 아이스크림의 데어리 퀸Dairy Queen 등은 버크셔 해서웨이의 100퍼센트 자회사들이다. 이들 회사 중 가장 규모가 큰 것은 1998년에 매수한 미국 최대의 재보험회사 제너럴 리이다.

버핏은 복잡한 투자 방법을 좋아하지 않는다. 그는 그저 '주주를 위한 경영'을 하고 있는지 아닌지를 기준으로 투자할 곳을 엄선할 뿐이다. 다시 말하면 '주주를 파트너(동업자)로 취급하고 있는가' 하는 점이 투자의 핵심이 된다.

버핏이 주로 정보를 얻는 자료는 누구라도 쉽게 입수할 수 있는 연차보고서(annual report, 기업의 영업 활동과 재무 활동의 성과에 대한 보고서로 보통 1년을 기준으로 작성하는데, 주로 손익계산서, 대차대조표, 재무상태변동표, 감사 보고서, 영업 활동의 요약으로 이루어진다)로, 흔히 상상하듯 경영자와 면담하는 등, 일반 투자가보다 유리한 방법으로 정보를 입수하는 일은 별로 없다. 그는 "연차보고서만으로도 투자에 필요한 정보를 충분히 얻을 수 있다." 하고 말한다. 주식을 구입하는 방법도 일반 투자자와 다름없이 주식 시장에서 보통주(특별한 권리가 없는 일반주를 뜻하는 것으로, 대개의 경우 '주식'이라고 하면 보통주를 가리키는 것이다)를 구입할 뿐이다. 그래서 그는 '월스트리트wall street, 金融街'가 아니라 '메인스트리트main street, 大衆街'의 대변자로 통한다.

그는 고급 프랑스 요리보다 햄버거, 와인보다 체리코크를 좋아하는 등, 여느 대부호와 다른 모습을 보이는데, 이는 그의 서민적인 성향 때문인지도 모른다. 이런 버핏의 평소 성향 탓에 그가 1987년에 '월스트리트의 황제'로 불리던 투자은행 살로먼 브러더스의 주식을 대량 취득했을 때는 주주들로부터, "버핏이 월스트리트와 결탁했다."는 비난을 사기도 했다.

버핏은 투자 대상을 자신이 이해할 수 있는 업종에 한한다. 예를 들면, 그의 친구 빌 게이츠가 경영하는 마이크로소프트 등, 첨단 기술 종목은 그의 투자 대상에서 제외된다. 왜냐하면 변화무쌍한 첨단 기술 기업은 10년이나 20년 후의 **캐시플로**cash flow를 예측하기 어렵고, 충분한 안전여유율을 확보하는 그의 투자 스타일과도 맞지 않기 때문이다.

캐시플로(cash flow)

　기업 활동을 통해 나타나는 현금의 유출·유입을 뜻하는 말로, 캐시플로가 좋은 기업은 현금 창출 능력이 높기 때문에 유동성과 재무 상태가 안전하다고 볼 수 있다. 기업의 현금 흐름이 원활하지 못하면 아무리 많은 이익을 내더라도 도산할 수 있는 것처럼 캐시플로는 기업 가치를 재는 척도로 이용된다.

그는 투자할 때 '사업 내용'뿐 아니라 '경영자'도 함께 고려한다. 매년 유망한 기업을 찾기 위해 수백 권에 이르는 연차보고서를 읽고 있는 버핏은, 관심이 가는 기업을 발견하면 우선 그 기업의 경영자를 만나 자신이 궁금하게 생각하는 부분에 대해 (마치 자신이 기업의 소유주라도 되는 것처럼) 자세하게 묻는다. 그러면서 그 기업의 경영자가 버핏이 궁금하게 생각하는 부분에 대해 얼마나 정직하고 알기 쉽게 설명하는지를 주의 깊게 살펴본다.

그것은 그 경영자가 얼마나 오너를 위한 경영, 다시 말해 '주주를 위한 경영'을 하는지를 알아보기 위함이다. 기업의 오너가 알고 싶어하는 것에 대해 쉬운 말로 정확히 설명하지 못하는 경영자는 기본적으로 '오너를 위한 경영'을 하지 않는다고 생각할 수 있기 때문이다. 버핏은 "아무리 많은 사진을 보여 주고 이런저런 사항을 설명하는 그래프를 그려 보여 주더라도 기본적인 사실이 빠져 있는 연차보고서는 읽을 필요가 없습니다." 하고 말한다.

이러한 과정을 통해 일단 유망한 종목이라고 판단되면, 버핏은 주식시장 전체의 동향이나 거시 경제지표 등은 무시하고 '기업'을 완전히 사버리려는 듯한 기세로 10억 달러 이상의 거금을 투자한다. 그에게 있어서 '주식'은 단순한 주권株券이 아니라 오너십(ownership, 소유권)을 뜻하는 것이며, 주식을 구입하는 것은 사업체의 일부를 사들이는 것과 같다고 생각한다. 그렇기 때문에 버핏은 정말로 마음에 드는 기업을 발견하면 사업의 일부를 사기보다 전체를 사들이는 쪽을 선호한다.

버핏은 주식 시장의 매매 동향이나 투자가의 심리 동향을 보고 투자하는 것은 위험천만한 일이라고 생각한다. 바로 이런 점에서 버핏이 일반적인 투기꾼과 그 성격에 있어 완전히 다르다고 볼 수 있다.

그가 보기에 가장 '안전하게 투자하는 방법'은 캐시플로(현금 흐름)를 기준으로 기업의 내재 가치를 꿰뚫어보고, 그보다 낮은 가격으로 주식을 '대량 취득'하는 것이다.

그래서 버핏은 자신이 철저하게 실시한 **기본적 분석**인 **펀더멘탈 분석**

기본적 분석(펀더멘탈 분석, fundamental analysis)

전통적인 증권 분석 방법으로 주식의 내재 가치를 분석하여 미래의 주가를 예측하는 방법이다. 주식의 내재 가치는 그 주식을 발행한 기업의 재무 요인과 경제 요인에 따라 결정되며, 이러한 요인들과 주식의 내재 가치와의 관계를 찾아내어 예상한 내재 가치와 그 주식이 실제로 거래되고 있는 시장 가격을 비교하여 투자 여부에 대한 결정을 하게 된다. 이때 현재의 주가가 내재적 가치를 넘어서면 '매각'하고, 내재 가치에 미치지 못하면 '매입'하는 것이 유리하다.

자회사(子會社)

어느 회사가 타 회사의 총발행주식의 2분의 1이 넘는 주식을 소유하는 경우, 전자를 모회사, 후자를 자회사라고 한다. 모회사는 자회사의 과반수가 넘는 주식을 가지고 있기 때문에 사실상 자회사를 지배하게 된다.

(fundamental analysis, 주식의 내재적 가치를 분석하여 미래의 주가를 예측하는 방법)을 우선시하고 경제 분석가의 보고서에는 전혀 눈길을 돌리지 않는다.

자본주의자의 우드스탁

버크서 해서웨이의 주주총회는 젊은이들의 록 문화에 견주어져 '자본주의자의 우드스탁'(Woodstock, 1969년 반전·반문화 음악축제)으로 불린다. 그곳에는 버크서 해서웨이 산하에 있는 100퍼센트 **자회사**뿐 아니라 버크서 해서웨이가 주식을 대량 보유하고 있는 대기업들이 대거 참가하기 때문에 마치 '축제' 같은 분위기에서 이루어진다.

1998년의 총회에서는 생면부지의 주주들이 여기저기서 무리를 지어 이야기하고 있는 모습을 목격할 수 있었다. 예를 들면 총회 전 날인 일요일 낮, 보석점 보샤임 옆에 설치된 특별회장에서는 주주들을 위한 작은 파티가 열렸다. 이날 이곳은 특별히 주주들만 상품을 살 수 있도록 되어 있었다. 특별회장에 삼삼오오로 모인 편한 복장의 주주들은 각자 버핏에 대한 자신의 의견과 투자 철학을 이야기했다.

시카고에서 온 재키 그루트라는 여성은, "어제 야구 경기를 관람하던 버핏은 세 시간에 걸쳐 사진 촬영과 사인 요청을 받고 있었어요. 그런데도 전혀 싫은 내색을 보이지 않더군요. 주주들과 열심히 만나려고 하는 것 같았어요."라고 감격한 듯 말했다. 그루트와 얘기를 나누고 있던 한 남자는, "버핏 정도 되는 부자는 이렇게 땀투성이의 행사를 열 필요가 없지 않습니까? 그런데도 이런 고생을 굳이 하는 것을 보면, 그는 이것을 주주들에 대한 의무라고 생각하고 있는 것 같아요."라고 자신의 감상을 밝혔다.

그때 버핏이 돌연 그 파티장에 나타나, "모두들 잘 와주셨습니다."라고 인사하며 자연스럽게 주주들 사이로 끼어들었다. 어디를 가나 사인과 질문 공세를 받았으나 언제나 그렇듯이 가벼운 농담을 연발하면서 전혀 싫은 내색을 하지 않았다.

일요일 저녁에는 오마하의 중심가에 있는 데어리 퀸 매장이 버크셔 해서웨이의 주주들로 북적거렸다. 그 가게는 80명밖에 수용할 수 없기 때문에 야외에 천막과 탁자를 새로 설치해야만 했고 가게 주변의 교통정리를 위해 특별히 현지 경찰관이 배치되었다.

데어리 퀸이 버크셔 해서웨이의 100퍼센트 자회사가 된 이유에는 그 회사의 소프트 아이스크림이 체리코크나 햄버거와 마찬가지로 버핏이 가장 좋아하는 음식 중 하나인 탓도 있다.

여덟 시가 지나서 저녁식사를 마친 버핏이 데어리 퀸 매장에 모습을 나타내자 박수갈채가 터져 나왔다. 주주들에게 둘러싸인 버핏은 웃는 얼굴로 수백 명에게 사인을 해주었다.

이날 저녁식사를 하기 전에 가졌던 인터뷰에서 버핏은 대규모 주주 총회를 열게 된 의도를 다음과 같이 말했다.

"주식회사라면 적어도 1년에 한 번 꼭 총회를 해야 합니다. 기왕 해야 한다면 즐겁게 하는 것이 좋지요. 저나 찰스는 돈을 벌기 위해 경영하는 것이 아니라 단지 그 일이 즐겁기 때문에 경영합니다. 우리가 '누구를 위해서 일하고 있는가?'라고 묻는다면 답은 단연코 '주주들을 위해서'입니다. 가능한 한 많은 주주들과 직접 만나는 일은 매우 즐겁습니다. 그런 의미에서 우리 회사의 주주들 대부분이 기관투자가가 아닌 개인투자가라는 점은 매우 중요한 의미를 가지고 있습니다. 주주는 단순히 주권을 소유하고 있다가 주가가 내려가면 금방 팔아 버리는 사람들이 아니라, 우리들의 파트너입니다. 총회에서 주주를 파트너로 대함으로써 그들의 자세가 변한다면 좋겠습니다."

실제로 버크셔 해서웨이의 주주들은 버핏의 '파트너'(동업자)처럼 행동하고 있다.

이렇게 버크셔 해서웨이가 자신들의 주주들을 그저 '주주'로서가 아닌 '파트너'로서 보는 관점은, 1998년 S&P500지수의 지표 항목에 버크셔 해서웨이 주식을 넣을 것인지에 관하여 벌어졌던 논의가 결국 무산돼 버린 이유와 관련이 있다. 버크셔 해서웨이의 주식을 보유한 주주들 대부분은 재빠르게 주식을 매매하는 투자신탁 등 기관투자가가 아닌, 장기 보유를 전제로 하는 개인투자가들로 이루어져 있다는 사실이 바로 그것이다.

좀 더 구체적으로 말하자면, 버크셔 해서웨이의 '파트너'(동업자)인 주주들은 부득이한 일이 없는 한 그들이 가지고 있는 주식을 팔지 않는다. 따라서 버크셔 해서웨이 주식의 거래량은 다른 대기업에 비해 상당히 적기 때문에 지표 항목으로 삼기 어렵다. 그뿐 아니라 증권회사도 버크셔 해서웨이 주식을 매매해 봐야 큰 수수료를 벌어들일 수 없다. 또한 기관투자가의 비율이 적기 때문에 버크셔 해서웨이에 대해 보고서를 쓰는 경제 분석가도 거의 없다.

주주 이익의 극대화를 추구한다

'셰어홀더 밸류'(shareholder value, 주주 가치)의 의미는 일반적으로 '주주 이익의 극대화를 추구하는 미국식 경영 철학'으로 풀이된다. '셰어홀더 밸류', 즉 '주주 가치'에 입각한 기업 경영은 1990년대 후반 들어 미국 이외의 나라에도 퍼지기 시작했는데, 한때 몇몇 나라의 경영자들은 '셰어홀더 밸류'에 대해 비판적인 시각을 가지고 '직원과 지역 사회의 이익을 무시하는 반사회적 행동 원리'라고 단정지었다. 그러나 그것은 그렇게 단순한 의미가 아니다.

1999년 3월, 뉴욕 주식 시장의 다우존스 주가평균은 처음으로 1만 포인트를 돌파했다. 3년 사이에 주가 수준이 거의 두 배로 뛰어오른 것이다. 그러나 많은 사람들은 아메리칸 온라인American Online과 야후Yahoo를 필두로 하는 인터넷 주가 급등하자, "미국 주식은 1980년대의 일본과 마찬가지로 버블화하여 언젠가는 터져 버릴 것이다." 하는 견해를 보였다. 특히 버블화의 후유증에서 아직 벗어나지 못한 일본에서 '미국 주식 버블론'은 지배적이었다.

그러나 다우존스 주가평균을 직접적으로 끌어올렸던 것은 인터넷 관련 주식이 아니었다. 다우존스 지수에는 인터넷 관련 주식은 물론이고, 세계의 첨단 기술 업계를 이끌고 있는 마이크로소프트나 인텔, 시스코 시스템즈 등의 주식이 포함되지 않았다. 다우존스 지수를 구성하고 있는 것은 '버핏 주식'인 코카콜라, 월트 디즈니, 아메리칸 익스프레스와 GE, IBM, 메르크, 이스트먼 코닥, 존슨 앤 존슨, 캐터필러 등 전통적인 대기업이었다. 이들 대기업이 막대한 부를 창출하여 1990년대 후반부터 미국 역사상 최장 기간 동안의 주가 상승을 연출했던 것이다.

미국 기업은 1980년대에 저가격·고품질의 자동차나 전자 제품을 수출하는 일본 기업과의 경쟁에서 패하여, 고통스럽지만 혹독한 리스트럭처링(restructuring, 기업의 효율적 경영을 위한 모든 의미의 구조 조정)을 단행했어야만 했다. 그들은 일본 기업의 전매특허라고 불리던 **품질 관리** 등의 방법을 탐욕스럽게 모방하는 한편, '회사는 누구의 것인가?' 하는 새삼스러운 질문을 던졌다. 그래서 얻게 된 대답이 바로 '기업은 소유주, 즉 오너의 이익을 위해 존재한다'라는 주식회사의 기본 이념이었던 것이다. 이처럼 주식회사의 기본 이념으로 돌아가 혹독한 구조 조정의 과정을 거친 기업 중, 특히 1990년대 초반까지 거액의 적자를 냈던 GM은 1990년대 말에 이르러서 세계 자동차업계의 재편을 주도할 정도의 수익력을 되찾게 된다.

자본주의 경제 체제하에서 경제의 심장부는 '주식회사'이며 주식회사가 부를 창조하지 못하면 국가도 번영할 수 없다. 정부는 '부를 분배'하고, 가계는 '부를 소비'하는 데 비해 부를 '창조하는' 것은 기업, 즉 주식회사인 것이다. 주식회사가 소유주인 주주의 이익을 늘리는 데 충실하면 결과적으로 직원이나 지역 사회, 거래처가 윤택해지고 이것은 결국 국가 전체의 부가 커지는 주요 원인이 된다. 코카콜라의 최고경영자였던 더글러스 아이베스터는, "주주와 직원의 이익은 모순되지 않는다."고 잘라 말했다.

기본적인 분석에 엄격하라

1990년대 미국의 호경기에 대해 '다우존스 주가평균 1만은 거품'이라고 잘라 말하기는 쉽다. 저축률 저하, 증가하는 인플레이션의 압력, 무역수지 적자 확대, 역사적인 주식 투자 붐 등, 거시적으로 얼마든지 악재惡材를 찾아낼 수 있기 때문이다. 그러나 미국 최대 투자 신탁 마젤란 펀드의 운용 책임자인 로버트 스탠스키가, "최종적으로 주가를 결정하는 것은 '이익'이며 그 외의 어떤 것도 아니다."라고 말한 것처럼 거시경제 요인은 간접적인 것에 지나지 않는다. 현명한 투자가는 거의 예외 없이 개인 기업의 미시적인 행동에 주목한다.

이것은 버핏의 투자 방식과도 일치한다. 거시경제 통계나 시장 전체의 동향에 쉽게 흔들리지 않는 버핏은 1987년의 **블랙 먼데이**(Black Monday, 세계적 주가 폭락 기간)와 같은 상황이 발생해도 당황하지 않는다. 그는 투자하고자 하는 기업이 평균을 웃도는 이익return을 만들 능력이 있는가에 관심을 두고 있다. 이 경우 이익은 주주의 지분인 주주 자본이 어느 정도의 이익을 내고 있는가를 나타내는 자기자본이익률ROE을 말한다.

> **블랙 먼데이(Black Monday)**
>
> 1987년 10월 19일 월요일, 뉴욕 증권 시장은 개장 초부터 대량의 '팔자' 주문이 쏟아져 들어와 그날 하루 동안 주가가 폭으로는 508포인트, 비율로는 전일 대비 22.6퍼센트가 폭락하였다. 이것은 마치 1929년에 있었던, 세계 대공황의 계기가 된 대폭락을 능가하는 폭락이라고 해서 붙여진 이름이다. 이런 주가 대폭락 사태가 벌어진 것은, 그때까지 명확하게 드러나지 않았던 증권 시장의 문제점이 표면화되면서 대폭락으로 이어졌다는 의견이 지배적이었다.

다시 말해, 엄격한 펀더멘탈 분석이 버핏의 투자 특징이다. 이것은 기업의 자기자본이익률이나 캐시플로 예측 등 미시적 관점에서의 과학적 분석이다. 버핏이 연차보고서 읽는 것을 취미로 삼는 것도 각 기업의 펀더멘탈 분석에 흥미가 있기 때문이다. 아직도 많은 나라의 주식 시장에서 활개치고 있는 '**기술적 분석**technical analysis'은 이제까지의 시장 동향 등을 분석하여 장래를 예측하는 수법으로, 버핏에게는 '점성술사나 할 일'로 무시되고 있다.

 투자가로 알려져 있는 버핏은 주식 외의 투자에는 그다지 관심이 없다. '채권'이나 '상품 시장'에도 조예가 깊은 워런 버핏은 **'제로쿠폰 채**Zero Coupon Bond'에 투자하여 탁월한 성과를 남기고 있긴 하지만, '부를 창조하는 기본 수단은 주식'이라는 신념을 갖고 있기 때문에 채권 시장 등에서의 자금 운용은 어디까지나 여유 자금을 활용하는 정도에 그치고 있다.

 주식에 대한 버핏의 신념은 가장 철저한 조사 자료로 유명한 『스톡 포 더 롱런Stock for the Long Run』에서도 확인할 수 있다. 이 책은 미국의 과거 200년에 걸친 주가 동향을 조사함으로써 주식 시장 분석의 1인자가 된 미국 펜실베이니아 대학 워튼 스쿨의 제레미 시걸 교수가 쓴 것으로, 이 책에 따르면 주식의 수익률은 다른 투자 수익률보다 훨씬 높다.

 한 가지 예를 들어보자. 1820년에 주식에 1달러를 투자했다면 인플레이션을 고려하더라도 1990년대 말에는 67만 달러(1달러를 1,200원으로 환산한 경우 8억 400만 원 정도)가 된다. 이에 비해 투자한 대상이 장기 채권인 경우는 932달러(120만 원 정도), 단기 채권인 경우는 284달러(34만 원 정도), 순금純金의 경우는 1달러(1,200원 정도)도 되지 않는다. 17년 이상의 장기 투자를 전제로 한다면, 1929년의 대공황 직전에 주식을 구입한 사람을 포함하더라도 주식 투자로 손해를 본 사람은 한 사람도 없다. 시걸 교수는 이렇게 말한다.

"주식은 실제 자본을 뒷받침하고 있다. 그 자본이란 공장이나 기계 등의 물적 자본, 아이디어나 창조력 등의 지적 자본이다. 그것은 인간의 활력 그 자체이며 단순한 통화와는 비교할 수 없을 정도로 강력한 힘을 갖고 있다. 채권이나 순금에는 '인간의 활력'이라는 뒷받침이 없다. 따라서 주식은 장기적인 인플레이션에도 크게 영향받지 않고 자산을 늘릴 수 있는, 가장 내구력耐久力이 강한 수단이다."

주식에 맞설 수 있는 부의 창출 수단은 없다는 말이다.

지금도 장기 투자를 전제로 하는 경우, 채권 투자로는 일정 정도 이상의 가치를 만들 수 없다. 만기까지 장기간 보유한다 해도 채권의 가치는 이미 그 채권을 발행할 때 정한 이자율로써 결정되어 있기 때문이다. 또 통화는 '교환 수단'에 지나지 않으며 '부의 창출 수단'이 될 수 없다. 조지 소로스와 같은 투기가가 되지 않는 한 채권이나 통화의 거래로 보통 이상의 이익을 얻기란 불가능하다. 외환 딜러도 '투자가'라기보다는 '투기가'에 가깝다.

순금純金은 훨씬 더 단순하다. 100년 전이나 지금이나 순금의 본질적인 가치는 전혀 변하지 않았다. 100년 전과 비교해서 변한 것은 순금의 수급 관계뿐이다.

한편 주식의 내재 가치는 주식을 뒷받침하는 사업의 본질에 맞추어 시시각각 변하고 있으며, 사업 그 자체는 인간의 활력을 반영하고 있다. 그러한 의미에서 '주식' 분석은 고도의 지적 능력을 필요로 한다.

'투기가'는 직감, 소문, 투자가의 심리 등에 의존하고, 때로는 스스로 시장을 조작하여 막대한 이익을 올리려고 한다. 도저히 보통의 투자가가 할 수 있는 일이 아니다. 반면 '버핏 형'의 투자가는 시장을 통하여 보통주를 사는, 투자에 관심 있는 사람이라면 누구나 할 수 있는 방법을 이용하여 보통 이상의 이익을 올린다. 이 점에서 버핏은 투기에 가까운 환율 조작으로 널리 알려진 조지 소로스와는 완전히 다르다.

미국 기업 사회를 변화시키다

'버핏 주식'에 이름이 올라 있는, 다시 말해 버핏이 대주주로 있는 코카콜라, 월트 디즈니, 아메리칸 익스프레스는 주주 가치에 충실한 경영을 펼쳐 성공한 대표적인 기업이다. 이들의 성공은 다른 미국 기업에도 커다란 영향을 미쳐서 이들에게 활력을 불러일으켰다. 특히 코카콜라는 로베르토 고이주에타Roberto Goizueta를, 월트 디즈니는 마이클 아이즈너Michael Eisner라는 훌륭한 최고경영자를 배출하여 다른 기업의 모범이 되었다.

20세기 후반에 가장 성공한 최고경영자라는 평가를 받은 GE의 잭 웰치가 연차보고서에 주주들을 위해 쓰는 「회장의 편지」는 '경영자'가 반드시 읽어야 할 필독서가 되었다. 이에 비해 버핏이 쓴 「회장의 편지」는

'투자가'들의 필독서로 일컬어지고 있다. 웰치의 '편지'와 달리 버핏의 '편지'는 투자가와 경영자들 모두에게 폭넓게 읽히고 있는데, 그것은 미국 기업 사회에서는 오너(주주)와 경영자의 벽이 일찍이 유례를 찾아볼 수 없을 정도로 낮기 때문이다.

미국 기업의 최고경영자 대부분이 자사의 주식을 대량 보유하면서 '오너 겸 최고경영자'는 꾸준히 늘고 있는 추세이다. 버핏은 '오너 겸 최고경영자'의 대표적인 예이다. 버크셔 해서웨이 산하에는 대규모 손해보험회사 GEICO 등 100퍼센트 우량 자회사가 즐비하고, 코카콜라나 워싱턴 포스트에서는 이사로서 간접적으로 경영에 관여하고 있다. 물론 그가 '가장 존경받는 10대 미국 기업'인 버크셔 해서웨이의 최고경영자인 것은 말할 것도 없다.

버핏이 생각하는 유능한 경영자는 '오너'처럼 행동하는 경영자이다. 일반적으로 '오너 경영자'라고 하면 회사를 창업했다는 이유만으로 실제로 회사의 주식을 많이 보유하지도 않으면서 회사를 사유화하려는 이미지가 붙어 다닌다. 그러나 이런 경영자의 모습은 워런 버핏의 기준으로 볼 때 진정한 의미의 경영자가 아니다.

버핏은 과거 수십 년에 걸쳐서 '경영자는 오너처럼 행동하라'는 원칙을 주장해 왔다. 이 원칙은 1980년대에 들어서 미국 기업 사회에 확산되어, 연금기금이나 투자 신탁 등의 거대 기관투자가가 투자할 곳을 선별할 때, 과연 경영자가 오너처럼 행동하는가를 주시하게 되었다. 그 방법을 채용하는 대표적인 기관투자가가 1999년에 1,500억 달러 이상의 자산을 운용하게 된, 미국 최대의 공무원 연금기금인 캘리포니아 주 공무원퇴직연금기금(California Public Employees' Retirement System, 이하

'CalPERS')이다.

예를 들면, CalPERS는 1992년에 GM에 압력을 가하여 최고경영자의 경질과 이사회의 근본적인 개혁을 요구했다. 그리하여 GM에서는 경영자가 오너 의식을 갖도록 하기 위한 근대적인 기업 지배 구조corporate governance가 확립되었고, CalPERS는 '행동하는 주주'의 선봉장으로 여겨졌다.

그 뒤부터 봇물 터지듯이 (1990년대 전반에) IBM, 코닥, 아메리칸 익스프레스 등의 대기업에서 최고경영자가 연달아 추방되고 근대적인 기업 지배 구조가 도입되었다. 또한 '주식을 다량 보유하지 않은 최고경영자는 최고경영자 자격이 없다'고 간주하여, 경영자에게 자사 주식 다량 보유를 의무화하는 기업이 속출했다. 1990년대 후반에 들어서도 CalPERS의 압력으로 애플 컴퓨터와 일렉트로닉 데이터 시스템Electronic Data Systems이 기업 지배 구조로의 개혁에 착수하는 등, 그러한 추세는 계속 이어지고 있다.

버핏은 기업 지배 구조의 기수는 아니다. 그 스스로, "제가 대주주로 있다고 해서 기업에 변혁을 요구하지는 않습니다. 다만 그런 기업에는 애초에 투자하지 않습니다. 따라서 극히 예외적인 경우 외에는 경영에 직접 관여하지 않습니다." 하고 말한다.

하지만 버핏은 다우존스 주가평균의 10퍼센트를 장악하는 거물이며 버크셔 해서웨이의 충실한 주주이다. 펀드매니저인 로버트 해그스트롬은, "버핏이 의도하지 않아도 그의 존재 자체가 미국 기업 사회를 크게 변화시켜 대표적인 기업의 경쟁력을 향상시키고 있다."고 말한다.

I

천부적인
투자가

Warren Buffett's
Investment Principles

≪ 1 ≫
투자가의 떡잎으로 태어나다

현실에서는 있을 수 없는 일이지만, 주식 시장에서는
4억 달러의 가치를 갖고 있는 자산을 8천만 달러에
파는 사람들이 있습니다.

11세의 주식 투자가

워런 버핏은 1930년 8월 30일 미국 중서부에 위치한 네브래스카 주
오마하에서, 아버지 하워드 버핏과 어머니 라일라 사이에서 태어났다.
누나인 도리스에 이어 태어난 둘째 아이였다.

워런 버핏이 태어났을 당시는, 1년 전 뉴욕 주식 시장의 대폭락으로
시작된 대공황이 절정에 이르렀을 때였다. 많은 사람들과 마찬가지로
버핏 집안도 그 영향을 받고 있었다. 신앙심이 깊고 근면한 하워드는
워런 버핏의 첫 번째 생일 1주일 전에 증권 세일즈맨으로 근무하던 직
장이 폐쇄되어 실업자가 되고 말았다.

하워드는 친구와 같이 증권회사를 창립했지만, 회사는 이름뿐이었고
수수료 수입도 거의 없었다. 워런 버핏의 여동생 로버타를 포함하여 다
섯 식구를 부양하는 것은 참으로 어려운 일이었다. 이처럼 워런 버핏은
어린 시절에 가난을 체험한데다 도덕심이 강한 아버지의 영향으로 평생
사치스러운 생활을 하지 않았다. 어려웠던 살림은 워런 버핏이 학교에

들어갈 무렵이 되어서야 겨우 정상적으로 돌아갈 수 있었다.

워런 버핏은 일찍부터 비즈니스 감각을 발휘하였는데 그와 관련된 예화를 하나 들자면, 그의 할아버지가 오마하에서 경영하는 식료잡화점 '버핏 앤 선'에서 어린 버핏은 여섯 개들이 코카콜라를 25센트에 사들인 뒤 거기에 5센트를 붙여 팔고는 차액을 자기 몫으로 챙긴 일도 있다. 그러나 펩시콜라는 팔지 않고 그대로 남겨두었다. 자신이 마시기 위해서였다. 그로부터 50여 년 후 워런 버핏은 좋아하는 음료를 펩시에서 체리코크로 바꾸고 코카콜라의 대주주가 된다.

워런 버핏은 아버지의 직업에 영향을 받았는지 그의 나이 10세 때부터 주식에 흥미를 보이기 시작했다. 아버지의 회사인 해리스 업햄Harris Upham에 드나들면서 주식 시세나 채권의 가격에 관심을 가지기 시작한 것이다. 아버지의 사무실과 같은 건물에 있던 다른 증권회사에도 얼굴을 내밀고는 칠판에 주가를 써넣는 장난을 치고는 했다.

주식 시세에 흥미를 갖게 된 워런 버핏은 11세에 인생의 첫 주식 투자를 했다. 그동안 모아두었던 돈으로 시티 서비스Cities Service라는 회사의 주식을 자신과 누나인 도리스 앞으로 각각 3주씩 구입한 것이다. 시티 서비스의 주식은 구입한 가격인 38달러를 크게 밑도는 27달러까지 떨어졌지만 워런 버핏은 그 상황을 잘 견뎌내었고, 주가가 다시 40달러로 올라가자 팔았다. 그것이 주식 투자로 얻은 최초의 이익이었다. 그러나 몇 년 후에 그 주식이 200달러까지 상승하는 것을 보고는 투자에는 인내가 필요하다는 '교훈'을 배우게 되었다.

미국의 유력 경제전문지 『월스트리트 저널』의 기자인 로저 로웬스틴Roger Lowenstein은 그의 책 『버핏: 미국의 부 건설Buffett: The Making of an

American Capitalist』에서, 당시 버핏 집안의 친척과 워런 버핏의 어린 시절 친구들을 인터뷰하여 그의 소년 시절을 흥미롭게 기술하였다.

그의 책에 따르면, 워런 버핏은 주식 시세 외에도 숫자에 관계되는 일이라면 무엇이든 흥미를 가졌다. 버핏은 또 친구인 밥 러셀과 함께 경마 예상 정보지를 만든 적도 있다. 『마구간지기 소년의 선택*Stable Boy's Selections*』이라고 이름짓고는, 이를 대량 복사하여 액서번 경마장에서 판매한 것이다. 또한 러셀과 다른 친구들을 동원하여 골프공을 모아 즉석 골프공 판매점을 만든 적도 있다.

친구들은 모두 어린 버핏의 탁월한 비즈니스 감각에 대하여 경탄하고 있었다. 러셀은 로웬스틴에게, "워런은 숫자 감각이 뛰어났다. 내가 어떤 도시의 이름을 대든 언제나 정확한 인구 수가 그의 입에서 흘러나왔다. 야구 경기 결과이든 경마 예측이든, 숫자에 관계된 그의 기억은 언제나 정확했다."라고 말했다. 나중에 워런 버핏은 '포토그래픽 메모리photographic memory', 즉 '사진 같은 기억력을 가진 사람'이라고 불릴 정도였다.

신문 배달로 투자 자금을 만들다

제2차 세계대전이 한창이던 1942년, 버핏의 가족에게 커다란 변화가 일어났다. 전쟁이라는 시대 배경 덕분에 당시 미국에서는 프랭클린 루스벨트 대통령이 이끄는 민주당의 세력이 강력했다. 이에 공화당은 오마하에서 민주당에 대항할 수 있는 유망한 하원의원 후보로 루스벨트 대통령의 **뉴딜 정책**New Deal을 비판하던 하워드 버핏에게 출마를 요청하였다. 선거에 출마한 하워드는 당선되었고 버핏 가족은 워싱턴으로 이사하게 되었다.

하지만 오마하에 애착이 컸던 어린 버핏은 새로 이사하게 된 워싱턴을 무척 싫어하여 한때 친구와 가출하기도 하고, 학교 공부에도 전혀 관심을 두려하지 않았다. 그러나 한동안 마음을 잡지 못하던 어린 버핏도 신문 배달이라는 '놀이'를 발견하면서 워싱턴에 적응하기 시작하였다. 아버지가, "학교 성적을 올리지 않으면 신문 배달도 할 수 없다."라고 엄포를 놓자 금세 성적이 좋아질 정도였다.

버핏은 원래 『워싱턴 포스트』지만 배달했는데, 도중에 라이벌 신문인 『워싱턴 타임스-헤럴드 Washington Times-Herald』지까지 배달하는 수완을 발휘했다. 『워싱턴 포스트』지의 독자가 구독을 취소하면 그 대신 『워싱턴 타임스-헤럴드』지를 권유해 전체적으로 판매 부수를 유지하려는 의도였다.

이것이 인연이었는지 나중에 『워싱턴 포스트』지는 『워싱턴 타임스-헤럴드』지를 흡수하여 미국을 대표하는 유력 일간지가 되고, 그로부터 수십 년 후 워싱턴 포스트 사의 대주주 겸 대표이사로 버핏이 취임하게 된다. 신문 배달을 하던 당시에는 자신이 『워싱턴 포스트』지의 대주주나 대표이사가 되리라고는 꿈에도 생각지 못했을 것이다.

어린 나이에도 남다른 수완을 발휘한 버핏은 다섯 개의 신문 배달 유통망을 인수하여 매일 400부나 배부하게 되었다. 하지만 버핏은 이에 만족하지 않고 잡지에도 손을 뻗쳤다. 오마하의 지방지『오마하 월드 헤럴드』의 기자 로버트 드가에 따르면, 버핏은 신문 배달을 할 때 집 밖에 방치된 잡지를 모아 구독 기간이 적힌 스티커를 떼어내 정리했다고 한다. 구독 기간이 끝날 무렵에 재구독을 권유하기 위해서였다.

이런 버핏이 14세에 이미 매월 175달러, 당시 일반적인 회사의 신입 사원이 받는 월급에 해당하는 돈을 벌게 되었다는 것은 그리 이상한 일이 아니다.

신문 배달로 벌어들인 소득은 자신이 직접 세무서에 소득신고를 하고 세금을 납부하였고 남은 돈은 모두 저축했다. 자신이 직접 소득신고를 하는 습관은 세계적인 대부호가 된 60여 년 후에도 변하지 않았다.

현명하며 화제가 풍부하고 기지가 넘쳤던 워런은 신문 배달 생활에 만족한 듯했다. 그러면서 처음에는 제대로 적응하지 못했던 워싱턴의 우드로 윌슨 고등학교에서도 친구들과 어울리게 되었다. 그때 만난 친구 중에 워런 못지않게 영리하며 숫자에 강한 우등생 도널드 데인리와 특히 친하게 지냈다.

어느 날, 데인리는 중고 핀볼 기계를 25달러에 사서 버핏과 가지고 놀았는데, 고장이 날 때마다 데인리가 수리하고는 했다. 그때 버핏의 머릿속에는 뭔가 새로운 사업에 대한 구상이 떠올랐다. 근처 이발소에 그 핀볼 기계를 대여하는 것이었다.

그 '사업'은 이발소와 이익을 나누는 조건으로 하여 순조롭게 진행되었다. 데인리는 중고 기계를 들여와 고치거나 이발소에 설치하러 다녔고 버핏은 장부를 관리했다. 두 사람은 핀볼 기계 대여 사업에 '윌슨 동전 조작 기계 회사Wilson Coin Operated Machine Company'라는 이름을 붙였다. 여기서 '윌슨'이란 이름은, 어린아이들의 장난이 아닌, 제대로 된 사업인 것처럼 보이기 위해서 만든 가짜 이름이었다. 버핏과 데인리는 이발소로부터 주문을 받으면 진짜 사업가가 경영하는 것처럼, 일단은 윌슨 씨에게 물어봐야 한다고 대답했다. 윌슨 씨란 다름 아닌 버핏과 데인리였지만 말이다.

나중에 윌슨 동전 조작 기계 회사는 매주 50달러를 벌어들이는 사업체가 되었다. 『마이더스의 손: 워런 버핏의 투자 이야기*The Midas Touch: The Strategies That Have Made Warren Buffett*』의 저자 존 트레인에 따르면, 버핏은 그때를 "인생이 그렇게 재미있는 줄은 몰랐다."라고 회고했다고 한다.

워런 버핏이 1947년에 고등학교를 졸업할 때까지, 그는 부모를 포함한 어느 누구에게도 의지하지 않고 혼자의 힘으로 6천 달러를 벌었다. 모두 합쳐 60만 부에 이르는 신문 배달과 핀볼 기계 대여업 등으로, 앞으로 투자를 시작할 개인적인 자본을 손에 넣었던 것이다. 워런 버핏은 300명이 넘는 전교생 중 20등 이내의 성적으로, 절친한 친구 데인리는 수석으로 고등학교를 졸업했다.

남다른 학창 시절

고등학교를 졸업한 워런 버핏이 17세가 되기 전, 아버지의 권유로 동부의 명문 펜실베이니아 대학의 워튼 스쿨에 진학했다. 아버지 하워드는 금융 분야에서 굴지의 명성을 얻고 있는 워튼 스쿨이라면 어린 버핏도 받아들일 것이라고 생각했다. 그러나 버핏은 이미 수십 권에 이르는 경제 관련 서적을 닥치는 대로 읽을 정도였기 때문에, 대학에 다니는 것을 '시간 낭비'로 여기며 싫어했다.

실제로 버핏은 대학에 입학해서도 공부에는 그다지 관심이 없었고, 필라델피아 시내에 있는 증권회사에 가서 주식 시세 동향을 조사하는 일에 열심이었다.

『버핏: 미국의 부 건설』을 쓴 로웬스틴에 따르면, 오마하에 살고 있을 때 이웃에 살면서 버핏과 친하게 지냈던 메어리 포크에게 버핏이 이렇게 말했다고 한다.

"메어리, 거기서는 배울 것이 없어. 내가 할 일이라고는 시험 전날 밤에 책을 펴놓고 펩시콜라를 마시는 것뿐이야. 그렇게만 해도 만점은 문제없어."

버핏과 같은 오마하 출신으로 대학 시절 친구였던 찰스 피터슨은 버핏이 9월에 신학기가 시작되면 9월 말까지 불과 한 달 동안 한 학기에 봐야 할 교과서를 전부 읽어 치우고는 두 번 다시 들여다보지 않았다고 한다. 그래도 학기말 시험에서는 최고 점수인 A를 받았다.

대학을 졸업한 후 찰스 피터슨은 오마하에서 버핏과 재회했는데, 대학 시절 친구의 탁월한 능력에 대해 다시 한번 놀라게 되었다. 그들은 함께 점심식사를 하게 되었는데 식사를 하면서 우연히 펜실베이니아 대학에 다닐 때 한 교수가 말했던 것이 화제에 오르게 되었다. 피터슨이 그 교수가 한 말이 구체적으로 무엇이었는지에 대해 버핏에게 묻자 그는, "아아, 그건 교과서 221쪽 세 번째 단락에 있어."라고 말하며 교과서에 적힌 내용을 설명하기 시작했다. 버핏의 말이 믿어지지 않았던 피터슨은 나중에 그 교과서를 살펴보고 깜짝 놀랐다. 버핏이 말한 단락에, 버핏이 설명한 내용이 그대로 적혀 있었던 것이다! 자신으로서는 도저히 흉내낼 수 없는 버핏의 '사진 같은 기억력'에 놀란 피터슨은 그후에 버핏의 신봉자가 되어 버렸다.

펜실베이니아 대학에서 공부에 전혀 흥미가 없었던 워런 버핏은 다시 데인리와 '놀기' 시작했다. 데인리와 함께 중고 롤스로이스를 대여하는 사업을 시작한 것이다. 그를 위해 데인리와 버핏은 워싱턴에서 가까운 메릴랜드 주 볼티모어에 가서 350달러를 주고 구형이지만 화려한 롤스로이스를 구입하여 워싱턴으로 돌아오던 중 그만 경찰관의 단속에 걸리게 되었다. 브레이크 등도 번호판도 없었기 때문이었다. 데인리는 당시 버핏의 모습을 이렇게 말했다.

"경찰관은 교통위반 딱지를 발부하려고 했죠. 그러자 워런은 '잠깐만요, 우리는 이 차를 차고로 가져가서 고치려는 것뿐이에요. 그렇게 하면 안전 기준에 맞출 수 있어요.'라고 주장하며, 경찰관이 가도 좋다고 할 때까지 물러서지 않았죠."

두 사람은 그렇게 해서 가져온 롤스로이스를 버핏의 집 차고에서 잘 달릴 수 있도록 수리했다. 그 차는 하루에 35달러를 받고 몇 번 대여한 적이 있는데, 사실 용돈을 버는 것이 목적이라기보다는 각자의 여자 친구들과 함께 롤스로이스를 타고 시내 구경하는 재미에 빠져 있었다.

1949년 가을, 워런 버핏은 아무에게도 알리지 않은 채 갑자기 워튼 스쿨에서 자취를 감추었다. 신문 배달도 핀볼 기계 대여 사업도 없는 그곳에서, 공부에도 흥미를 잃었기 때문이었다. 필라델피아에서 아무런 매력을 느끼지 못한 버핏은 오마하에 돌아가 그곳에 소재한 네브래스카 대학에 재입학했다.

그러나 네브래스카 대학에서도 버핏은 이름만 올려놓고, 실제로는 현지 신문인 『링컨 저널』을 배달하는 데만 열심이었다. 이번에는 워싱턴에서보다 좀더 본격적인 모습을 띠었다. 배달을 위해 소년 50명을 동원하여 그들에게 '미스터 버핏'이라고 부르게 했으며, 골프공 사업도 다시 시작했다.

신문 배달과 골프공 사업에 열중하고, 집에서는 대학의 수업과는 직접적으로 관계가 없는 경제 관련 책을 읽으며 시간을 보내던 버핏은 1950년 봄에 네브래스카 대학을 졸업했다. 그때 버핏의 나이는 19세였고, 9,800달러라는 적지 않은 저축이 있었다. 이 돈은 후일 그의 투자 자금이 되었다.

그해 여름, 버핏은 하버드 대학의 비즈니스 스쿨(경영대학원)의 입학 시험을 치른 뒤 시카고에서 면접을 보게 되었다. 버핏은 친구인 저널리스트 캐롤 루미스에게 면접 당시를 이렇게 회고했다.

"하버드의 입시 담당자에게 나는 비쩍 마른 19세의 애송이로 보였던 모양이야. 겉모습도 16세로밖에 안 보이는데 하는 행동은 12세 아이 같았던 것이지. 면접은 10분 만에 끝나 버렸어."

워런 버핏은 하버드 대학 비즈니스 스쿨의 학생이 되기에는 아직 어렸던 모양이었다.

현명한 투자가와 미스터 마켓

그가 하버드 대학에 떨어진 것은 불행 중 다행이었다.

버핏이 네브래스카 대학 4학년 때, '근대 증권 투자 이론의 아버지'라고 불리는 벤저민 그레이엄Benjamin Graham의 명저 『현명한 투자자The Intelligent Investor』를 만나게 된다. 출간된 지 얼마 되지 않은 이 책을 읽고 깊은 감명을 받은 버핏은 그레이엄이 교편을 잡고 있는 컬럼비아 대학의 비즈니스 스쿨에 응시하여, 곧 입학 허가를 받았다.

책벌레 워런 버핏이 네브래스카 대학을 졸업할 즈음에는 펀드매니저에게 뒤지지 않을 정도의 전문 지식을 갖추고 있었으나 한 가지 부족한 점이 있었다. 큰 바다로 나갈 때는 항해 지도가 필요한 것처럼 버핏에게는 주식 투자의 세계에서 자신을 이끌어 줄 행동 원리가 필요했던 것이다. 그런 터에 그레이엄의 투자 이론을 접한 버핏은 마치 '신神'을 만난 듯한 기분이 들었다.

그레이엄의 이론에 입각한 투자는 기업의 '내재 가치intrinsic value'를 기준으로 하여 주가가 그보다 훨씬 낮은 가격일 때 주식을 구입하는 것으로, '가치 투자value investing'라고 부른다. 사람들의 욕망이나 공포 등 감정에 지배되는 시장의 동향에 좌우되지 않고 주식의 배후에 있는 사업의 가치에 주목하여 낮은 가격으로 구입하면 위험률을 충분히 최소화할 수 있다는 이론이다.

그레이엄은 대공황이 한창이던 1930년대 중반에 컬럼비아 대학의 동료인 데이비드 도드David Dodd와 공동으로 집필한 『증권 분석Security Analysis』을 통해 '가치 투자'를 핵심으로 하는 '그레이엄-도드 이론'을 확립했다. '투자'보다는 '투기'의 전성시대였던 당시로서는 획기적인 이론이었다. 이후에 발간된 『현명한 투자자』는 『증권 분석』의 내용을 일반인들을 위해 새롭게 서술한 책이다.

그레이엄은 『현명한 투자자』에서 '투자'에 대해 다음과 같이 해설하고 있다.

당신이 비공개 기업에 1천 달러를 출자하여 그 기업의 파트너(동업자)가 되었다고 합시다. 다른 파트너 중에 '미스터 마켓'이라는 인물이 있는데, 그는 매우 친절하게도 매일 당신의 지분에 대한 가치를 평가해 주고 있습니다. 당신에게 지분을 사거나 파는 것과 관련하여 충고를 해줍니다. 때때로 그의 판단은 아주 잘 들어맞는 것처럼 보이지만 사실 대부분의 경우 '미스터 마켓'은 자신의 정열이나 공포에 좌우됩니다. 그러한 때에 그가 생각하는 가치는 약간 어리석어 보이고는 합니다.

다시 말해, 매일 새로운 아이디어를 가져오는 '미스터 마켓'은 내재 가치를 모르며, 현명한 투자가라면 '미스터 마켓'의 말을 들어서는 안 된다는 뜻이다.

'미스터 마켓'과 같이 행동하는 사람은 '투자가'가 아니라 '투기꾼'이다. 투기라는 것은, 투자가 A가 투자가 B, C, D가 무엇을 생각하고 있는가를 근거로 투자 판단을 하는 것과 같이 B, C, D도 A를 포함한 다른 투자가가 무엇을 생각하고 있는가를 근거로 반응하는 것이다. 투기꾼은 '기업'이 아니라 '다른 투자가'를 보고 행동한다.

'그레이엄-도드 이론'에서 현명한 투자가는 매일의 주가에 주목하는 것이 아니라 주권의 배후에 있는 기업을 냉철하게 분석한다. 수익력과 재무 상태, 장래성 등을 기준으로 하는 기업의 내재 가치는 '미스터 마켓'이 무엇을 생각하고 있는지에 흔들리지 않는다.

다행히도 '미스터 마켓'은 매일 새로운 아이디어를 갖고 나타난다. 현명한 투자가는 '미스터 마켓'에게 휘둘리지 않으며 오히려 이용한다. 아무것도 모르는 '미스터 마켓'이 내재 가치를 크게 밑도는 가격을 제시할 때 과감하게 행동하면 되는 것이다.

버핏은 컬럼비아 대학 비즈니스 스쿨에서 무엇엔가 홀린 듯이 열성적으로 공부했다. 20명 정도인 동급생 가운데 월스트리트에서 일하고 있는 사람도 적지 않았으며, 그 중 버핏의 나이가 제일 적었다. 그래도 버핏은 어떤 문제에도 해답을 준비하고, 교수가 질문을 받을 때는 언제나 가장 먼저 손을 드는 학생이었다. 사실상 수업은 그레이엄과 버핏 두 사람의 무대였다.

첫 투자 자금 1만 달러

워런은 그레이엄에게 너무 빠진 나머지, 그레이엄이 관계하는 기업에 무조건 관심을 보였다. 그 중 하나가 그레이엄이 회장직을 맡고 있던 손해보험회사 GEICO였다.

1936년에 설립된 GEICO는, 사고율이 낮은 정부 직원만을 대상으로 하여 자동차 보험을 직접 판매하는 유일한 회사였다. 영업비용을 낮추고 양질의 고객을 대상으로 함으로써 업계 평균보다 낮은 보험료를 받으면서도 평균 이상의 수익률을 올리고 있었다.

버핏은 1993년에 컬럼비아 대학 비즈니스 스쿨에서 있었던 강연과 주주들을 위한 1995년도 「회장의 편지」에서 당시의 체험을 다음과 같이 밝히고 있다.

1951년 1월, 워런 버핏은 GEICO 사가 워싱턴에 있다는 사실을 알게 되었다. 그로부터 얼마 뒤 어느 토요일에 버핏은 GEICO 본사를 방문하였다. 문이 닫혀 있었기 때문에 누군가 나올 때까지 계속해서 두드리자한참 만에 경비원이 황당한 표정을 지으며 나왔다.

"아저씨 말고 다른 사람 없나요?"

"6층에 아마 한 사람 있을 걸세. 만나고 싶다면 위로 올라가 보게."

이렇게 해서 만나게 된 사람이 GEICO의 재무 담당 부사장인 로리머 데이비슨Lorimer Davidson이었다. 로리머 데이비슨은 스물한 살짜리 어린 학생의 돌연한 방문에 놀라면서도, GEICO의 경영 내용과 보험 사업의 구조 등에 대한 버핏의 질문에 네 시간 동안이나 끈기 있게 대답해 주었다. 그는 버핏과 대화하면서 마치 유능한 증권 분석가와 대면하고 있는 듯한 착각에 빠져들었다고 그때를 기억했다. 로리머는 나중에 GEICO의 최고경영자에 오르기도 했다.

워런 버핏은 훗날 『포브스Forbes』지와의 인터뷰에서 왜 GEICO에 관심을 보였는가 하는 질문에, "GEICO는 경쟁상 특별한 우위를 갖고 있으며, 더구나 내가 존경하는 사람인 벤저민 그레이엄이 경영하는 회사였습니다."라고 대답했다.

유년 시절의 체험이 코카콜라 주식의 취득으로, 고교 시절의 체험이 워싱턴 포스트 주식의 취득으로 이어진 것처럼, 이때의 체험은 1970년대 후반에 GEICO 주식 취득으로 이어졌고, 1990년대 후반에는 완전 매수로 결실을 맺게 된다.

로리머 데이비슨을 만나고 뉴욕으로 돌아온 버핏은 월스트리트에 자주 드나들면서 여러 보험 전문가들에게 GEICO에 대한 자신의 생각을 내보였지만, 보험 전문가들은 예외 없이, "GEICO 주식은 다른 보험회사 주식에 비해 비교적 가격이 높다." 하고 대답했다.

이렇듯 전문 분석가가 버핏이 가진 생각과는 정반대의 견해를 갖고 있다고 해도 버핏은 '그레이엄-도드 이론'에 입각한 자신의 분석 결과를 결코 취소하지 않았다. 오히려 전문 분석가조차도 GEICO가 가지고 있는 '매력'을 알아차리지 못하고 있는 사실에 만족해했다.

그해 버핏은 전 재산의 3분의 2에 상당하는 1만 달러를 투자하여 GEICO 주식을 구입하고, 1년 뒤에 1만 5천 달러가 약간 넘는 금액에 팔아서 50퍼센트의 이익을 얻었다. 참고로 말하면 GEICO 주식에 투자한 자금의 대부분은 신문 배달로 번 것이다. 신문 배달로 번 1만 달러는 '투자가 버핏'의 출발 자금이 되었던 것이다.

버핏은 1951년 6월 컬럼비아 대학 비즈니스 스쿨을 졸업하였다. 저명한 교수 그레이엄으로부터 가장 높은 성적인 'A+'를 받았는데, 그레이엄이 컬럼비아 대학에서 학생들을 가르친 22년 동안 그에게서 'A+'를 받은 학생은 버핏이 처음이자 마지막이었다. 또한 컬럼비아 대학의 비즈니스 스쿨 역사상 버핏보다 더 좋은 성적을 받은 학생도 없었다고 한다.

20세의 나이로 대학원을 우등으로 졸업한 버핏은 주저 없이 그레이엄이 경영하는 투자회사 그레이엄-뉴먼Graham-Newman Corporation에 취직하려고 했다. 그러나 그레이엄은, "월급을 안 주셔도 좋으니 일하게 해주십시오."라고 말하는 버핏의 요청을 받아 주지 않았다. 그는 유태인의 채용을 늘리려고 한 듯했다. 세월이 흐른 뒤 버핏은 이에 대해, "그레이엄은 자신의 습관에 따라 가격과 가치를 비교 계산하여 '노'라는 결론에 도달했겠죠."라고 농담처럼 말하고는 했다.

보통의 비즈니스 스쿨 졸업생이 대기업에 취업하기를 희망했던 것에 비해 대기업에서 일할 생각은 조금도 하지 않은 워런은 오마하로 돌아갔다. 그리고 아버지 하워드가 경영하는, 직원 다섯 명의 작은 증권회사 버핏 포크 앤 컴퍼니Buffett Falk and Company에서 영업 사원으로 일하기 시작했다.

버핏이 처음으로 고객에게 추천한 것은 GEICO 주식이었다. 그러나 오마하에서는 거의 들어보지 못한 GEICO라는 회사의 주식을 사려는 사람은 별로 없었다.

그래도 워런 버핏의 추천에 흔쾌히 GEICO 주를 구입한, 몇 명 되지 않는 투자가 중 한 사람은 어렸을 때부터 그를 귀여워해 주던 숙모 앨리스 버핏이었다. 앨리스 버핏은 조카 워런 버핏의 추천대로 GEICO의 주식 100주를 사들였다. 워런 버핏은 나중에, "숙모는 내가 추천하는 것은 무엇이든지 샀을 것입니다."라고 말했다. 그 말은 '나를 마음 깊이 신뢰하고 있는 숙모 이외에 그 주식을 사 줄 사람은 없었다'는 뜻이기도 하다.

그는 전통 있는 신용평가회사 무디스가 발행하는 두꺼운 『무디스 매뉴얼』을 열심히 읽고 나서 '그레이엄-도드 이론'에 따라 유망한 종목을 발굴해서 적지 않은 성과를 거두었지만 그의 손에 남는 것은 얼마 안되는 수수료뿐이었다. 워런 버핏의 마음도 뉴욕의 그레이엄-뉴먼 투자회사에 가 있었기 때문에 그의 새로운 투자 아이디어를 그레이엄에게 편지로 써 보내는 일에 더욱 열심이었다.

또한 버핏은 여가 시간을 이용하여 '화술話術을 향상시키는 교육' 과정에 등록하였다. 그것은 나중에 투자자들을 모아서 주식 투자를 위한 파트너십(partnership, 동업 관계)을 결성할 때 꼭 필요한 기술이었다. 거의 같은 시기에 오마하 대학의 사회인 교육 프로그램에서 「투자의 원칙」이라는 과정의 강사가 되어 자신의 화술을 시험해 보기도 했다.

버핏은 여기서 강사로서 특별한 재능을 발휘했다. 그가 교실에 발을 들여놓으면 평균 연령 40세인 '늙은' 학생들 사이에서 '쿡쿡' 하는 웃음소리가 들려 왔다. 비쩍 마른 그의 겉모습이 마치 고등학교 농구선수 같아 보였기 때문이었다. 하지만 일단 강의가 시작되면 학생들 모두 그의 이야기에 빠져들었다.

1952년 4월, 버핏은 명랑한 성격에 음악을 좋아하는 수잔 톰슨과 결혼했다. 수잔의 아버지 윌리엄 톰슨이 워런의 아버지 하워드의 선거 운동을 도와준 것을 인연으로 두 집안은 예전부터 잘 알고 지내는 사이였다.

그로부터 2년 후, 워런 버핏이 그토록 기다리고 기다리던 뉴스가 날아들었다. 그레이엄이 뉴욕에서 함께 일해 보지 않겠느냐고 제안한 것이다. 버핏은 즉시 아내를 데리고 뉴욕으로 날아가 그레이엄-뉴먼에 입사했다. 월급 따위는 물어 보지도 않았다. 버핏은 '진정한 투자가'의 문에 들어서게 된 것만으로도 충분히 기뻤던 것이다.

≪ 2 ≫
버핏의 파트너십 시대

저는 제가 잘 알고 있는 곳에만 투자할 겁니다. 투자 대상을 충분히 이해하지 못한 상태에서 하는 투자는 손해를 볼 염려가 있습니다.

월스트리트에서의 첫 출발

1954년 당시 월스트리트는 그다지 활기도 없었고, 일을 하기에 최상의 장소라고도 할 수 없었다. 대공황의 후유증에서 완전히 벗어나지 못한 시기여서 명문 하버드 대학 비즈니스 스쿨의 졸업생 가운데 월스트리트에 취직하려는 학생은 별로 없었다.

그러나 워런 버핏은 컬럼비아 대학 비즈니스 스쿨을 가장 우수한 성적으로 졸업했으면서도 월스트리트에 뛰어들었다. 더욱이 그가 취직한 곳은 직원이 열 명도 되지 않는 작은 투자회사 그레이엄-뉴먼이었다. 세간에는 그의 이러한 행동이 무모한 행동으로 비쳐졌지만 버핏은 의욕에 불타오르고 있었다. 순전히 '자신의 힘'만으로 투자가 인생의 출발선에 섰던 것이다.

버핏은 그야말로 무無에서 출발하여, 어느 누구의 도움 없이 거대한 부를 쌓은 입지전적인 인물이다. 물론 그의 아버지가 1964년에 사망했을 때 가족에게 적지 않은 재산을 남겼지만, 버핏은 어머니와 누이, 그리고 여동생이 아버지의 재산 모두를 상속받도록 하였다. 특히 하원의원으로 재직했던 아버지의 영향 탓인지 정부를 절대적으로 신뢰하고 있던 버핏은 아무리 많은 돈을 벌어들여도 자신이 직접 소득 신고를 했다. 부정한 거래를 특히 싫어하는 워런은 법률적으로나 도덕적으로나 늘 정공법을 택했던 것이다.

그토록 원하던 그레이엄-뉴먼에서 일하게 된 버핏은 신용평가 회사 '스탠더드 앤 푸어스'가 발행하는 『증권 투자 가이드Stock Guide』를 열심히 탐독하여 매력적인 투자 종목을 많이 발굴하였다. 그는 어떠한 기업의 재무제표를 보든지 누구보다도 빠르게 숫자를 파악하여 문제점을 찾아냈다. 이 점에 관한 한 버핏은 그의 스승 벤저민 그레이엄보다 더 뛰어나다고 평가할 수 있을 정도이다.

다만 한 가지 문제가 된 것은, 버핏이 새로운 아이디어를 창안해 내도 그레이엄-뉴먼의 운용 자산 600만 달러로는 어찌해 볼 도리가 없을 때가 많다는 것이었다. 그레이엄-뉴먼에 자금을 맡기려는 투자가들은 많았으나 그레이엄은 신규 투자가를 모집하는 데는 그다지 흥미를 보이지 않았다. 대공황 시기의 끔찍했던 기억을 완전히 잊지 못한 그는 '끓어오르고' 있는 당시의 주식 시장에 회의적인 생각을 가지고 있었던 것이다. 그래서 워런의 뛰어난 아이디어는 아깝게도 그냥 묻혀 버린 것이 많았다.

1956년, 61세가 된 그레이엄은 은퇴를 결심하고 그레이엄-뉴먼을 해산했다. 돈을 버는 일보다는 UCLA에서 교편을 잡으면서 집필과 스키로 여생을 즐기는 게 더 좋다고 판단한 것이다. 그레이엄-뉴먼을 설립하고 나서 은퇴하는 날까지 21년간 그가 기록한 운용 성적은 연평균 17

퍼센트에 달했다. 이것은 상위 주가지수를 웃도는 높은 성적이었다.

25세가 된 버핏은 투자가로서 대단한 경력을 쌓지는 못했지만 그레이엄-뉴먼보다 더 높은 성적을 거두었다. 20세까지 신문 배달 등으로 모은 1만 달러를 개인적으로 투자하여 14만 달러까지 늘렸던 것이다. 1999년의 물가로 계산해 보면 당시 14만 달러는 대략 83만 달러에 상당하는 큰 돈이었다(1달러를 원화 1,200원으로 환산하면 10억 원 가까이 되는 돈이다).

첫 번째 파트너십 결성

버핏은 도시의 번잡함을 좋아하지 않았다. 그레이엄-뉴먼이 해산하자 그는 곧 부인 수잔과 함께 오마하로 돌아가서 가족들이 운영하던 잡화가게 '버핏 앤 선' 근처에 위치한 아파트로 이사하였다. 하지만 워런 버핏에게는 앞으로 무엇을 해야 할지에 대한 계획이 이미 세워져 있었다. 운용 자금을 모아서 스스로 투자회사를 설립하고, 넘쳐나는 아이디어를 실제 주식 시장에서 활용하는 것이었다. 투자가를 모집하기 위해 필수적인 '기술'인 '화술'도 이미 갖추고 있었다.

처음에 버핏이 자신의 투자회사에 투자해 달라고 설득한 사람은 친척이나 친구들이었다. 그들 중에 어떤 사람은 버핏의 설득에 응했고, 또 어떤 사람은 거절하였다. 그리하여 1956년 5월, 누나 도리스 우드와 매형 트루먼 우드, 장인 윌리엄 톰슨, 숙모 앨리스 버핏, 펜실베이니아 대학 동창인 찰스 피터슨과 그의 어머니 엘리자베스, 변호사 친구인 대니얼 모넨 등 일곱 명이 유한^{有限} 책임의 파트너(동업자)로 구성된 '버핏 어소시에이션^{Buffett Association}'이 결성되었다. 최저 출자액은 5천 달러,

최고 출자액은 3만 달러로 하여 총 10만 5천 달러의 돈을 모았다. 버핏 자신은 1만 달러를 투자하여 최고경영자가 되었다.

파트너십의 운용 방침은 간단했다. 우선 워런은, "맡겨 주신 자금은 제 돈같이 생각하고 제가 알아서 운용하겠습니다. 따라서 제가 무엇을 하고 있는지는 전혀 알려 드리지 않겠습니다."라고 선언했다. 그는 1년에 한 번 있는 결산기에만 운용 내용을 공개하고, 유한有限 파트너들도 그때만 질문할 수 있도록 하였다. 종목 선택의 '노하우'는 워런이 가진 최대의 지적 재산이었기 때문에 부인에게도 알려 주지 않았다.

파트너십의 운영 비용은 거의 필요하지 않았다. 버핏은 자신의 집 침실을 사무실로 사용하고, 영업용 차량 역시 자신의 자동차 폴크스바겐 비틀을 이용했다. 물론 비서도 없었다. 경영자는 주주로부터 빌린 자본을 개인적으로 낭비해서는 안 된다는 경영 철학이 그때부터 그의 의식 속에 확고하게 자리잡고 있었던 것이다.

버핏은 운용 자금 10만 5천 달러에 만족하지 않고 계속해서 다른 출자자를 찾아내 새로운 파트너십을 결성했다. 그는 당시 일반적인 은행 직원이나 증권회사 직원들의 차림인, 넥타이를 매고 정장을 차려입은 모습이 아닌, 어디서나 흔히 볼 수 있을 것만 같은 비쩍 마른 젊은이의 모습을 하고 있었지만 투자 자금을 모집하는 데에는 그다지 어려움을 겪지 않았다. 그레이엄이 예전의 고객들에게 버핏을 소개해 주었고, 버핏의 능력도 조금은 소문이 나 있었기 때문이었다.

파트너십의 운용 성적은, 첫해는 10.4퍼센트, 둘째 해는 40.9퍼센트, 셋째 해 25.9퍼센트, 넷째 해는 22.8퍼센트, 다섯째 해는 45.9퍼센트에 달하여, 처음 5년 동안 다우존스 공업주 평균보다 낮은 수익률을 기록한 적이 한 번도 없었다. 버핏은 이 5년 동안 파트너십의 출자금을 250퍼센트 늘렸는데, 같은 기간에 다우존스 주가평균의 상승률은 7.5퍼센트에도 이르지 못했다.

버핏은 파트너십을 운용하면서 자신 역시 유한 파트너와 똑같이 손해를 볼 위험에 대한 부담을 지는 방침을 도입했다. 구체적으로 말하자면, 그는 유한 파트너들에게 출자금에 대한 연 6퍼센트의 배당금을 약속하고, 이익의 75퍼센트는 유한 파트너가, 나머지 25퍼센트는 자신이 가지는 방식을 취했다. 다시 말해 6퍼센트 이하의 운용 성적을 거두면 버핏에게는 한 푼도 지급되지 않는 계약이었다.

이러한 계약을 한 것은, 적어도 현지 은행에 예금했을 경우의 이자에 상당하는 성적을 거두지 못하면, 파트너가 파트너십의 운영자에게 수수료를 지불할 필요가 없다고 생각했기 때문이다. 또한 그는 파트너십의 운영으로 얻은 이익은 전부 파트너십에 재투자하였다. 이런 그의 운영 방식은 투자금을 잘못 운영하여 이익을 못 올린 경우, 자금 운영자인 버핏 자신도 다른 파트너와 같이 손해를 감수하겠다는 의지를 보여 파트너들로 하여금 '출자금은 가능한 한 신중히 운용된다'는 믿음을 갖게 하였다.

워런 버핏으로부터 출자 요청을 받은 사람 중에 그의 제안을 거절한 사람도 있었다. 그 중 한 명이 당시 버핏의 이웃에 살고 있던 도널드 키오였다(그는 나중에 코카콜라의 사장이 된다). 키오가 1985년에 『뉴욕』지에 밝힌 바에 따르면, 당시 버핏의 아이들과 키오의 아이들이 서로 친하게 지냈기 때문에 어른들끼리도 자주 왕래가 있었다고 한다. 그러던 어느 날 버핏과 키오가 다음과 같은 대화를 나누었다.

"어떻게 아이들의 교육비를 충당할지 생각해 둔 게 있나?"

"열심히 일하고 있으니 어떻게든 되겠지."

"내게 5천 달러를 맡겨 보지 않겠나? 틀림없이 후회하지는 않을 거야."

"그래? 아내와 한번 의논해 보겠네."

도널드 키오는 버핏에게 5천 달러를 출자하는 것에 대해 아내와 의논했으나, 아무리 생각해 보아도 버핏에게 그렇게 큰 돈을 맡기는 것은 합리적이지 않다는 결론을 내렸다. 그는 당시를 이렇게 회고했다.

"사실 나는 버핏이 어떻게 생계를 꾸려 나가는지조차 정확히 몰랐어요. 그런데 어떻게 5천 달러를 선뜻 그에게 투자할 수 있었겠어요?"

나중에 도널드 키오가 크게 후회한 것은 말할 필요도 없다.

1961년까지 버핏은 열 명의 파트너십을 결성하여 700만 달러 이상의 자금을 운용하였는데, 사업이 점점 확대되자 흩어져 있던 파트너십을 합쳐서 '버핏 파트너십'으로 바꾸었다. 파트너십에서 그의 지분은 100만 달러가 넘었다. 이제 겨우 31세에 그는 일찌감치 백만장자가 되어 있었던 것이다.

버크셔 해서웨이와의 인연

버핏이 벤저민 그레이엄의 제자로서 '투자가의 출발선'에 서 있던 1950년대 전반, 청교도 전통을 이어가고 있던 미국 뉴잉글랜드 지방의 섬유업계는 불황에 허덕이고 있었다. 한때 세계의 섬유산업을 대표했던 그들은 아시아에서 밀려 들어오는 값싼 제품에 제대로 대항하지 못하고 차례차례 공장을 폐쇄하거나 직원을 해고하는 등의 조치를 취하기 시작했다.

업계 재편도 급속한 속도로 진행되어 1955년에는, 1888년에 설립된 해서웨이 매뉴팩처링과 1806년에 설립된 버크셔 파인 스피닝이라는 명문 섬유 제조회사가 합병하여 버크셔 해서웨이가 탄생했다. 새로운 회사는 14개의 공장과 1만 2천 명의 직원을 거느린 업계의 거인ㅌㅅ이 되어 이 불황에서 살아남으려 했다.

그러나 섬유업이 사양 산업이라는 것은 누구나 다 아는 사실이었다. 아무리 덩치가 커진 버크셔 해서웨이라도 장래가 밝지만은 않았다. 계속 적자를 내가며 주주 자본을 잠식하는 상황에서 벗어나지 못하여 1962년 말의 주가는 주당 순수운영자본을 크게 밑돌았다. 순수운영자본이란 단기 자산에서 단기 부채를 뺀 차액으로, 현금이나 예금 등의 단기 자산으로 단기 부채를 전부 갚은 뒤 남는 금액을 말한다.

이렇게 상황이 안 좋아진 버크셔 해서웨이는 순수운영자본 이하의 가격으로 매수가 가능했기 때문에 손해를 볼 염려가 적었다. 그야말로 '그레이엄-도드 이론'에 딱 맞는 상황에 놓여 있었던 것이다. 천부적인 투자가 워런 버핏은 이 기회를 놓치지 않았다. 파트너십을 통해 1962년부터 버크셔 해서웨이의 주식을 사들이기 시작하여 1963년에는 버크셔 해서웨이의 최대주주가 되었다.

처음부터 그렇게 많이 매수할 생각은 아니었지만 매물이 나올 때마다 사들이다 보니, 1965년에는 버크셔 해서웨이 총발행주식의 약 50퍼센트를 취득하여, 실질적인 경영권을 장악하고 이사회 임원으로 참여하게 되었다.

이때 버크셔 해서웨이의 주주 자본은 반으로 줄어들고 직원은 2,300명으로 줄어 있었다. 이미 뉴잉글랜드 지방의 유력한 기업으로서의 면모는 찾아볼 수 없는 초라한 신세로 전락한 것이었다. '생활필수품 commodity'이라는 섬유업의 성격상 값싼 노동력을 이용하는 해외 기업의 제품과 차별화를 이루지 못하여 이익을 올릴 수 없었던 것이다. 이 과정에서 버핏은 '그레이엄-도드 이론'에 따라 파격적으로 낮은 가격으로 버크셔 해서웨이를 매수하는 데에 성공했다.

그러나 버핏은 그의 스승 그레이엄과는 다른 점을 보였는데, 그는 버크셔 해서웨이를 매수할 때 그 회사의 사장인 켄 체이스가 훌륭한 인물인 점을 중시했다. 대차대조표 등에 나타나는 '양적인' 분석과 함께, 경영진의 능력 등 '질적인' 분석도 고려했던 것이다. 그에 비해 그레이엄은 '양적인' 분석만 고집했다.

파트너(주주)들을 위해 쓴 보고서에서 버핏은 다음과 같이 말하고 있다.

버크셔 해서웨이는 소유하기 좋은 회사입니다. 최근 섬유업계의 동향이 버크셔 해서웨이의 업적에 악영향을 끼친 것은 사실입니다. 그러나 우리에게는 최고의 경영자 켄 체이스가 있습니다. 더욱이 버크셔 해서웨이는 업계 최고의 영업사원들이 이끌어나가고 있습니다. 버크셔 해서웨이가 제록스나 페어차일드 카메라, 내셔널 비디오와 같은 성장 기업처럼 높은 수익률을 달성하기는 거의 불가능하지만 상당히 안심하고 살 수 있는 종목임에는 틀림없습니다.

버크셔 해서웨이에서 버핏은 '경영자는 오너와 같이 행동하라'는 경영 철학을 실천했다. 그는 체이스에게 버크셔 해서웨이 주식 1천 주를 취득하도록 하면서 1만 8천 달러 상당의 융자를 받도록 제안한 것이다. 이에 체이스는 버핏의 제안을 받아들였다. 매출 신장이나 높은 시장 점유율만을 성공으로 간주하는 경영자가 대부분인 시대에서, 체이스는 투입 자본이 얼마만큼 이익을 올릴 수 있을 것인가 하는, '이익을 중시하는 경영'을 택한 것이다.

버핏에게 그것은 당연한 일이었다. 이미 그는 자신이 소유하고 있는 자산의 대부분을 파트너십에 투자하여 유한 파트너와 일심동체가 되는 방법을 택하고 있었다. 파트너십에서 버핏은 경영자, 유한 파트너는 오너, 즉 주주였다.

1990년대에 들어 미국에서는 경영자가 자사의 주식을 대량 보유하는 것을 의무화하여 '주주 가치'(shareholder value, 주주 이익의 극대화를 추구하는 경영 철학)의 확대를 내거는 기업이 늘었는데, 버핏은 수십 년 전부터 이미 이것을 실행하고 있었던 것이다.

경영자와 오너의 관계에 대해서도 버핏의 사고방식은 선진적이었다. 그는 이사회의 임원이기는 했지만 일상적인 경영은 체이스에게 전부 맡기고 주주의 자본을 장기적으로 어떤 분야에 어떻게 투자할 것인가 하는 '자본 배분'에 관해서만 신경 썼다. 이사회는 주주를 대표하며, 주주의 자본을 실제로 운용하는 경영진을 감시하는 존재라고 생각한 것이다.

실질적으로 버크셔 해서웨이에서 버핏은 이사회를 대표하는 회장으로서 경영진을 감시하는 역할을 했다. 다시 말해, 경영자로서의 자신의 입장은 약화시키고 오너로서의 입장은 강화시킴으로써 경영자와 오너의 역할을 명확히 구별하여 '견제와 균형'을 유지했던 것이다.

투자가로서 명운을 걸다 — 아메리칸 익스프레스

버핏은 파트너들에게, "우리들의 수익률이 시장 평균보다 높다면 우리는 성공한 것입니다. 만약 성적이 '마이너스'라 해도 마찬가지입니다." 하고 설명하고 있다. 구체적으로는 버핏 파트너십의 수익률 목표를 다우존스 주가평균을 10포인트 초과하는 것으로 삼았다. 더욱이, "매년 시장 평균을 능가하는 성적을 기대하는 것은 잘못된 것입니다. 대신 장기적인 이익에 주목해 주십시오."라며, 그 점에 대해 몇 번이나 강조했다.

그러나 이들이 기록한 실제 수익률은 전혀 달랐다. 1957년부터 1965년까지 8년 동안 파트너십의 수익률은 다우존스 주가평균을 밑돈 적이 한 번도 없었을 뿐 아니라 평균 20포인트 정도를 넘어섰다. 버핏 파트너십이 올린 수익률을 구체적으로 살펴보면, 연평균 다우존스 평균 주가지수가 11.4퍼센트인 데에 비해 29.8퍼센트의 수익률을 기록했다. 버크셔 해서웨이를 매수한 1965년에는 47.2퍼센트를 기록하여 다우존스 평균(상승률 14.2퍼센트)을 압도하는 실적을 올렸다.

1965년까지 파트너십의 운용 자산은 2,600만 달러로 부풀어 올랐고, 이 중 버핏의 지분은 700만 달러 가까이 되었다.

버핏은 그해에 파트너들을 위한 보고서에 이렇게 썼다.

(이 정도로 큰 자산을 소유하고 있다면) 아내와 함께 오후에 극장으로 빠져나가는 따위의 일을 해서 업무를 게을리 할 수는 없겠죠.

파트너들은 버핏의 일반적인 운용 방침이나 철학에 대해서는 알고 있지만 실제로 어떻게 투자하는지는 알지 못했다. 그것은 아무에게도 알려 주지 않는 '버핏만의 노하우'였지만, 그 기본을 살펴보면 '그레이엄-도드 이론'을 근거로 하여 독자적인 방법으로 대담한 투자를 전개하고 있었다고 볼 수 있다. 전형적인 예가 신용카드로 유명한 아메리칸 익스프레스에 투자한 것이다.

아메리칸 익스프레스는 공장 설비와 같은 커다란 실물 자산을 갖고 있지 않았고, 가장 큰 자산은 '상품 인지도'였기 때문에 앞서 말했던 '그레이엄-도드 이론'에 꿰맞추기에는 어려운 기업이었다. 그러나 실물 자산이 아니어도 투자할 가치가 충분히 있다고 생각한 버핏은 '그레이엄-도드 이론'을 독자적으로 수정하였다. 그리고 1963년에 일어난 사기 사건 '샐러드 오일 스캔들'에 휘말려 아메리칸 익스프레스의 주가가 폭락했을 때, 이 회사에 특별한 관심을 보였다.

당시 월스트리트에서는 현금이 필요 없는 시대가 다가올 것이라 예상하고 신용카드 사업의 장래를 밝게 평가했다. 더구나 해외여행의 대중화에 따라 여행자 수표traveler's check 사업도 급격하게 확대될 조짐을 보였다. 이미 아메리칸 익스프레스 카드 보유자는 100만 명에 이르는 등 아메리칸 익스프레스는 상표 인지도와 프랜차이즈(franchise, 독점적 판매권) 능력에서 압도적으로 유리한 위치에 있었다. 후일 버핏이 "훌륭한 비즈니스라도 일시적으로는 커다란 문제를 안고 있을 때가 있습니다. 그때야말로 절호의 투자 기회입니다."라고 말한 것처럼, 아메리칸 익스프레스의 주가 폭락은 실로 좋은 '투자 기회'였던 것이다.

아메리칸 익스프레스에 대규모의 투자를 하고자 했던 버핏은 우선 먼저 철저한 사전조사를 실시했다. 예를 들면, 오마하의 유명한 식당에 들른 버핏은 계산대 옆에 서서 얼마나 많은 고객이 아메리칸 익스프레스 카드를 사용하는지에 대해 관찰했다. 그 외에도 은행이나 여행사에 들러 여행자 수표의 발행에 어떤 변화가 있는지를 확인했다. 결론은, '고객은 사기 사건과는 관계없이 아메리칸 익스프레스 카드를 계속 사용하고 있다'로 내려졌다.

1964년이 되자 아메리칸 익스프레스는 투자가들에 의한 투매에 직면하여 주가가 '샐러드 오일 스캔들'이 발생하기 전의 65달러(당시 주가의 절대 수준으로 그 후의 **주식 분할**에 의한 수준 조정이 반영되지 않은 수치)에서 35달러까지 떨어졌다. 버핏은 민첩하고 대담하게 행동했다. 아메리칸 익스프레스 한 종목에 파트너십의 운용 자산 총액의 40퍼센트에 상당하는 1,300만 달러를 투자하여 총 발행주식의 5퍼센트를 장악했다. 아무도 매수하려고 하지 않는 상황에서 그는 오히려 과감하게 행동한 것이다.

그 후 2년 동안 아메리칸 익스프레스의 주가는 3배 상승했고 버핏은 2천만 달러의 이익을 남기면서 보유하고 있던 아메리칸 익스프레스의 주식을 모두 팔았다. 그가 아메리칸 익스프레스에 투자했던 1,300만 달러는, 만약 그의 투자 판단이 틀렸다면 파트너들의 신뢰를 잃어 투자가로서의 생명이 단 한 번에 끝났을지도 모르는 거액이었다.

비슷한 시기에 버핏은 아메리칸 익스프레스와 같이 실물 자산을 갖고 있지 않은, 오락 산업의 거인인 월트 디즈니에도 주목하여 400만 달러 상당의 주식을 구입했으며, 이것은 수년 후 200만 달러의 이익으로 돌아왔다.

우리들의 정신은 파트너십입니다

버핏은, "매년 시장 평균보다 높은 수익률을 만들어낼 수는 없다." 하고 말하며 스스로 수익률에 집착하지 않으려고 했다. 그러면서도 그는 파트너십을 순조롭게 성장시켜 나갔다. 파트너십은 발족된 뒤부터 1960년대 말까지 수익률이 다우존스 주가평균을 밑돈 적이 한 번도 없을 정도였다. 다우 평균이 7.4퍼센트에 머물러 있던 것에 비해 버핏의 파트너십의 연평균 수익률은 29.5퍼센트에 이르렀다.

당연히 파트너십의 운영 자금은 크게 늘어나, 1969년 말에는 총액이 1억 500만 달러에 달했다. 그 중 버핏의 지분은 2,500만 달러였다. 파트너십 발족 직후에 1만 달러를 투자한 투자가는 버핏의 지분을 제외하고서도 15만 달러까지 자산을 늘렸다. 만약 같은 시기에 다우존스 주가평균 종목에 1만 달러를 투자했다면 10분의 1인, 1만 5천 달러의 수익을 올리는 데 그쳤을 것이다.

압도적으로 높은 수익률에도 버핏은 서서히 초조해졌다. 케네디 정권이 들어선 당시 미국 경제는 고도의 성장을 계속함으로써 월스트리트에서는 IBM이나 제록스, 폴라로이드와 같은 '**니프티 피프티**nifty fifty'로 불리는 고가의 성장 주식이 유행했고 **주가수익률**PER이 50배가 넘는 우량주가 속출하여 투기 조짐이 나타날 정도였다(당시 평균 주가수익률은 10배였다). 주가수익률이란 주식이 낮게 평가되어 있는지를 측정하는 기준으로 주가를 주당순이익으로 나눈 수치이다.

니프티 피프티(nifty fifty)

미국의 기관투자자가 가장 선호하는 50개 주식을 가리킨다. 기업의 수익 증가율 등 경영 성과에 따라 '니프티 피프티' 구성은 계속해서 바뀐다.

주가수익률
(株價收益率, price earnings ratio)

주식 1주당 시장 가격과 순수수익액의 비율을 나타내는 말로 주식이 현재 시장에서 평가되는 정도가 그 주식으로 얻을 수 있는 실제 이익 수준과 비교했을 때 적정한 수준인가를 판단할 수 있는 지표로 이용된다. 주가를 1주당 연간 순수수익금(세금 공제 후)으로 나누어서 산출하는데, 이 비율이 높으면 주가가 회사의 수익에 비해 상대적으로 높다는 것을 뜻하며, 반대일 때는 주가가 수익에 비하여 낮다는 말이 된다. 이러한 주가수익률은 미국에서 발달하여 지금은 유럽에서도 대표적인 주가지수로 활용되고 있다. 대체적으로 주가수익률은 13배에서 14배 정도가 적당한 수준이라고 하지만, 각국의 경제 사정이나 기업 성장도, 품목별 이익 신장률이 모두 다르기 때문에 일률적인 적용은 곤란하다는 단점이 있다.

이러한 환경에서 버핏에게 바라는 파트너들의 기대는 점점 높아질 수밖에 없었다. 하지만 버핏으로서는 냄비처럼 끓어오르는 미국 경제 상황이 도무지 이해하기 어려웠다.

버핏이 1967년에 작성한, 파트너들을 위한 보고서를 보면 당시 버핏이 가지고 있던 생각을 잘 알 수 있다.

저는 현재의 시장 환경에 적응할 수가 없습니다. 단 하나 분명한 것은 제가 이해할 수 있는 곳에만 투자하겠다는 생각을 앞으로도 바꾸지 않는다는 것입니다. 새로운 곳에 투자한다면 많은 이익을 쉽게 얻을 수 있을지도 모릅니다. 그러나 새로운 곳을 충분히 이해하지 못했고, 또 그런 식의 투자가 성공한 적도 없기 때문에 여러분이 맡긴 자본을 잃을 염려가 있습니다.

투기적인 양상을 보이는 시장 환경에 호응하여 버핏은 파트너십의 운용 목표를 수정하였다. 그때까지는 다우 평균을 10포인트 정도 넘어서는 것을 목표로 삼았으나, 연 9퍼센트의 수익률과 다우 평균을 5포인트 정도 넘는 것으로 정했다. 운영 목표를 크게 낮춰 잡은 것이다.

그렇지만 버핏의 파트너십은 순조로운 수익률을 보였다. 1967년에 수익률은 다우 평균을 16.9포인트, 1968년에는 51.1포인트, 1969년에는 18.4포인트나 능가했다. 분명 버핏의 예상을 크게 뛰어넘는 성적이었다.

그러나 버핏은, "저는 저 자신을 이러한 시장 환경에 맞출 수 없습니다. 제가 이해하지도 못하는 게임을 해서 이제까지의 실적에 오점을 남기고 싶지 않습니다."라고 밝히며, 1969년에 파트너십을 해산했다. 이는 투자가들이 모두 객관적인 판단보다는 지나친 열의와 열정에 휩싸이기 쉬운 '미스터 마켓'에 휘둘려 합리적인 가격으로 매력적인 기업을 살 수 없게 되었다고 판단했기 때문이었다. 절정기를 맞이한 투자가가 주식 시장에서 물러나는 것은 그들 사이에서는 이례적인 일이었다.

하지만 버핏은, 사려 깊은 경영자라면 주주들이 맡긴 자본으로 충분한 이익(리턴)을 만들어내지 못했을 때 그 자본을 주주들에게 반환해야 한다고 생각했다. 은행예금 등, 원금보장형 금융상품으로 운영하는 방법도 있지만, 그럴 바에야 주주가 직접 은행으로 들고 가서 예금하는 것이 더 합리적이라는 게 그의 생각이었다.

이러한 이유로 파트너십을 해산하게 된 버핏이었지만, 자산 배분을 받은 파트너들에게 앞으로의 자금 운용에 대해 몇 가지 제안을 했다. 예를 들면, 버핏은 자신의 파트너들에게 컬럼비아 대학원 시절에 같이 공부했으며 그레이엄의 문하생 중 한 명이었던 윌리엄 루앤을 소개해 주었다.

루앤은 버핏의 요청에 흔쾌히 응하여 1970년에 세쿼이아 펀드를 설립하고 버핏의 파트너들 중 일부의 자금 운용을 맡았다. 지금도 루앤은 세쿼이아 펀드의 운용 책임자로서 여전히 건재하다.

버핏은 파트너십을 해산하면서 자신이 보유하고 있던 대부분의 주식을 처분했지만 버크셔 해서웨이와 복합기업인 다이버시파이드 리테일링Diversified Retailing 등 두 종목만은 남겨두었다. 그 중 버크셔 해서웨이의 주식은 금액으로 환산하면 압도적인 수준이었다. 따라서 세쿼이아 펀드에 자금을 맡기지 않은 파트너들은 그들의 지분에 따라 버크셔 해서웨이나 다이버시파이드 리테일링의 주식으로 받을 것인가, 아니면 현금으로 받을 것인가를 선택해야 했다. 그러나 파트너 대부분은 버크셔 해서웨이의 주식을 계속 보유하기를 희망했다.

버핏도 자신의 지분에 상당하는 버크셔 해서웨이의 주식을 받았다. 이 회사의 주식을 파트너십을 통해 간접 보유하는 것이 아니라 개인적으로 직접 보유하게 된 것이다. 그는 버크셔 해서웨이 총발행주식의 29퍼센트를 장악한 최대주주로서 1970년에는 이 회사의 회장에 취임하여 연차보고서에 처음으로 주주들을 위한 「회장의 편지」를 썼다. 나중에 그 「회장의 편지」는 투자가들의 필독서가 되어, 그것을 받기 위해 버크셔 해서웨이의 주주가 되는 이들도 생길 정도였다.

파트너십에서 주식회사로 바뀌었어도 버핏의 경영 철학은 여전히 변함없었다. 그는 「회장의 편지」에서 이렇게 선언했다.

> 형태는 주식회사지만 우리들의 정신은 파트너십입니다. 부회장인 찰스 멍거와 저는 주주를 오너 파트너(owner partner, 소유만 하는 파트너)라고 생각하며, 우리들은 매니징 파트너(managing partner, 경영에 관여하는 파트너)라고 생각합니다. 회사는 사업 자산을 보유하는 최종적인 오너가 아닙니다. 사업 자산은 주주가 보유하고, 회사는 수단에 불과합니다.

물론 파트너십 때와 마찬가지로 버크셔 해서웨이의 이사회 임원은 버크서 해서웨이의 주식을 대량 보유하는 오너이다. 버핏을 포함하여 개인적인 자산의 반 이상을 버크서 해서웨이의 주식으로 보유한 이사들도 많아 주주와도 이해利害를 공유하고 있었다.

이로써 오랜 역사를 가진 섬유 제조회사로서, 사실은 없어졌을 버크서 해서웨이는 버핏에 의해 새로운 모습으로 멋지게 다시 태어났다.

≪ 3 ≫
아무도 주목하지 못하는 가치

싼 가격에 별 값어치도 없는 사업을 손에 넣어서 어쩌
겠다는 건가? 정말로 가져야 하는 것은 '가치 있는 사
업'이야.

최상의 파트너 멍거와 만나다

워런 버핏의 둘도 없는 파트너 찰스 멍거는 과연 어떤 사람인가? 버
핏은 일찍이 자신과 달리 무뚝뚝하고 매우 논리적인 그에 대해, "어떤
복잡한 문제라도 30초 만에 핵심을 간파한다."라고 평가했다. 또 버핏
의 아들은 오마하의 지방신문 기자와의 인터뷰에서, "찰스 멍거는 아버
지 못지않게 현명하며 창조적이고 예리한 사람입니다."라고 말했다.

멍거는 오마하 출신으로 대학을 졸업한 뒤 로스앤젤레스로 이사했
다. 그는 어렸을 때 버핏의 할아버지가 경영하던 잡화점 '버핏 앤 선'에
서 아르바이트를 한 적도 있었지만, 당시에는 버핏을 잘 몰랐다고 한
다. 그가 버핏보다 일곱 살이나 많았고, 버핏이 한때 워싱턴에서 살았
기 때문이었다. 버크셔 해서웨이의 주주총회에 참석하기 위해 1년에
겨우 한 번 오마하에 오는 그는, 자기 자신을 '대도시에 살고 있는 오마
하 소년'이라고 표현하고 있다.

아버지가 변호사이고 할아버지가 판사를 지낸 법률가 집안에서 자란 탓인지 멍거는 젊었을 때부터 당연히 법률가가 되리라고 생각했다. 1946년, 그는 학사 학위를 받지 않은 상태에서 명문 하버드 대학 로스쿨(법률대학원)에 합격했다. 그때까지 하버드 대학 역사상 학사 학위 없이 로스쿨에 입학한 사람은 멍거가 처음이었다. 그것은 매우 예외적인 일이었고, 그만큼 멍거는 우수한 학생이었다. 2년 뒤 졸업할 때도 멍거는 동기생 335명 중에서 '우등' 평가를 받은 12명 안에 들었다. 졸업 후에는 로스앤젤레스에서 법률사무소 '멍거 톨스 앤 올슨Munger, Tolles & Olson'을 개업했다.

버핏과 멍거가 알게 된 것은 버핏이 파트너십을 운영한 지 얼마 안 되는 1956년이었다. 두 사람의 만남을 주선한 것은 멍거의 친구인 에드윈 데이비스였다. 의사인 데이비스는 그때 버핏의 파트너십에 출자하고 있었다. 그는 버핏과 멍거 두 사람에게 비슷한 점이 많아 마음이 잘 맞을 거라고 생각하던 터에, 마침 멍거가 고향에 들렀다는 소식을 듣고 두 사람을 만날 수 있도록 자리를 마련해 주었다. 시내의 레스토랑에서 만나게 된 두 사람은 데이비스의 예상대로 금방 의기투합했다.

멍거는 법률가 출신답게 고결한 윤리관을 갖고 있고 낭비와는 거리가 먼 인물이다. 1986년에 버핏이 회사용 제트기를 구입했을 때 그는, "이것은 주주 이익을 좀먹는 괴물이야, 절대 용서하지 않겠어."라고 말했을 정도였다. 일반 비행기를 탈 때도 3등석 외에는 앉아 본 적이 없는 멍거는 이 제트기를 한 번도 타지 않았다. 이런 멍거의 반응에 버핏은 제트기를 자조적인 의미로 '인디펜서블(Indefensible, 변명의 여지가 없는) 호'라고 이름지었다. 그리고, "내가 죽으면 멍거는 제일 먼저 인디펜

서블 호를 팔아 버리겠지요."라고 말했다.

버핏이 멍거를 좋아하는 이유는, 그가 벤저민 프랭클린을 존경하며 훌륭한 독서가에다 교양이나 지식, 도덕 수준이 높기 때문만은 아니다. 버핏에게 필요한 것은, 예를 들어 투자에 대해 이야기를 나눌 때 '천재 버핏'에게 밀려나거나 자신의 생각을 굽히지 않고 정면으로 논쟁을 벌일 수 있는 친구였다. 그리고 그러한 자질을 갖고 있는 사람은 멍거밖에 없었다. 버핏은, "저는 지능 지수가 높은 사람들을 많이 알고 있지만, 투자 등 특정 분야에서 찰스만한 지식을 갖고 있는 사람은 보지 못했습니다."라고 말한다.

법률보다 투자가 더 재미있다고 주장하는 버핏의 영향을 받아서인지, 멍거는 1962년에 투자펀드를 설립하여 직접 운영하였다. 두 사람이 본격적으로 친해진 것은 1960년대 후반 버핏이 블루칩 스탬프Blue Chip Stamps라는 기업의 주식을 사들일 때였다. 그때 버핏은 개인적으로도 블루칩 스탬프의 주식을 사들였을 뿐만 아니라, 버크셔 해서웨이를 통해서도 블루칩 스탬프의 주식을 사들였다.

블루칩 스탬프는 지주회사인 다이버시파이드 리테일링의 자회사로, 다이버시파이드 리테일링은 버핏이 파트너십을 해산할 때 버크셔 해서웨이와 함께 매각하지 않고 남겨둔 종목이다.

블루칩 스탬프는 슈퍼마켓이나 주유소에서 고객들에게 나눠 주는 스탬프를 공급하는 사업체였다. 소비자들은 스탬프가 적당히 모아지면 토스트 기계 같은 물건과 교환해 갈 수 있었다. 당시 소비자들 사이에는 이 스탬프가 유행이었기 때문에 슈퍼마켓은 고객들을 더 많이 끌어들이기 위해 적극적으로 스탬프를 이용하였다.

블루칩 스탬프는 스탬프를 발행하여 번 돈을 유가증권 등에 투자하여 이익을 올리고 있었다. 아직 물건으로 교환해 가지 않은 스탬프 금액을 자유롭게 운용할 수 있었고, 또 스탬프를 잃어버리는 소비자도 많았기 때문에 꽤 괜찮은 사업이었다. 1970년대 초반에 버핏은 블루칩 스탬프의 최대주주, 멍거는 제2의 주주가 되었다.

버핏이 살고 있는 오마하와 멍거가 살고 있는 로스앤젤레스는 거리상으로 멀리 떨어져 있지만, 두 사람은 거의 매일 전화로 이야기를 나누는 사이가 되었다. 그리고 블루칩 스탬프가 수수료로 번 자금으로 여러 기업을 공동으로 매수하게 되었다.

그들이 공동으로 매수한 첫 번째 기업은 초콜릿을 제조·판매하는 시즈 캔디 숍스였다. 그 후 저축대부조합S&L을 자회사로 갖고 있는 웨스코 파이낸셜Wesco Financial Corporation과 뉴욕 주의 버펄로 뉴스Buffalo News 신문사 등을 매수했다.

특히, 시즈 캔디 숍스를 매수하면서 투자자로서 버핏은 커다란 전환기를 맞이했다. '그레이엄-도드 이론'에 따르면, 투자할 때는 안전여유율을 충분히 확보하기 위해 적어도 순자산을 밑도는 가격으로 기업을 사들여야 한다. 순자산은 총자산에서 부채를 뺀 나머지 금액이며, 주주의 지분인 주주 자본을 말한다. 이는 회사가 해산하는 경우에 주주에게 되돌려 주는 금액이기 때문에 '해산 가치'라고도 한다.

그런데 버핏은 시즈 캔디 숍스에 순자산의 3배나 많은 금액을 투자했다. 이것은 순전히 멍거의 영향 때문이었다. 멍거는 버핏에게, "싼 가격에 별 값어치도 없는 사업을 손에 넣어서 어쩌겠다는 건가? 정말로 가져야 하는 것은 '가치 있는 사업'이야."라고 지적했다. 그때 버핏은

'그레이엄-도드 이론'에서 배우지 못했던 '가치'에 주목하게 되었다.

1978년에 버핏과 멍거는 명실상부한 파트너가 되었다. 그해에 버핏은 버크셔 해서웨이의 주식을 56퍼센트 장악하였고, 버크셔 해서웨이는 블루칩 스탬프의 모기업인 다이버시파이드 리테일링을 흡수·합병하였다. 그 결과 버핏은 블루칩 스탬프 주식의 13퍼센트, 버크셔 해서웨이 주식의 58퍼센트를 갖게 되었다. 블루칩 스탬프의 대주주이자 회장으로 있던 멍거는 버크셔 해서웨이의 부회장으로 영입되었다.

눈에 보이지 않는 가치에 주목한다

1970년대 초기까지 버핏은 투자가로서 탁월한 업적을 남겼고, 명문 섬유 제조회사인 버크셔 해서웨이의 회장으로 취임하기도 했으나 세간에서의 지명도는 그다지 높지 않았다. 그가 대중에게 알려진 것은 워싱턴 포스트 신문사의 대주주로 부상한 1973년부터이다.

당시 『워싱턴 포스트』지는 닉슨 정권을 몰락시킨 '워터게이트 사건'을 폭로하여 퓰리처 상을 받는 등 『뉴욕 타임스』지에 필적하는 명성을 얻고 있었다. 의결권주의 과반수를 장악하고 있는 그레이엄 가家를 대표하는 사주이자 경영자인 캐서린 그레이엄은 정계의 압력에도 굴하지 않고 결국 닉슨 미국 대통령을 사임하게 만듦으로써 일약 유명인이 되었다.

그러나 워싱턴 포스트는 '신문'으로서는 성공했지만 '기업'으로서는 신통치 않았다. 1971년의 주식 공개 후, 그레이엄은 월스트리트의 경제 분석가들을 위한 설명회를 개최하여 주력 신문인 『워싱턴 포스트』와 주간지인 『뉴스위크』, 그리고 네 개의 방송국 등 각 부문의 이익을 최대화하기 위한 목표를 제시하기도 했다. 그러나 그다지 좋은 실적을 올리지는 못했다.

워싱턴 포스트의 주식은 일시적이나마 공개 가격을 40퍼센트 가까이 밑도는 수준까지 떨어지기도 하였다. 워터게이트 사건과 관련하여 플로리다 방송국의 면허가 취소될 것이라는 관측과 함께 금리 상승 등으로 인해 주식 시세가 전반적으로 하락 기조를 보이고 있었다. 1973년에 2억 달러의 매출을 올린 워싱턴 포스트 사가 주식 시장에서는 8천만 달러 정도의 평가밖에 받지 못했다. 우량 신문사의 가치를 평균 연간 매출의 2.5배 정도라고 평가하는 당시의 상황에서 말이다.

이는 실로 '미스터 마켓'으로부터 불합리한 가격이 책정되어 있었다고밖에 생각할 수 없는데, 버핏은 그것을 놓치지 않았다. 그는 1973년 봄부터 과감히 워싱턴 포스트의 주식을 사들여, 그해 가을까지 의결권주 12퍼센트와 무의결권주를 합하여 총발행주식의 10퍼센트를 차지하는 주주가 되었다. 워싱턴 포스트 사에 투자한 자금은 모두 합쳐 1천만 달러가 넘었다. 무의결권주의 대부분을 보유하고 있던 그레이엄 가를 제외하면 아무도 따라올 수 없는 최대주주였다.

아메리칸 익스프레스 주식을 취득할 때와 마찬가지로 버핏은 워싱턴 포스트의 '눈에 보이지 않는 가치'에 주목하여 내재 가치를 4억 달러로 계산하고 있었다. 버핏은 나중에, "현실에서는 있을 수 없는 일이지만, 주식 시장에서는 4억 달러의 가치를 갖고 있는 자산을 8천만 달러에 파는 사람들이 있었습니다."라고 말했다. 전문가들을 포함한 투자가들의 대부분은 워싱턴 포스트의 내재 가치가 아니라 다른 투자가들이 팔 것이라는 예상을 근거로 하여 주식을 팔고 있었던 것이다.

버핏이 워싱턴 포스트의 주식을 취득한 것은 일종의 '귀향'이었다. 투자가 버핏에게 있어 첫 투자 자금은, 그가 소년 시절『워싱턴 포스트』지와『워싱턴 타임스-헤럴드』지를 배달하며 번 돈이었다. 버핏이 워싱턴 포스트의 대주주가 되었을 때는 이미『워싱턴 타임스-헤럴드』는『워싱턴 포스트』에 흡수되어 있었다.

신문 배달 소년이 워싱턴 포스트의 최대주주가 되다

워싱턴 포스트의 주식을 취득한 후, 버핏은 그레이엄에게, "워싱턴 포스트는 그레이엄 가가 소유하고 경영하는 것으로 알고 있습니다. 저에게는 아무래도 상관없습니다." 하고 편지를 써 보냈다. 1940년대 워싱턴의 우드로 윌슨 고등학교에 다니던 시절, 자신이『워싱턴 포스트』를 매일 400부씩 배달했던 일도 같이 써넣었다.

캐서린 그레이엄은 1971년에 다른 용무 때문에 버핏이나 멍거와 만난 적이 있지만 특별한 인상을 받지 못했다. 그는『캐서린 그레이엄 자서전*Personal History*』에 다음과 같이 그때 느꼈던 불안감에 관해 서술하였다.

당시 워런은 그다지 세간에 알려지지 않은 투자가였다. 알고 지내던 투자은행가들은 버핏이 나에게 좋은 결과를 가져다주지 못할 거라고 말했다.

캐서린 그레이엄은 버핏이 어떤 사람인지 알아보기 위해 그를 알 만한 친구들에게 닥치는 대로 전화를 걸었다. 결국 그가 얻어낸 것은, '버핏은 적대적인 행동을 한 적이 없는, 정직하고 우수한 인물'이라는 평이었다. 그 뒤 그레이엄은 버핏에게 흥미를 갖게 되었고, 그해 여름에 두 사람은 로스앤젤레스에서 직접 만나게 되었다.

그레이엄은 『캐서린 그레이엄 자서전』에 당시 버핏의 모습에 관해 다음과 같이 썼다.

> 우선 워런의 풍모에 놀랐다. 월스트리트의 은행가나 실업계의 거물과는 전혀 다른 느낌이었다. 그는 마치 중서부의 시골 아저씨 같았다. 그러나 그의 두뇌와 유머에 금세 매료되었다. 그는 나에게 여전히 매력적인 사람이다. 나는 친구에게 이 세상에 '미스터 클린'(Mr. Clean, 정말 깨끗한 사람)이 있다면 그건 바로 '버핏'이라고 말했다.

그레이엄의 초청을 받아 워싱턴 포스트를 방문한 버핏은 이사회의 이사들과 경영진들까지 매료시켜 버렸다. 그는 워싱턴 포스트의 경영진을 절대적으로 신뢰하며 워싱턴 포스트를 버크셔 해서웨이의 '영구 보유 종목'으로 삼겠다는 의사를 밝혔다.

버핏은 1993년에 있었던 대학 강연에서, "워싱턴 포스트에 대한 투자는 죄의식이 들 정도로 안전하다고 생각했습니다. 내가 가진 전 재산을 투자하라고 해도 망설이지 않았을 겁니다."라고 말했다.

그 후 버핏은 그레이엄에게 둘도 없는 경영상의 조언자가 되었으며, 두 사람은 깊은 우호 관계를 쌓았다. 버핏은 1974년에 워싱턴 포스트의 이사회 임원이 되었고, 이어서 이사회에서 가장 중요한 재무위원회 위원장이 되었다. 그는 그레이엄에게 경영자의 역할과 주주에 대한 책임 등 비즈니스의 기본을 가르쳐 주었다. 예를 들면, 워싱턴 포스트는 1970년대 중반부터 1990년대 초반에 걸쳐서 총발행주식의 43퍼센트를 다시 사들였다. 당시는 자사주를 대량 구입하는 기업이 거의 없던 시절이었는데도 버핏은 그레이엄에게 주주로부터 위탁받은 자본을 유용하게 활용하는 방법으로 '자사주 구입'을 추천했던 것이다.

1970년대 초반에 워싱턴 포스트는 공개 가격의 4분의 1 정도밖에 안되는 가격으로 자사주를 재구입하여 주주들에게 막대한 부를 안겨 주었다.

그와 관련된 이론은 아주 단순한 것이다. 워싱턴 포스트는 주요 사업에 투자해야 할 금액보다 많은 캐시플로(현금 흐름)를 만들어내면서도 주가는 내재 가치를 크게 밑돌고 있었다. 워싱턴 포스트에서 가장 매력적인 투자 대상은 캐시플로가 풍부한 신문 사업이었다. 실질적인 본업인 신문 사업은 주가가 비교적 낮게 평가되어 있었기 때문이었다. 자금을 동원하여 낮게 평가된 가격으로 매력적인 신문 사업(자사주)을 사들이면 기존 주주의 지분은 올라가고 그만큼 배당 이익이 증가한다. 1990년대 중반까지 버핏의 지주 비율은 주식을 더 이상 사들이지 않고도 15퍼센트까지 올라갔다.

1987년, 버핏은 워싱턴 포스트의 이사직을 사임했다. 버핏이 존경하는 경영자 톰 머피Tom Murphy가 이끄는 ABC/캐피털 시티ABC/Capital Cities의 대주주가 됨과 동시에 이사회의 일원이 되었기 때문이다. 미연방 통신법에는 두 개 이상의 미디어media 회사에서 이사직을 겸임하지 못하도록 되어 있다.

버핏은 1986년까지 11년 동안 워싱턴 포스트의 이사로 있으면서 중요한 회의에 한 번도 결석한 적이 없었다. 1970년대에 파업이 한창일 때도 그레이엄을 전면적으로 지원하는 등 그와 워싱턴 포스트의 관계는 매우 공고했다. 그런 만큼 그레이엄은 버핏이 워싱턴 포스트의 이사직을 사임할 때, 『월스트리트 저널』과의 인터뷰에서, "그의 사임에 대해 이사회 임원들이 매우 낙담하고 있다."라고 말했다.

버핏의 예상대로 워싱턴 포스트에 대한 투자는 대성공이었다. 워싱턴 포스트는 다른 주요 미디어 기업을 크게 능가하는 수익률을 올렸으며 주가도 업계에서 가장 높은 상승률을 기록했다. 버핏이 초기에 투자한 1천만 달러는 1985년 말에 2억 달러가 넘는 액수가 되는데, 이 돈은 결과적으로 그가 소년 시절에 『워싱턴 포스트』를 배달하여 번 돈이나 마찬가지의 의미를 가지고 있다.

버핏은 워싱턴 포스트의 이사직을 사임한 후에도 그레이엄과 가까이 지내면서 많은 조언을 해주었다. 버핏은 1995년에 월트 디즈니가 ABC/캐피털 시티의 주식을 사들임으로써 이사직을 그만두게 되자 곧 워싱턴 포스트의 이사에 복귀했다. 그때 버핏이 가진 워싱턴 포스트의 주식 시가 총액은 4억 달러 이상이 되어 있었다.

버크셔 해서웨이를 통해 워싱턴 포스트의 주식을 사들이기 시작한 1973년 당시, 버핏은 무명의 투자가에 지나지 않았다. 그러나 버핏은 워싱턴 포스트의 최대주주 겸 이사가 되었고, 케네디 대통령을 포함한 역대 미국 대통령들과 친분이 있는 그레이엄과 교우 관계를 맺으면서 사람들이 주목하는 무대에 얼굴을 내밀게 되었다.

버핏과 그레이엄의 친밀한 관계는 1991년에 다시 주목을 끌었다. 대규모 투자은행인 살로먼 브러더스의 국채 부정입찰 사건에 연루된 버핏이 워싱턴으로 소환되어 의회에서 증언할 때, 그레이엄이 최전선에서 그를 지켜 주었던 것이다. 증언이 끝난 후 기자단이 버핏을 쫓아갔지만, 버핏은 그레이엄이 준비한 리무진을 타고 워싱턴 포스트 본사로 가 버렸다.

원하는 것에서 잠시도 눈을 떼지 말라

버크셔 해서웨이를 말할 때 빼놓을 수 없는 투자 종목이 워싱턴 포스트 외에도 하나 더 있다. 그것은 버핏에게 신神과 같은 존재라고 할 수 있는 벤저민 그레이엄이 회장을 지냈던 손해보험회사 GEICO이다.

1936년 설립된 GEICO는 '공무원 보험회사Government Imployees Insurance Company'라는 정식 회사명에서도 알 수 있듯이 군인을 포함한 공무원을 주요 고객으로 삼는 손해보험회사이다. GEICO는 비교적 사고율이 낮은 공무원을 상대로 대리점을 통하지 않고 고객과 직접 계약하는 독특한 시스템을 갖고 있다.

1970년대에 들어서 GEICO는 보험금에 대한 예측을 잘못한 것 이외에도 과당 경쟁으로 인한 보험료 인하 등으로 경영이 급속히 악화되었다. 그리하여 1974년에는 적자로 전락하고, 1975년에는 배당을 못할 정도로 경영이 악화되어 주가는 최고가의 9분의 1까지 떨어졌다. 1976년, 최고경영자로 취임한 존 번은 자본을 확충하지 않으면 도산을 피할 수 없는 GEICO를 살리기 위해 증자를 하기 위한 **우선주**優先株를 대량 발행하였다.

당연히 버핏은 존경하는 스승이 관여했던 회사

우선주(優先株, preference shares)
보통주보다 이익·이자 배당·잔여 재산의 분배 등에 있어서 우선적 지위가 인정된 주식으로 대개 영업이 부진한 회사가 신주(新株) 모집을 쉽게 하기 위하여 발생하거나, 신규 설립하는 회사가 발기인을 우대하기 위하여 발행한다.

78

인 GEICO에서 눈을 떼지 않고 있다가, 주가가 급락할 때 대량 매수하였다. 당장의 업무 성적은 불안했지만 대리점을 거치지 않는 저비용의 보험사업이기 때문에 전망이 있다고 판단한 것이다.

GEICO에 대한 버핏의 생각은 컬럼비아 대학 재학 시절 때와 조금도 다르지 않았다. 그는 GEICO의 주가가 충분히 내려가는, '매력적인 시기'를 기다리고 있었던 것이다. 버핏이 GEICO의 주식을 취득한 것은, 그가 워싱턴 포스트의 주식을 취득할 때와 마찬가지로 '귀향'한 셈이었다.

당시 업계 관계자들은 모두 GEICO가 이제 곧 망할 것이라고 전망하고 있었다. 그런데도 버핏은 계속 GEICO의 주식을 매입하는 동시에 우선주도 계속 매입했다. 그는 GEICO가 가진, 대리점을 통하지 않는 저비용 시스템의 장점뿐 아니라 최고경영자인 존 번을 전폭적으로 신뢰하고 있었다. 우선주 발행이 무사히 끝나고 도산 위기를 벗어난 뒤에도 계속 GEICO의 주식을 사들인 버핏은, 1980년에 총 4,570만 달러를 투자하여 GEICO 총발행주식의 33.3퍼센트를 차지하는 최대주주가 되었다.

버핏이 예상한 대로 존 번은 1986년에 퇴임할 때까지 능력을 마음껏 발휘하여 GEICO를 멋지게 회생시켰다. 철저하게 경비를 삭감하는 한편, 보험금이 낮은 상품을 고객에게 직접 제공한다는 원래의 기본 이념에 충실했다. 업계 순위는 크게 떨어졌지만 1977년에는 흑자로 돌아서기에 이르렀다.

버핏은 최대주주가 되어도 투자한 기업의 경영에는 관여하지 않는다. 그는 처음부터 유능한 경영자가 이끄는 기업에 투자하기 때문에 중요한 사항이 아닌 한 간섭하지 않는, 자유방임주의를 고수한다. 단 한 가지 예외가 있다면 경영자는 오너에게, '악재惡材를 즉시 알려야 한다'는 것이다. 버핏은 경영자가 기업의 소유주가 꼭 알아야 할 사항에 대해 정직하게 말해 주기를 바란다.

그런 점에서 보면 존 번은 이상적인 경영자였다. 존 번은 연차보고서에서 보험 인수로 발생한 손실 등을 솔직히 밝혀 버핏을 기쁘게 했다. 존 번이 은퇴한 뒤에도 GEICO에서 '사실을 솔직히 보고한다'는 전통은 계속 이어져 갔다. 1991년 GEICO는 『워싱턴 포스트』로부터 '사실을 있는 그대로 보고하는 기업'으로 선정되기도 했다.

이는 우리에게 시사하는 바가 매우 크다. 여러 가지 이유로 해서 우리 주변에는 '사실을 솔직히 보고하는' 경영자가 거의 없다고 해도 과언이 아니다. 그래서 '고비를 넘겼다'는 경영자의 말만 믿고 투자를 지속했다가 손해를 본 투자가들은 또 얼마나 많은가! 경영진들만을 믿고 투자를 했다가 손해를 본 투자가들이, 자신들이 입은 손해에 대해 책임을 지우려고 해도 뜻대로 되기는 너무나 어렵다. 이에 비해 주식회사를 기본으로 한 자본주의가 발달한 미국은 주주 한 사람의 손해가 인정되면 같은 입장에 있는 주주들이 모두 배상을 받는 '공동 소송 제도class action'가 있기 때문에, 경영자가 사실을 제대로 보고하지 않으면 상당히 큰 손해를 감수해야 한다.

1980년 이후, 버핏은 GEICO의 주식을 더 이상 사지 않았다. 그래도 지주 비율은 처음 33.3퍼센트에서 계속 상승하여 1990년대 중반에는 50퍼센트에 이르렀다. 경영자들이 자본 낭비를 극도로 줄이고, 자사주 재매입을 적극적으로 추진했기 때문에, 결과적으로 버핏은 GEICO의 주식을 더 사들인 결과가 된 것이다.

1995년, 버핏은 23억 달러를 투자하여 GEICO를 버크셔 해서웨이의 100퍼센트 자회사로 만들었다. 다시 한번 '귀향'한 것이다. 그해의 「회장의 편지」에서 버핏은 자신이 학생 시절에 돌연 GEICO 본사를 방문하여 부사장이었던 로리머 데이비슨에게 질문 공세를 퍼부었던 때를 회상하며 다음과 같이 보고했다.

버크셔 해서웨이의 주주들은 다음의 사항을 이해하셔야 합니다. 1951년 어느 추운 토요일, 로리머 데이비슨이 저의 방문을 기꺼이 받아 주지 않았더라면 버크셔 해서웨이는 지금과 다른 자세를 취했을 것입니다. 저는 그에게 개인적으로 고마운 마음을 전해 왔습니다만, 이번에는 이 지면을 통해 버크셔 해서웨이의 주주를 대표하여 그에게 감사드립니다.

≪ 4 ≫
미국 자본주의의 '핵', 월스트리트

훌륭한 비즈니스라도 일시적으로는 커다란 문제를
안고 있을 때가 있습니다. 그때야말로 절호의 투자
기회입니다.

월스트리트와 메인스트리트

워런 버핏은 버크셔 해서웨이를 도약대로 삼아 투자가로서 대성공을
거두었다. 하지만 버핏이 버크셔 해서웨이를 매수한 뒤부터 1990년대
에 이르기까지 30여 년 동안 월스트리트와 관련을 맺은 적은 없다. 월
스트리트에서 활동하는 사람들과 개인적으로 알고 지내기는 했지만,
그는 여전히 '메인스트리트main street, 大衆街'의 대변자였다.

한 가지 예외가 있다면, 1980년대부터 1990년대에 걸쳐 월스트리트
를 대표하는 투자은행 중 하나인 살로먼 브러더스와 깊은 관계를 맺은
적이 있었고, 마지막에는 미국 국채입찰 사기사건인 '살로먼 브러더스
스캔들'에 휩쓸려 모회사인 살로먼의 임시 회장직을 맡은 적도 있다.
하지만 그것도 자신이 원했다기보다는 우연히 떠맡게 된 것이고, 버핏
에게는 '고통의 시간'일 뿐이었다.

'살로먼 스캔들'에 휩쓸린 것 외에는, 버핏이 월스트리트와 관련을
맺은 적은 없다. 버핏이 월스트리트를 상징하는 투자은행가investment

banker들을 싫어한다는 것은 이미 알려져 있는 사실이다.

그가 월스트리트를 싫어하는 상징적인 예로서, 1996년 면도기로 유명한 질레트Gillette Company가 건전지로 유명한 듀라셀을 매수할 때를 꼽을 수 있다. 질레트의 최대주주이자 이사였던 버핏은 매수 승인을 결의하기 위한 이사회에 출석하여 공개적으로 기권해 버렸다. 듀라셀의 고문인 투자은행가에게 고액의 수수료를 지불하는 것을 반대한 것이다.

투자은행가는 미국에서 엘리트 중의 엘리트에 속한다. 명문 하버드 대학 비즈니스 스쿨을 졸업한 사람 등 우수한 학생들은 모두 명문 투자은행인 골드먼 삭스나 모건 스탠리에서 일하기를 원하며 그것이 여의치 않으면 시티코프 등 상업은행에서라도 일하기를 원한다. 여기서 상업은행은 일반 은행에 해당하며, 미국에서는 투자은행가가 상업은행가보다 한 단계 높은 대접을 받는다.

역사적으로 미국은 상업은행가들이 활약하는 간접 금융이 아니라 투자은행가들이 활약하는 직접 금융이 발달한 나라이다. 투자은행가는 외국 정부나 기업, 기관투자가, 대부호 등을 상대하며 일반인의 상식으로는 상상도 할 수 없는 보수를 받는다. "투자은행가는 대기업의 최고 경영자를 상대하고, 상업은행가는 재무부장을 상대한다." 하는 말이 있을 정도이다. 투자은행가들은 성공하면 새로운 길이 열리기도 하는데, 클린턴 정부에서 명含 재무장관으로 활약하기도 했던 로버트 루빈은 골드먼 삭스의 회장이었다.

가장 유명한 투자은행가는 19세기 후반부터 20세기 전반에 걸쳐서 활약한 금융왕 J.P. 모건이다. 모건 재벌을 이끌며 월스트리트에 군림한 그는 금융 카르텔(cartel, 기업 연합)의 대명사로 간주되고 있다. 이처럼 월스트리트는 와인보다 코카콜라를 좋아하고, 비싼 양복에 흥미를 보이지 않는 버핏의 인생관과는 거리가 먼 세계였다.

버핏 역시 월스트리트의 거래 대상이 된 적이 없다. 예를 들면, 경제 분석가들은 정식으로 버크셔 해서웨이에 대한 보고서를 쓴 적이 없다. 버크셔 해서웨이 주식은 매매율이 너무 낮고, 따라서 수수료 또한 적기 때문이다. 투자은행가들은 오마하를 방문해도 문전박대 받을 것을 알고 있기 때문에 굳이 접촉하지 않는다. 한마디로 버핏은 월스트리트와는 전혀 상관없이 실적을 쌓아 올렸던 것이다.

중서부의 조용한 시골 마을 오마하가 도시의 번잡함과 어울리지 않듯이 버핏과 월스트리트는 어울리지 않았다. 버핏이 월스트리트를 싫어한다면 월스트리트는 버핏을 무시하는 관계였던 것이다.

그러나 1998년 여름에서 가을에 걸쳐 그러한 관계에 변화가 생겼다. 러시아의 갑작스런 통화 절하로 인해 세계적인 금융 위기가 발생하자 월스트리트가 태도를 바꾼 것이다. 금융 위기를 타개하기 위해 거물급 은행가들이 총출동하여 '오마하의 현인'에게 도움을 요청한 것이다.

1951년에 아르바이트로 벌어들인 1만 달러로 투자를 시작한 '천부적인 투자가'는 반세기를 거치면서 미국 자본주의의 '핵' 월스트리트로부터 구세주로 떠받들어지기에 이르렀다.

월스트리트의 혼란

1998년 9월 23일 저녁, 뉴욕에 있는 연방준비제도이사회의 본점. 런던에서 급작스럽게 귀국한 윌리엄 맥도너 총재를 비롯하여 골드먼 삭스, 메릴린치, J.P. 모건, 트래블러스 그룹 등 유력 금융기관 15개 회사의 수뇌가 모여 긴급 회의를 하고 있었다.

의제는 러시아의 통화 위기 등으로 인해 투자에 실패하여 40억 달러에 이르는 손실을 입은 미국의 대규모 헤지펀드 LTCMLong Term Capital Management에 대한 자금 공급 건이었다. LTCM의 순자산(주주 자본에 상당)은 2주 동안 80퍼센트 가까이 줄어들어 주주의 지분이 '0'이 되는 채무 초과를 눈앞에 두고 있었다.

이를 막기 위해 맥도너를 사령탑으로 하여 LTCM의 채권자 그룹인 유력 금융기관 15개 회사가 함께 35억 달러를 새로 출자하여 LTCM을 매수하자고 결정했다. 트래블러스의 회장 겸 최고경영자인 샌퍼드 웨일은 다음 날 TV의 경제 프로그램에 출연하여, "과잉 반응을 보였던 투자가도 조금은 냉정을 되찾을 것입니다."라며 해결 조짐이 있음을 강조했다.

그래도 시장의 동요는 가라앉지 않았다. 오히려 피해를 입은 헤지펀드가 일제히 자금 회수에 나설 것이라는 견해가 지배적이었다. 투자가들이 위축되자 미국을 포함한 주요 국가들에서 심각한 '신용 위기credit crunch'가 발생했다. 미국에서는 기업들이 주식이나 사채 발행을 하지 않아 일시적이기는 하지만 주식 시장의 기능이 정지되었고, LTCM에 막대한 자금을 대출해 준 금융기관은 대부분 주가가 급격히 하락했다.

여기서 헤지펀드 업계를 잠시 살펴보자면, 소로스가 이끄는 소로스 펀드 매니지먼트, 줄리안 로버트슨이 이끄는 타이거 매니지먼트가 특히 유명하다. 그 중 소로스가 직접 운영하는 퀸텀 펀드는 영향력이 가장 크고, 때로 세계 환율 시장을 혼란시키기도 하는 등 헤지펀드의 대명사로 불린다. LTCM의 위기가 표면화된 당시, 소로스 펀드 매니지먼트와 타이거 매니지먼트의 순자산은 각각 200억 달러에 이르러, 헤지 펀드 업계에서 가장 규모가 컸다. 거기에 비해 LTCM의 순자산은 1998년 초를 기준으로 48억 달러에 머무르고 있었다.

순자산이 적은데도 그토록 큰 문제가 되었던 것은 LTCM이 대규모의 차입금으로 투자했기 때문이다. 차입 등의 부채 자본이 주주의 지분인 주주 자본equity의 몇 배인가는 레버리지leverage 비율을 보면 쉽게 알 수 있는데, LTCM의 경우 레버리지 비율이 수십 배에 이르는 경우도 적지 않았다. 그런데도 레버리지 비율이 네 배 전후였던 소로스 펀드와 타이거 못지않게 시장에 대한 영향력이 컸다. 예를 들어, 사건이 터지기 전인 같은 해 9월 초에, 주주 자본은 23억 달러에 불과한데 운용 자산은 채권의 **재정 거래** 등으로 인해 900억 달러에 달하기도 했다. 레버리지 비율이 높은 만큼 이익 또한 높을 가능성이 크지만 언제나 그에 상응하는 위험이 존재한다. 예를 들면 주주 자본이 10억 달러이고, 부채 자본이 90억 달러인 헤지펀드의 운용 자산 총액은 100억 달러이고 레버리지 비율은 9배가 된다. 이때 펀드 전체의 이익이 5퍼센트(100억 달러를 운용한다면 1년 뒤 5억 달러의 이익을 얻음)라면 투자가들이 얻는 이익은 단순 계산으로 50퍼센트(10억 달러의 주주 자본에 대하여 1년 후에 5억 달러의 이익을 얻음)가 된다. 이 50퍼센트가 바로

재정 거래(裁定去來, arbitrage)

어떤 상품의 가격이 '시장'에 따라 다를 경우 가격이 싼 시장에서 매입하고, 그것을 다시 비싼 시장에서 매각함으로써 매매 차익을 얻는 거래를 말한다. 특히, 어떤 요인이나 시차에 의해 동일 통화의 시세가 다른 경우 시세가 낮은 시장에서 매입하여 높은 시장에서 매각하면 '환 재정' 거래가 발생하고, 나라 간의 금리 차가 존재하는 경우 저금리국에서 고금리국으로 자금을 이동시키면 금리 차익으로 인해 '금리 재정' 거래가 발생하게 된다.

자기자본이익률
(ROE, Return on Equity)

자기자본을 투자하여 연간 얻을 수 있는 이익이 얼마인가를 나타내는 수익성 지표이다. 자기자본이익률이 채권 금리보다 높다는 것은 기업의 투자 활동으로 인한 수익성이 채권을 사는 것보다 높다는 것을 의미한다. 또 금융기관으로부터의 차입금으로 투자 활동을 해도 금융 비용을 모두 보상하고도 남을 만큼 충분한 수익성을 가지고 있다는 것을 뜻한다.

$$자기자본이익률 = \frac{순이익}{자기자본} \times 100$$

자기자본이익률이다.

이와는 반대로, 운용을 잘못하여 펀드 전체의 이익이 마이너스 5퍼센트일 경우, 운용 자산 1백억 달러 중 5억 달러의 손실이 생기는데, 그 5억 달러는 주주 자본으로 메워야 한다. 운용 자산이 5퍼센트만 떨어져도 주주들은 지분을 절반이나 잃게 되는 셈이다. 이때 주주 자본을 전부 잃게 되면 펀드는 '채무 초과'에 빠지게 된다. 주주 자본 금액을 넘어서는 손실은 부채 자본으로 메워야 하기 때문에 결국 채무불이행의 위기에 처한다. 보유한 자산을 전부 매각해도 채무를 다 갚지 못하게 되는 것이다.

그런데도 월스트리트의 일류 금융기관들이 모두 LTCM에 대출을 해준 것은, LTCM의 창업자가 '최고의 트레이더'(trader, 단기간 주가 변동으로부터 이익을 볼 목적으로 증권을 매매하는 사람을 주로 지칭하는 말)라 평가받는 존 메리웨더였고, 그동안 탁월한 수익을 올렸기 때문이었다. 월스트리트의 엘리트 사이에서도 전설적인 인물로 통하는 메리웨더는 같은 트레이더로서 언론에 툭하면 얼굴을 내비쳐, 때로는 '경망스럽다'는 평가를 받기도 하는 조지 소로스와는 달리 트레이더들에게 경외의 대상이었다.

새로운 투자가 그룹이 등장하다

LTCM 구제의 이면에는 다른 움직임이 한 가지 더 있었다.

1998년 9월 23일 오전 10시가 가까워질 무렵, 뉴욕 연방준비제도이사회 총재인 맥도너는 LTCM의 채권자인 금융기관 골드먼 삭스로부터 LTCM의 매수에 흥미를 보이는 '투자가 그룹'이 나타났다는 보고를 받왔다. 즉시 맥도너는 오전 10시에 시작할 예정이었던 채권자 회의를 취소했다. 미국뿐 아니라 전세계적으로 금융 위기가 고조되는 시점에서 기존 채권자 가운데 LTCM에 새롭게 출자하려는 금융기관은 없었기 때문에, 매수에 흥미를 보이는 '투자가 그룹'이 나타났다는 소식을 들은 맥도너로서는 다른 선택의 여지가 없었다.

맥도너가 회의를 취소한 또 다른 이유는 새롭게 나타난 '다른 투자가 그룹'에 버핏의 이름이 들어 있었기 때문이었다.

LTCM 매수를 검토하고 있는 '투자가 그룹'은 버핏이 이끄는 버크셔 해서웨이 외에 미국 최대의 보험회사인 AIG^{American International Group}와 골드먼 삭스 등 세 개 회사로 구성되어 있었다. 이 '투자가 그룹'은 총 40억 달러의 투자 자금 중 2억 5천만 달러는 매수 대금으로, 나머지 37억 5천만 달러는 신규 출자금으로 하는 매수 제안을 제시했다. 버크셔 해서웨이가 가장 많은 금액인 30억 달러, AIG는 7억 달러, 골드먼 삭스는 3억 달러를 부담하기로 했다.

나중에 맥도너는 그때를 회상하며, "마치 전쟁터에 내몰린 사령관이 된 것 같았다." 하고 고백했다. 그는 일단 새로운 해결책이 나타났다는 사실에 안심하고, 버핏에게 전화를 걸어, "곧 구체적인 매수 제안을 보내겠다."는 대답을 얻었다. 이때부터 월스트리트의 엘리트들이 '오마하의 현인'에게 뜨거운 시선을 보내기 시작했다.

당시 버핏은 LTCM에 투자하면 이익을 얻을 것이라고 확신한 것이 틀림없다. 버핏의 장점 중 하나는 아무리 복잡한 안건이라도 수치를 내보이면 곧바로 이해한다는 것이다. 거기에 AIG의 회장인 모리스 그린버그는 보험업계에서 탁월한 투자가로 알려진 거물이었고, 골드먼 삭스의 회장 존 코자인은 트레이더 출신으로 헤지펀드 업계에 정통한 유력 투자은행가였다. 그다지 나쁘지 않은 파트너들이었다.

이윽고 '투자가 그룹'으로부터 LTCM의 파트너인 메리웨더에게 매수 제안 조건에 대해 구체적으로 적힌 팩스가 도착했다. 팩스에 대한 회답을 주기로 한 시간은 오후 12시 30분, 하지만 메리웨더가 팩스를 받은 것은 오전 11시 40분이었으므로 그에게 주어진 시간은 고작 50분밖에 없었다.

9월 23일 수요일은 버핏에게도 기억에 남을 만큼 바쁜 날이었다. 버크셔 해서웨이의 주주이자 버핏의 친구인 『포춘』지의 기자 캐롤 루미스에 따르면, 버핏은 그 전 주말에 부인 수잔과 함께 오마하를 떠나 1주일 동안 알래스카 등을 여행하고 있었다고 한다. 이 여행은 평소 친하게 지내던 빌 게이츠의 권유에 따른 것이었다. 하지만 그의 몸은 대자연 속에 있으면서도 쉬지 않고 휴대폰으로 맥도너나 그린버그, 코자인과 협상을 진행하고 있었던 것이다. 세계 시장에서 거액의 자금을 거래하는 LTCM에 40억 달러를 투자하는 것은 시장 환경이 시시각각 변화하고 있는 상황에서 장시간 방치해 놓을 수 없는 중대한 일이었기 때문이다.

지능 지수 170의 수재들, 그들의 어리석은 결정

버핏은 LTCM 총재 맥도너에게 정식으로 매수를 제안하기 전부터 LTCM의 운용 상황을 비교적 자세히 알고 있었다. 러시아의 통화 위기가 표면화된 8월 23일 일요일, LTCM의 파트너인 에릭 로젠펠트는 오마하의 버핏에게 전화를 걸어 LTCM이 운용하는 채권 등 보유 자산을 일부 매수하는 것과, LTCM에 대한 신규 출자가 가능한지를 물었다. 이에 대한 버핏의 대답은 "노"였다. 며칠 후, 메리웨더도 버핏에게 전화하여 LTCM의 또 다른 파트너 로렌스 힐리브랜드와 만나 달라고 요청했다.

8월 말이 다가오자 LTCM의 파트너들은 어떻게든 위기 상황을 벗어나 보려고 필사적이었다. 8월이 지나면 LTCM은 출자자와 채권자에게 8월의 비참한 수익률을 보고해야 했기 때문이었다.

메리웨더와 그의 파트너들은 버핏이 신중한 투자가로 정평이 나 있는 만큼 버핏이 출자한다는 보고를 곁들이면 파문을 억제할 수 있다고 생각했다. 이때 버핏은, 힐리브랜드로부터 LTCM의 운용 내용에 대하여 비교적 자세한 보고를 받고 출자를 제의받았으나 다시 한번 정중하게 "노"라고 대답했다.

당시 LTCM 출자자들의 초조함은 극에 달했다. 러시아의 통화 위기로 인해 세계의 투자가들은 일제히 '전당포로 도피'해 버렸다. 그들의 운용 자산을 가장 안전한 미국의 채권 시장으로 옮기기 시작한 것이었다. 그 결과 미국채의 시세는 급등했으며 역사적으로 가장 낮은 이자율을 기록했다. 반대로 위험 부담이 큰 주식은 물론, 국채보다 안전성이 떨어지는 사채까지 매도 주문이 폭주하여 미국채와 사채의 이자율 차이는 급속도로 벌어졌다. 이러한 이자율의 차이는 LTCM처럼 주로 차입금을 운영하여 이익을 남겨야 하는 투자회사에게 매우 치명적으로 다가왔다. 물론, 러시아 통화 위기가 표면화되기 전에도 미국채와 사채의 이자율 격차는 커지고 있었지만, LTCM은 시간이 지나면 이자율의 차이가 보통 수준으로 좁혀질 거라고 판단하여 1천억 달러에 이르는 차입금으로 광범위하게 거래하고 있었던 것이다.

러시아 통화 위기라는 생각지도 못한 악재를 만난 LTCM의 순자산은 8월 한 달 동안 40퍼센트나 줄어들어 8월 말에는 25억 달러에 불과했다. 한 달 동안 파트너나 외부 투자가들은 지분의 40퍼센트를 상실한 것이다.

헤지펀드 업계의 거물인 소로스에게도 출자 요청을 거절당한 LTCM은 버핏밖에 기댈 곳이 없었다.

버핏은 힐리브랜드와 만난 후 버크셔 해서웨이의 부회장인 찰스 멍거에게 LTCM의 투자 요청을 거절한 이유에 대해 다음과 같이 말했다.

"버크셔가 헤지펀드에 투자하는 건 잘못된 생각이야. 게다가 이 헤지펀드LTCM는 평균 지능 지수가 170이 넘는 수재들이 십여 명이나 모여 열심히 일했는데도 전 재산을 잃게 되었으니, 정말 이해할 수 없어."

1994년에 설립된 LTCM은 사실 지명도에서는 소로스보다 못하지만, 인재나 운용 기술 등 질적인 면에 있어서는 자타가 인정하는 '최고의 헤지펀드'였다. LTCM을 이끄는 존 메리웨더는 트레이더 사이에서도 전설적인 트레이더였고, 1997년에 '옵션 이론'으로 노벨 경제학상을 수상한 마이런 숄즈와 로버트 머튼 교수 외에도 맥도너의 동료로 연방준비제도 이사회 부의장을 역임했던 데이비드 멀린스도 LTCM의 파트너였다.

LTCM의 수익률 역시 압도적이었다. 운용 기간이 10개월이었던 1994년에는 20퍼센트, 1995년에 43퍼센트, 1996년에 41퍼센트, 1997년에 17퍼센트를 기록했으며, 매월 수익률 역시 '플러스'였다. 순자산은 안정적으로 늘고 있었고, 위험 부담은 상당히 적었다. 1997년 가을에는 순자산이 70억 달러로 늘어나, 자본 규모가 너무 커서 효율적으로 운용할 수 없다며 그해 말에 20억 달러 이상을 투자자들에게 반환하기도 했다. 강제적인 반환에 화를 낸 투자자도 있었다.

협상이 깨지다

LTCM이 버핏에게 접근한 것은 그가 훌륭한 투자가이기 때문만이 아니라, 일찍이 그가 '월스트리트의 황제'로 불리던 투자은행 살로먼 브러더스 출신들과 끊을래야 끊을 수 없는 관계라는 것도 중요한 이유로 작용했다. 메리웨더, 로젠펠트, 힐리브랜드는 모두 다 살로먼 브러더스의 트레이더 출신이었다.

버핏과 살로먼 브러더스의 관계는 1987년부터 시작되었다. 버핏은 그해, 모회사 살로먼의 회장을 역임하고 있던 존 굿프렌드의 요청을 받고 버크셔 해서웨이 명의로 10억 달러 이상을 투자하여 살로먼 브러더스의 최대주주가 되었다. 손해보험회사 GEICO의 우선주를 발행할 때 굿프렌드의 도움을 받은 적이 있기 때문이었다.

버핏은 살로먼 브러더스가 국채 부정입찰 사건으로 파탄의 위기에 빠졌던 1991년에 역시 굿프렌드의 요청으로 임시 회장으로 취임한 적도 있다.

그때 버핏은 로젠펠트와 힐리브랜드의 수완을 높이 평가하며 그들의 트레이딩 방법을 배웠다.

빌 게이츠 부부와 함께 여행을 떠나기 바로 전인 9월 8일 금요일, LTCM으로 투자해 달라는 제안을 전부 거절했던 버핏은 새로운 전환기를 맞게 되었다. 이날 LTCM으로부터 상황을 보고받은 맥도너는 골드먼 삭스, 메릴린치, J.P. 모건 등 세 회사의 간부를 불러 대책을 세우

라고 지시했다. 그들이 선택할 수 있는 방법은
모두 세 가지였다. LTCM을 청산하든가, 채권자
그룹이 신규 출자를 하든가, 아니면 **백기사**white
knight를 찾아내든가.

골드먼 삭스의 파트너였던 피터 크라우스는
버핏에게 전화하여, "LTCM의 순자산은 15억 달
러까지 줄었습니다. LTCM을 대신해 새로운 출자자를 찾고 있습니다."
라고 상황을 설명하면서 출자를 요청했다. 그러나 버핏은 로젠펠트나
힐리브랜드와 통화할 때와 마찬가지로 "흥미없다"며 딱 잘라 거절했다.

그러나 살로먼 브러더스 출신이 아니라 골드먼 삭스의 크라우스가
나서자 버핏은 생각을 바꾸었다. 여러 가지 상황을 종합해 볼 때 골드
먼 삭스와 함께 LTCM을 완전히 매수하는 것도 나쁘지 않다고 여겨진
것이다.

당시 버크셔 해서웨이는 좋은 투자 대상을 찾아야만 했다. '그레이
엄-도드 이론'과 '헤지펀드'는 전혀 어울리지 않았지만, 그때 버크셔 해
서웨이는 당장 융통할 수 있는, 90억 달러라는 엄청난 규모의 자금을
보유하고 있었다.

1990년대 후반에 미국 주식 시세가 급속도로 상승하는 바람에, 버
핏은 내재 가치에 비해 저평가된 투자 대상이 보이지 않는다고 한탄했
었다. 하지만 버크셔 해서웨이가 가진 막대한 자본은 어디든 투자되어
야만 했다. 그래서 이용되던 것이 '제로쿠폰 채'나 '은' 등의 대량 매입
이었다.

「회장의 편지」에서 버핏은 이러한 상황에 대해 가끔 언급했다.

때때로 우리들은 좋은 투자 기회를 찾지 못해 현금을 그냥 안고 있기도 합니다. 이런 때는 단기 재무부 증권 등을 운용하기보다는 '재정 거래'를 이용합니다. 약간 높은 이익을 기대할 수 있고, 장기 투자의 원칙을 잊어버리게 하는 유혹, 다시 말해 보통주를 높은 가격에 대량으로 사기 쉬운 유혹 등으로부터 자유로울 수 있기 때문입니다. 재정 거래에 대해 찰스 멍거에게 말하면 멍거는, "좋아, 적어도 (일이 많아지기 때문에) 자네가 술집에서 한잔할 시간이 없어지겠지."라고 말합니다.

버핏은 소문이나 추측 등에 신경 쓰지 않는다는 점에서 다른 재정 거래업자와 다르다. 그가 믿는 것은 '신문'밖에 없다. 그러나 기본적으로 버핏은 재정 거래에 별 흥미가 없다. 그는, "재정 거래는 서로 다른 시장에서의 가격차로 이익을 얻는 행위입니다. 그것은 암표 거래와 같습니다. 그렇기 때문에 재정 거래를 하는 사람들이 차익금을 바라는 것은 당연한 일이지요."라고 한 적도 있다.

이러한 상황에서 버핏은 아마 막대한 자금을 단기적으로 운용하는 방법으로 LTCM에 주목했을 것이다. 그렇지만 그는 투자에 대해서는 언제나 엄격한 평소의 습관대로 인정에 휩쓸리지 않고 냉정한 조건을 LTCM 측에 제시했다.

우선 매수 대금은 2억 5천만 달러로 정했다. 연초까지 LTCM의 주주 지분이었던 48억 달러와 비교하면 20분의 1로 줄어든 액수이다. 버핏은 당연히 주주가 가장 먼저 이 사태에 대해 책임져야 한다고 생각했다. 그리고 메리웨더 등의 파트너들이 모두 퇴임하고 버크셔 해서웨이와 AIG, 그리고 골드먼 삭스가 경영권을 완전히 장악하는 조건을 내세웠다.

메리웨더는 이 매수 제안을 받자마자 고문변호사와 상담한 뒤 맥도너에게 달려갔다. 그는 맥도너에게, "이렇게 짧은 시간 안에 파트너 전원에게 양해를 구하는 것은 불가능하다." 하고 말하며, 매수 제안을 받아들이지 않았다. 맥도너는 LTCM을 버핏에게 팔라고 강요할 수 없는 입장이었다.

결국 버핏을 포함한 '투자가 그룹'의 LTCM 매수는 성사되지 못했다. 버핏에게 마지막으로 기대를 걸었던 월스트리트의 은행가들은 결국 LTCM에 신규 대출을 해줘야 했다. 이 신규 대출은 '부자 구제'라는 비판을 샀는데, 만약 버핏이 매수했다면 어떤 여론이 형성되었을지 궁금하다.

10월 1일 워싱턴 미하원 은행위원회에 소환된 맥도너와 그의 상사인 연방준비제도이사회 의장 앨런 그린스펀Alan Greenspan은 의원들로부터 신랄한 비판과 질책을 받았다. 공적 자금을 사용하지는 않았지만 헤지펀드를 구제하는 과정에서 정부가 적극적으로 나설 이유가 없었다는 비난이 가장 많았다.

그 외에도, "다른 투자가 그룹이 모처럼 매수를 제안했는데도 어째서 그건 거절하고, 뉴욕 연방준비은행이 중개역으로 나서 LTCM을 구제하게 되었는가." 하는 비판을 받았다. 구체적인 이름이 거론되지는 않았지만 위원들과 방청객들, 언론 관계자들도 '다른 투자가 그룹'이 누구인지 정도는 모두 알고 있었다.

II

미국 경제를 움직이는 사나이

Warren Buffett's
Investment Principles

≪ 5 ≫

디즈니 제국을 지원하다

> M&A 협상에서 가장 중요한 것은 매수 기업이든 피
> 매수 기업이든 각자의 내재 가치를 얼마나 설득력 있
> 게 파악하는가에 달려 있다.

미디어 업계를 뒤흔드는 빅딜

휴양지로 잘 알려진 아이다호 주 선밸리. 매년 여름 이곳에는 미디어
와 오락 관련 업계에서 두터운 파이프라인(pipeline, 정보 루트)을 갖고
있는 투자은행가 허브 앨런이 주관하는 '미디어 회의'가 열린다. 13회째
를 맞는 1995년 7월에도 영화, 음악, TV, 컴퓨터 등 관련 업계의 거물들
이 부부동반으로 대거 선밸리에 모여들었다.

7월 13일 목요일 아침에는 월트 디즈니의 회장 겸 최고경영자인 마
이클 아이즈너가 월트 디즈니의 경영 전략과 비전에 대해 연설했다. 디
즈니랜드와 미키 마우스를 자산으로 갖고 있는 월트 디즈니는 할리우
드를 대표하는 기업이다.

그의 연설을 주의 깊게 듣고 있는 청중들 속에는 미국 3대 방송 네트
워크 중의 하나인 ABC/캐피털 시티의 지분을 13퍼센트 소유한 최대주
주 워런 버핏도 있었다.

마이클 아이즈너는 연설이 끝날 무렵, 2년 전 버핏에게 받은 편지를

소개했다.

　　1965년 저(버핏)는 월트 디즈니 주식의 5퍼센트를 400만 달러에 사들였습니다. 이것은 즐거운 소식이죠. 하지만 나쁜 소식도 하나 있습니다. 그로부터 1년인가 2년 후에 월트 디즈니의 주식을 200만 달러의 이익을 남기고 매각한 것입니다.

　　아이즈너는 답장에, "월트 디즈니의 주식을 계속 갖고 계셨다면 1993년에는 얼마가 되었을까요?"라고 썼는데 버핏은 이에 대해, "5억 5,200만 달러"라고 답해 왔다고 말했다. 디즈니의 눈부신 성장을 최고의 투자가 버핏은 미처 예상하지 못하여 막대한 손실(!)을 입었다는 사실을 재치 넘치게 표현한 것이다. 그러고 나서 아이즈너는 다음과 같이 덧붙였다.

　　"오늘 여기 버핏 씨가 계신 자리에서 최신 보고를 하고 싶습니다. 오늘까지 버핏 씨가 디즈니 사의 주식을 팔지 않았다면 400만 달러는 8억 6,900만 달러로 불어났을 겁니다. 그러나 버핏 씨를 불쌍하게 생각할 필요는 없습니다. 월트 디즈니가 1965년에 버크셔 해서웨이의 주식을 400만 달러 어치 샀다면 지금쯤 60억 달러가 되었을 테니까요."

　　그때까지도 아이즈너는 물론 버핏도 그날 둘이서 미디어 업계를 뒤흔들 빅딜(big deal, 기업 매수)에 대해 이야기를 나누리라고는 생각지 못했다.

　　아내 제인과 콜로라도 주 애스팬에서 주말을 보낼 예정이었던 아이즈너는 연설이 끝난 직후 참가자들과 대충 이야기를 나눈 뒤 곧바로 호텔로 향했다. 호텔로 가는 도중에 CBS의 최고경영자인 래리 티슈를 만난 아이즈너는 그를 보자마자 말을 걸었다.

"빅딜을 구상 중이라는 소문이 있던데 그게 사실인가?"

"물론 사실이야."

티슈는 시원스럽게 대답했다. CBS는 대형 가전업체인 웨스팅하우스 일렉트로닉에게 자사를 매각할 생각이었다. 한편 월트 디즈니는 ABC나 CBS를 매수하여 미디어 사업을 확장하려는 계획을 세우고 있었다. 참고로 말하면 티슈는 수년 전에 버핏이 운영하는 파트너십에 출자하여 큰 이득을 본, 버핏 신봉자 중 한 명이었다.

아이즈너는 주저하지 않고 말했다.

"우리하고 거래해 보지 않겠나?"

"이번 일요일 저녁이나 적어도 월요일 아침까지 전화를 하겠네. 그때 좀더 자세히 얘기해 보세."

아이즈너는 꼭 전화하겠다고 약속하고는 티슈와 헤어졌다. 월트 디즈니가 3대 방송 네트워크 중 하나를 매수한다면 어떤 효과를 기대할 수 있을까를 생각하며 아이즈너가 호텔 앞 주차장에 이르렀을 때 이번에는 버핏이 눈에 띄었다.

주차장에서 빅딜을 이야기하다

오후 1시경, 버핏은 ABC의 회장 겸 최고경영자인 톰 머피와 점심식사를 끝내고 레스토랑을 나오는 길이었다. 버핏은 마이크로소프트의 창업자이자 최고경영자인 빌 게이츠 부부와 골프를 치기로 약속이 되어 있었다. 골프장은 레스토랑에서 차로 10분 거리에 있었다.

레스토랑을 뒤로 하고 선 버핏은 아이즈너에게 그날 연설이 무척 마음에 들었다고 말하려고 했다. 그러나 저녁에 바로 애스팬으로 가야 했던 아이즈너는 인사는 뒤로 미루고 곧장 본론을 꺼냈다.

"오늘은 정말 재미있는 날이야. 조금 전에 우연히 래리 티슈를 만났는데, 디즈니가 CBS를 매수하는 것에 대해 이야기하기로 했네. 물론 자네가 ABC를 현금으로 팔 생각이 있다면 얘기가 달라지겠지만 말이야."

"그거 좋은 생각이군. 그 건에 대해서 머프(톰 머피의 애칭)와 이야기해 보는 게 어때?"

"그래? 그런데 머피 씨는 어디 있지?"

"사실, 오늘 그와 함께 빌 게이츠 부부를 만나서 골프를 치기로 약속했네. 지금 가는 길인데 같이 가지 않겠나? 거기서 이야기하면 될 걸세."

아이즈너는 월트 디즈니 사가 CBS를 매수할 가능성을 내비쳐 ABC와의 매수 교섭을 유리하게 진행시키려고 했다. 3대 방송 네트워크 중하나를 매수할 자금력이 있고, 매수한 뒤에 상승 작용을 낳을 노하우나인재를 갖고 있는 대기업은 월트 디즈니뿐이라는 것은 누구나 인정하는 사실이었다. 아이즈너는 몇 분 뒤 주차장에 나타난 톰 머피에게, "망설이다 보면 디즈니는 CBS와 손을 잡을 걸세. 그러면 ABC는 업계 재편에서 뒤처지고 말 걸세."라며 협박하듯 말했다.

그날 선밸리에는 할리우드의 거물 아이즈너와, 3대 방송 네트워크를 경영하는 티슈, 머피, 그리고 머피의 친한 친구이며 ABC의 최대주주인 버핏, 거기에 세계 최대의 소프트웨어 회사를 이끌고 있는 게이츠 등 미국 기업 사회를 움직이는 걸출한 인물들이 모두 모인 셈이었다.

아이즈너는 그의 자서전,『워크 인 프로그레스Work in Progress』에 당시를 회상하며 이렇게 썼다.

> 그때는 마치 현실이 아닌 것 같았다. 나는 티슈, 버핏, 머피와 계속 서서 이야기를 나누었고, 머피는 미국 최고의 부호인 게이츠, 버핏과 함께 골프를 치러 가던 중이었다. 그리고 우리는 아이다호 한가운데 있는 주차장에서, 200억 달러에 이르는 대형 빅딜에 대해 이야기를 나누고 있었다. 그것도 선 채로 말이다.

200억 달러에 이르는 매수는, 당시로서는 미국 M&A 사상 두 번째로 큰 규모의 빅딜이었다. 이는 전부 게이츠와 골프를 치기 위해 일찌감치 점심식사를 끝낸 버핏이 선밸리를 떠나려던 아이즈너를 붙잡으면서 비롯되었다.

빅딜을 위한 물밑 협상

주차장에서 아이즈너, 버핏, 머피 세 사람이 즉석 회담을 끝낸 날로부터 2주일쯤 뒤에 디즈니가 ABC를 매수한다는 기사가 공식적으로 발표되었다.

이 일은 단기간에 이루어진 일이기는 했지만 매수 조건을 둘러싸고 물밑에서 엄청난 신경전이 벌어졌다. 그도 그럴 것이 월트 디즈니가 ABC의 매수 대금을 현금으로 할 것인지, 아니면 자사주로 할 것인지를 놓고 아이즈너와 머피가 정면으로 대립하고 있었기 때문이었다.

매각 대금은 ABC의 최대주주인 버핏에게도 중요한 문제였다. 그러나 버핏은 매수가 결렬되리라고는 예상하지 않은 모양이었다. 시간이 흐른 후 버핏은, "아이즈너는 처음부터 현금을 제안했지만 머프(톰 머피의 애칭)는 전액 현금으로 하는 것은 원하지 않았죠. 그러나 매수 대금 전액을 주식으로 지불하는 데에는 별 불만이 없었습니다."라고 말했다.

선밸리의 주차장에서 3자 회담이 끝난 뒤, 아이즈너는 곧 월트 디즈니의 경영진들을 소집하여 CBS와 ABC 두 회사와 매수 협상을 하기로 했다고 발표했다. 그와 동시에 텍사스 출신의 유력 투자가로 디즈니 주식의 18퍼센트를 소유하고 있는 최대주주 시드 배스의 승인을 얻는 일에 착수했다. 우선 매수 계획을 상세히 적어 그에게 팩스로 보냈다.

배스는 1948년, 파라마운트 픽처스의 사장직에 있던 42세의 아이즈너를 빼내 디즈니의 최고경영자 자리에 올려놓은 인물로, '무슨 일에나 시간을 두고 신중히 생각한 뒤 행동해야 한다'는 신조를 갖고 있는 사람이다. 그런 그가 아이즈너의 팩스를 받은 지 15분 만에 전화로, "이 건은 반드시 성사시켜야 합니다."라고 확신에 찬 어조로 말했다.

아이즈너는 당시 월트 디즈니가 주식 시장에서 과소평가되고 있다고 생각했다. 대작 애니메이션 「라이언 킹」이 기록적인 흥행 성적을 올리는 등 기업 매출은 상승하고 있는데도, 시장 가치(주식 시가 총액)는 기업의 내재 가치를 크게 밑돌고 있다고 판단했다. 영화나 테마파크 사업이 거액의 캐시플로를 올리는 등 재무 기반은 튼튼했기 때문에, 차입금으로 충분히 매수할 수 있다고 생각했다. 그런 만큼 매수 대금을 자사주로 지불하고 싶지는 않았다.

아이즈너는 자사주를 지불 통화로 이용하는 주식 교환 방식은 딜루션(dilution, 주당 이익이나 자산 가치의 비율이 저하하는 것)이 발생하여 디즈니의 주주들이 손해를 볼 염려가 있다고 생각했다.

시장 가치가 기업의 내재 가치를 밑도는 경우에 매수 대금 전액을 주식으로 지불하면, 시장 가치가 적정한 경우에 비해 쓸데없이 신주를 발행하게 된다. 그럴 경우 상황에 따라 매도한 자(ABC)가 매수한 자(디즈니)를 다시 매수하게 될 수도 있기 때문이다.

좀더 자세히 설명하면, ABC의 주주가 디즈니의 주식을 비교적 싼 가격에 대량으로 보유하게 된다면, 매수가 끝난 뒤 신생 디즈니에서는 매수 전의 디즈니 주주보다 매수 전의 ABC 주주가 상대적으로 높은 지주 비율을 확보하게 된다. 디즈니의 주가가 매우 낮은 경우에는 디즈니가 ABC를 매수해도 매수 전의 ABC 주주가 신생 디즈니의 주식을 50퍼센트 이상 보유하게 될 수도 있다. 그렇게 되면 ABC가 디즈니를 매수한 결과가 되고 만다.

디즈니의 주식이 낮게 평가된 상황에서는 말할 필요도 없이 주식에 의한 매수가 머피에게 훨씬 유리하다. 낮게 평가될수록 더 많은 디즈니 주식을 취득할 수 있기 때문이다. 반면 매수 대금으로 현금을 받으면 막대한 양도소득세를 지불해야 하고, 디즈니와의 관계도 완전히 끊어져, 디즈니의 성장으로부터 생겨날 열매를 맛볼 수 없다.

머피나 버핏이 디즈니 사의 ABC 매수를 긍정적으로 받아들인 것은 거대 미디어 제국이 탄생하면 성장이 가속화될 것이라고 전망했기 때문이다. 따라서 신생 디즈니의 주주가 되어야 함은 매수의 절대조건이었다.

장래성이 없다고 판단했다면 애초에 디즈니에 ABC를 팔 생각도 하지 않았을 것이고, 디즈니가 매도 대금으로 주식을 주더라도 즉시 현금으로 바꾸어 다른 유리한 투자 대상을 찾으면 그만인 문제였다.

'현금'이냐 '주식'이냐를 둘러싼 협상에서 가장 중요한 것은 매수 기업이든 피매수 기업이든 각자의 내재 가치를 얼마나 설득력 있게 파악하는가에 달려 있다. 주주의 이익을 고려한다면, 아이즈너는 디즈니의 가치를 될 수 있는 한 높이 평가하여, 다시 말해 주가가 내재 가치보다 낮게 평가되어 있다는 근거를 제시하여 상대방을 설득해야 한다.

가치 평가 능력이 없다면 교섭에서도 불리해지고, 나중에 주주들로부터 책임을 추궁당하게 될 것이 분명하기 때문이다.

투자은행가의 조언도 필요 없는 버핏과 손을 잡고 있는 머피는 아이즈너에게 어려운 상대임에 분명했다.

싸게 파는 일은 금물이다

매수 대금이 '주식'이냐 '현금'이냐 하는 것은 미국에서 벌어지고 있는 M&A에서 매우 중요한 사항이다. 보통 주식을 사용하는 주식 교환 방식은 주주 이익을 해칠 위험이 있다. 그래서 버핏은 언제나 '현금에 의한 M&A'를 기본으로 했다.

버핏이 지적한 대로 자사주를 지불 통화로 사용하는 주식 교환은 매수 기업이 자사의 일부를 파는 것과 같다. 따라서 싸게 파는 것은 절대 금물이다. 신주 발행을 동반하기 때문에 주당 이익을 떨어뜨릴 위험도 있기 때문이다. 더욱이 새로운 주주가 다수 영입되어 기존 주주의 지주 비율도 하락한다.

버핏은 버크셔 해서웨이 연차보고서의 「회장의 편지」에서 때때로 M&A의 '허'와 '실'에 대해 지적하고 있다. 버핏과 비슷한 생각을 가진 사람들은 주식에 의한 M&A를 'A사는 A사의 일부를 매도하여 B사를 매수한다'거나 'B사의 오너(주주)는 B사의 사업과 교환하는 형태로 A사의 일부를 손에 넣는다'고 이해한다.

결국, 주식 교환에 의한 M&A는 주주가 지분의 일부를 포기하는 것과 같기 때문에 신중히 대응해야 한다. 주식 교환 방식을 취할 때는 매수 기업과 피매수 기업의 교환 비율을 정하는 작업을 빼놓을 수 없다.

주식은 영어로 '에쿼티'(equity, 보통주)인데, 에쿼티는 단순한 주권 이상의 의미를 내포한다. 에쿼티는 오너의 지분을 나타내는 권리로 주주 자본에 상당하는 개념이다. 따라서 경영자가 주주 자본을 신중하고 소중하게 사용해야 하는 것은 기본 중의 기본이다.

그러나 많은 기업들이 주식 발행과 증자 등으로 과도하게 주주 자본을 팽창시키는 실수를 저지르고 있다. 이렇게 얻어진 주주 자본을 거저 얻는 것으로 착각하고, 조달한 자금을 채산성이 떨어지는 사업 등에 투자하여 과잉 자본, 과잉 설비와 같은 문제를 일으키는 것이다. 사실상 주주 자본은 은행 차입이나 사채 발행으로 조달하는 부채 자본보다 훨씬 비용이 많이 드는데도 말이다. 이처럼 주식 교환 제도는 대형 M&A를 실현시키는 마법의 지팡이가 아닌 것이다.

주가가 지속적으로 상승하던 1990년대 후반, 미국에서는 주식에 의한 M&A가 대폭 증가했다. 금융계에서는 트래블러스 그룹과 시티코프의 합병, 석유업계에서는 엑슨과 모빌의 합병 등 1천억 달러대의 초대형 M&A도 있었다. 이러한 상황에서 많은 경영자는 혹시나 일어날지도 모를 주가 하락에 세심한 주의를 기울여야만 했다. 그와 달리 현금에 의한 M&A는 주당 이익이 줄어들지 않고 기존 주주의 지분도 변함이 없다. 피매수 기업의 주식을 매입하여 현금으로 바꾸는 형태이므로, M&A 완료 후 신생 회사는 에퀴티(자기자본)를 늘리지 않고, 다시 말해 기존 주주의 지분을 낮추지 않고도 매력적인 사업을 손에 넣을 수 있다. 물론 현금에 의한 M&A는 윤택한 캐시플로(cash flow, 현금 흐름)나 높은 현금 사내 유보율 등 튼튼한 재정 기반이 전제되어야 한다.

아이즈너가 현금에 의한 매수를 고집한 것도 디즈니의 주주 이익을 가장 먼저 생각했기 때문이다. 그렇지 않았다면 머피가 제안한, 주식에 의한 매수를 주저 없이 받아들였을 것이다.

긍정적 M&A

7월 8일 화요일, 아이즈너는 머피로부터 전화를 받았다.

"마이클, 우리 주주들은 경마 티켓을 원하고 있네(현금이 아니라 주식을 원한다는 뜻). 신생 디즈니에 참여할 수 있는 티켓 말이야. 게다가 주주들에게 양도소득세를 내게 할 수도 없고 말이야."

"그것은 곤란하네. 디즈니는 시장에서 과소평가되어 있어서 주식 교환으로는 주가 하락을 피할 수 없다네. 그렇게 되면 우리 주주들이 손해를 보게 될 테지. 다른 방법을 찾아보세."

7월 21일 금요일, 아이즈너와 머피는 뉴욕에서 다시 만났다. 디즈니의 최고재무책임자CFO인 스티븐 볼렌바크와 ABC에서 머피의 오른팔격인 댄 버크Dan Burke도 함께했다. 주식이냐 현금이냐에 대한 의견 조율이 여전히 이루어지지 않은 채 두 시간이 흘러갔다.

아이즈너가 먼저 매수 가격을 제시했다. 당시 ABC 주식은 주당 106달러 전후로 거래되고 있었으므로, 거기에 9달러의 프리미엄을 붙여 주당 115달러를 조심스럽게 제시했다. 그러나 머피나 버크는 별다른 반응을 보이지 않았다. 너무 낮은 가격이라고 생각했다면 곧바로 반응을 보일 것이라고 예상하고 있던 아이즈너는 일단 매수 가격에 대해서는 확신이 섰다.

그 다음 주 화요일, 아이즈너와 머피는 다시 전화 통화를 했다. 머피가 드디어 구체적인 조건을 제시했다. 주식과 현금을 절충하여 ABC 주식 한 주에 대해 디즈니 주식 한 주와 현금 65달러를 지불하라는 내용이었다. 머피는, "(디즈니의 최대주주인) 배스도 이 조건에 만족할 걸세."라고 덧붙였다.

전날 디즈니 주식의 종가(마지막으로 매매된 가격)가 55달러였으니, 머피는 주당 120달러로 ABC를 매도하겠다고 제안한 셈이다. 이는 아이즈너가 제시한 115달러와 별 차이가 없었다. 아이즈너는 여전히 자사주를 넘겨 주는 것에 대해서 주저했지만, 머피로서는 사실상 이 제안이 최후통첩이나 다름없었다.

다음 날 디즈니는 2사분기의 결산을 발표했다. 이제까지의 결산 중 최고의 이익이었다. 그날 디즈니의 주가는 55달러에서 57달러로 올라갔다.

다음 날 아이즈너는 머피에게 전날 매수 가격에 맞춰 현금을 63달러로 내리자고 제안했으나, 머피는 더 이상 양보하지 않았다. 아이즈너는 결심했다.

"좋아, 이것으로 거래는 성립되는 거네."

7월 31일 월요일 아침, 디즈니의 ABC 매수가 발표되었다. 매수금액은 190억 달러로 미디어 업계에서는 워너 브러더스와 타임의 합병(141억 달러)보다 높은, 최고액 거래였다. M&A 역사상으로 보더라도 250억 달러라는 '천문학적' 거래로 일컬어지는, 투자회사 KKR^{Kohlberg Kravis Roberts & Co}가 식품·달걀의 대형업체 RJR 나비스코^{Nabisco}를 매수한 거래에 이은 두 번째 규모였다.

매수 발표는 우선 뉴욕에 있는 ABC 본사에서 전화 회의로 이루어졌다. 아이즈너, 머피와 함께 ABC의 최대주주인 버핏, 디즈니의 최대주주인 배스도 그 자리에 있었다. 회견이 시작되자 곧 수백 명에 이르는 경제 분석가들이 연결되었다. 그때 아이즈너는 버핏의 한마디가 매우 인상적이었다고 한다.

"저는 과거 M&A에 대해 부정적이었습니다. 하지만 이번에는 다릅니다. 재무적으로나 업무적으로 매우 의미 있는 매수입니다. 주주로서 매우 기쁩니다."

언론과의 회견에서도 버핏은 아이즈너, 머피, 배스와 같이 등장하여, "이것은 최고 수준의 콘텐츠 기업(디즈니)과 최고 수준의 미디어 유통기업(ABC)의 합병입니다."라고 매수의 의의를 강조했다.

디즈니의 ABC 매수가 주목을 끈 것은 막대한 매수 금액 때문만이 아니었다. 보통 대형 M&A에는 골드먼 삭스나 모건 스탠리와 같은 월스트리트의 대형 투자은행가들이 개입한다. 따라서 대부분 M&A 과정에 있어서 제안, 구성, 결말을 주도하는 것은 기업의 최고경영자들이 아니라 투자은행가들이었다.

그러나 디즈니의 ABC 매수는 처음부터 최고경영자와 최대주주에 의해 실현되었다. 매수 발표 회견장에 나타난 버핏을 보고 의아하게 여기는 관계자들이 많았으나, 철저하게 흑자를 추구하는 버핏이 이번 M&A에서 주도적인 역할을 했다는 사실이 알려지자 언론은 다시 한번 떠들썩하게 버핏의 이름을 헤드라인에 올렸다.

버핏은 이 건으로 21억 달러 이상의 이익을 얻었다. 그는 한 주당 17.25달러로 매입한 ABC의 주식을 2천만 주 보유하고 있었는데, 디즈니의 ABC 매수가 발표된 날 디즈니의 주식은 58.6달러로 거래가 종료되었다. 따라서 버핏은 보유하고 있던 ABC 주식 한 주에 대해 58.62달러의 디즈니 주식과 65달러의 현금을 합쳐 주당 123.625달러를 받게 된 것이다.

확신이 서면 주저하지 않는다

버핏이 ABC의 최대주주가 된 가장 큰 이유는 경영자 톰 머피에게 반했기 때문이다. 버핏이 머피를 처음 만난 것은 1960년대였다. 당시 버핏은 신문 사업에 투자할 생각이 있었는데 적당한 업체가 나타나지 않았다. 그래서 컬럼비아 대학 시절 스승인 벤저민 그레이엄 밑에서 같이 공부한 친구 빌 웨인의 소개로 캐피털 시티 커뮤니케이션의 회장 머피와 친하게 되었다. 머피는 버핏에게 캐피털 시티의 이사가 되어 달라고 요청했지만 그는, "대주주도 아닌데 이사직을 맡을 수 없다."라며 거절했다. 이는 사실 버핏이 보기에 당시 캐피털 시티의 주가가 너무 높다고 여겨졌기 때문이었다.

머피는 버핏이 진정으로 좋아하는 경영자였다. 그의 경비 삭감 수완은 가히 전설적이었고, 사내에 법무부서나 홍보부서도 두지 않았으며, 본사는 번화가에서 떨어진 곳에 위치해 있었다. 게다가 본사 건물의 벽면은 페인트 칠조차 되어 있지 않았다. 그런데도 업계 평균보다 높은 수익률을 꾸준히 달성하고 있었다.

1970년대에 머피는 뉴욕 주 올버니를 거점으로 TV와 라디오 방송국, 유선 TV와 출판으로까지 사업을 확장했다.

머피 역시 버핏에게 반했다. 그는 『USA 투데이』와의 인터뷰에서 버핏에 대해 이렇게 말했다.

"만약 버핏과 늘 같이 일했다면 나는 엄청난 열등감으로 괴로워했을 것입니다. 그는 정말 멋진 친구입니다. 친구를 위해 어떤 일도 마다하지 않습니다. 그가 없었다면 ABC를 매수할 수 없었을 것입니다."

1985년, 머피는 ABC 매수에 대해 버핏과 의논했다. 당시 ABC에는 1953년에 ABC를 창업한 레너드 골든슨이 79세의 나이로 여전히 건재하고 있었는데, 골든슨은 자신이 은퇴한 후 머피와 버크 팀에게 ABC를 맡기고자 했다. 하지만 머피는 자금이 부족했다.

머피는 35억 달러에 이르는 매수 자금을 만들기 위해 은행 차입을 비롯하여 중복되는 TV와 라디오 방송국을 매각하려고 했다. 하지만 여전히 액수를 채우지 못해 버핏에게 5억 달러가 넘는 자금을 요청했다. 어찌됐든 ABC는 전통 있는 3대 방송 네트워크의 하나였고, 캐피털 시티는 신흥 기업에 지나지 않았기 때문이다.

5억 달러는 버핏에게도 큰 돈이었다. 그때까지 단일 건으로는 오마하에 있는 가구 소매점 네브래스카 퍼니처 마트의 매수액이 가장 컸는데, 캐피털 시티에 투자한 금액은 그것의 8배에 달했다. 게다가 머피가 새롭게 요청한 5억 달러는, 미디어 기업으로서 처음으로 투자했던 워싱턴 포스트에 들어간 금액의 50배였다.

그러나 버핏은 조금도 주저하지 않았다. 그의 말을 빌리면 머피의 요청을 받고 30초 만에 결정했다고 한다.

"머프(톰 머피의 애칭), 내가 몇 주나 사 주면 되나?"

"자네는 몇 주나 사 줄 텐가?"

"200만 주면 적당하겠나?"

"얼마에 살 생각인가?"

"주당 17.25달러는 어떤가?"

"좋아."

워싱턴 포스트를 매수한 버핏은 미디어 업계 상황에 밝았으며, 캐피털 시티와 ABC의 대차대조표를 완전히 기억하고 있었기 때문에 30초 만에 대답할 수 있었다. 투자은행가가 필요 없는 것도 당연한 일이었다. 버핏은 버크셔 해서웨이를 통해 캐피털 시티의 신주를 5억 달러 어치 매수하여, 전체 주식의 18퍼센트를 점유하는 최대주주가 되었다. 그리고 ABC/캐피털 시티는 버핏의 '영구 보유 종목'이 되었다.

디즈니의 기사회생

아이즈너가 선밸리의 미디어 회의에서 말한 바와 같이, 버핏은 1965년 디즈니의 주식을 400만 달러 어치 구입하여 전체 주식의 5퍼센트를 차지하는 대주주가 된 적이 있다. 주식을 사기 전 그는 가족과 함께 디즈니의 영화를 보고, 캘리포니아에 있는 디즈니랜드를 방문하는 등, 이미 디즈니에 흥미를 갖고 있었다. 이 무렵 디즈니는 최신작 「메리 포핀스」

가 크게 인기를 끌어 할리우드에서 가장 큰 영화사가 되어 있었다.

항상 그렇듯이 버핏은 디즈니를 '주식'이 아니라 '기업'으로 보았다. 주식을 사는 것이 아니라 기업을 산다는 마음가짐으로 투자하는 신념은 한 번도 변한 적이 없었다. 그는 무엇보다 디즈니가 보유하고 있는 만화영화 등과 같은 무형 자산에 흥미가 있었다. 스승인 벤저민 그레이엄은 대차대조표에 올라 있는 유형 자산과 주가의 차이에 주목했지만 버핏은 무형 자산에도 가치가 있다고 생각했던 것이다.

버핏은 '미키 마우스'의 아버지격인 디즈니의 창업자 월트 디즈니를 만난 적도 있다. 그는 디즈니에 투자한 다음 해에 월트 디즈니가 죽자, 곧바로 디즈니 주식을 모두 팔아 버렸다. 그의 이러한 행동 뒤에는 '위대한 월트 디즈니가 없는 디즈니는 의미가 없다'는 생각이 있었기 때문인지도 모른다.

그로부터 20년이 지난 1980년대 초반, 영화 제작, 테마파크 운영, 캐릭터 상품 판매를 기본 축으로 하고 있던 디즈니의 매출이 매우 부진하였다. 1983년, 디즈니 영화사는 과다한 제작비로 인해 3천만 달러 이상 적자를 보았고, ABC·CBS·NBC 3대 방송 네트워크에 대한 프로그램 공급이 중단되었으며, 테마파크의 입장객 수도 매년 감소하고 있었다.

그러던 디즈니가 1984년부터 다시 성장가도를 달리기 시작했다. 42세의 야심가 마이클 아이즈너가 디즈니를 이끌면서부터였다. 그 전까지 마이클 아이즈너는 파라마운트 픽처스의 사장이자 「플래쉬 댄스」, 「인디애나 존스」, 「비버리힐즈 캅」과 같은 히트작을 세상에 내놓은 보통의 프로듀서였다.

아이즈너는 디즈니의 최고경영자가 되자마자 영화 제작비를 줄이는 등, 디즈니의 고비용 체질에 큰 수정을 가했다. 그는 영화의 성공이 몇 명의 '인기 스타'에 달린 것이 아니라 훌륭한 각본에 달렸다는 점을 일찍이 꿰뚫어보고 있었다. 높은 제작비의 주요 원인이 되었던 거물급 스타 대신 인기는 없지만 연기력이 뛰어난 배우를 섭외하여 낮은 제작비로도 좋은 작품이 나오도록 노력했다. 시나리오 작가 역시 높은 보수만을 요구하는 작가보다는 아직 경험이 많지는 않지만 장래성이 밝은 신인 작가들을 물색했다. 저비용·고품질 작품을 생산하기 위한 체제를 마련한 것이다.

아이즈너는 회사의 돈을 맘대로 쓰는 관행이 만연한 할리우드에 일반 기업에서 통용되는 원리원칙을 도입하여 디즈니를 재건해 냈다. '디즈니'라는 상표를 살려 캐릭터 상품 소매업에 뛰어들었고, 테마파크와의 상승 작용을 노린 호텔업도 전개했다. 그리고 버핏과 제휴하여 ABC를 매수함으로써 유통망까지 손에 넣었다.

그의 노력은 수치로도 명확히 드러났다. 아이즈너가 디즈니를 맡기 시작한 1984년의 디즈니 주식 시가 총액은 20억 달러에 지나지 않았으나, ABC 매수를 발표할 때는 300억 달러 이상이었다. 이는 경쟁 회사인 타임-워너(대형 케이블 TV사)의 2배가 넘는 금액이다. 영화 사업을 재건하고 이윤 추구를 기본으로 한 경영 전략이 제대로 들어맞은 것이다.

창업자인 월트 디즈니가 사망했을 때 디즈니 주식을 매각한 버핏, 그로부터 20년 뒤 자신이 존경하는 경영자인 머피, 버크, 아이즈너가 디즈니 제국을 경영하게 되었다. 그리고 버핏도 다시 디즈니의 주주로 복귀하였으니, 이는 실로 20년 만에 '귀향'한 셈이다.

기업 지배 구조가 성공을 좌우한다

디즈니가 ABC를 매수한 지 2년 반의 세월이 흐른 1998년 2월, 창업자 월트 디즈니가 만화가漫畵家 활동을 시작했던 캔자스시티에서 디즈니의 연차주주총회가 열렸다.

여기서 아이즈너는 45분 동안 연설했다. 처음 30분은 이사회 임원 16명을 하나하나 소개하면서 그들의 업적을 강조했다. 임원 중 한 사람은 자신이 1960년대에 이사가 된 후 디즈니의 주가가 493배나 오른 점을 상기시켰다. 디즈니는 한창 경기가 좋았고, 주가는 지난 1년 동안 50퍼센트나 상승했다.

하지만 주주들은 이사회의 구성에 불만이 많았다. '경영 실적에 대해 최종적으로 책임을 지는 의사 결정 기관'인 이사회의 개혁을 요구하는 의안에 주주 중 35퍼센트가 찬성표를 던지는 등, 주주총회는 크게 술렁거렸다. 유사한 의안에 대한 찬성표 비율이 1997년에 평균 17퍼센트 정도였던 것에 비교해 볼 때 이례적으로 높은 수준이었다.

이사회 개혁의 선봉에 선 것은 미국 최대의 연금기금인 교직원보험연금연합회-대학퇴직주식기금(이하 'TIAA- CREF')이었다. 그들은 이사회 임원의 대부분이 디즈니나 아이즈너와 이해관계를 맺고 있는 사람들이기 때문에 독립성이 결여되어 있다고 주장했다. TIAA-CREF의 최고책임자인 케네스 웨스트는, "경영 실적이 호조를 보여도 '기업 지배 구조corporate governance'에 문제가 있는 한 성공이 보장될 수 없다."라고 강조하면서, 다른 대형 기관투자가와 제휴할 것을 요구했다.

TIAA-CREF는 비공개적으로 기업 지배 구조를 개혁하도록 압력을 가하고, 공적인 자리에서는 디즈니 사에 대해 '주주 제안提案'이라는 형태로 주주권을 행사하여 대결 자세를 분명히 했다. 케네스 웨스트가 1997년 11월에 미리 할리우드로 가서 디즈니의 간부들과 직접 만나 이야기를 나누어 보았지만 만족스러운 결과를 얻지 못했던 것이다.

아울러 TIAA- CREF는 이사회 임원들이 디즈니의 주식을 충분히 보유하지 않은 점도 문제점으로 지적하였다. 1997년까지 임원 16명 중 4명이 자기 돈으로 디즈니의 주식을 한 주도 보유하지 않은 '이상한 상태'였던 것이다.

TIAA-CREF와 함께 '행동하는 주주'로 불리는 미국 최대의 공무원 연금기금인 CalPERS(캘리포니아 주 공무원퇴직연금기금)도 TIAA- CREF의 생각에 동조했다.

디즈니의 상태로는 이사회의 60퍼센트만이 경영진과의 관계에서 독립성을 확보하고 있을 뿐이었다. '행동하는 주주'들이 디즈니의 이사회가 가진 독립성 여부를 판단하는 기준을 살펴보면, 현재 회사의 직원이 아닐 것, 과거 3년간 회사의 직원이 아니었을 것, 회사와 특별한 이해관계를 갖고 있지 않을 것 등이었다.

하지만 이러한 기준에 못 미치는 디즈니의 이사회는『비즈니스 위크』지에서 조사한 '긍정적인 기업 지배 구조' 순위에서 '최악의 이사회'로 평가되기도 하였다.

웨스트는, "아이즈너는 세계 최고의 최고경영자입니다." 하고 서두를 꺼낸 뒤 호된 비판을 덧붙였다.

"디즈니의 경영에 있어서 전권을 휘두르는 아이즈너를 계몽전제군주라 평할 수 있습니다. 지금 당장은 아이즈너의 지휘하에 디즈니가 번영할 수 있겠지만, 그가 없어진 뒤에는 어떻게 되겠습니까? 당대에 그치는 번영이라면 문제는 심각합니다. 퇴임 후에는 큰 혼란이 일어나 경영 실적이 크게 하락할 수도 있습니다. 지금은 아이즈너를 이을 우수한 최고경영자가 선출된다는 보장도 전혀 없는 실정입니다."

그것을 보장하는 것이 최고경영자를 객관적으로 평가·선출·해임할 이사회라는 것이다. 아이즈너를 견제할 수 있을 만한 경영 간부들이 사고로 죽거나 불화로 떠나 버린 디즈니는 사실상 아이즈너의 독무대였다. 아이즈너를 이을 유망한 최고경영자는 아예 길러지지 않았다. 기관 투자가들은, 아이즈너가 갑자기 업무를 수행할 수 없게 되면 주가가 크게 하락하는 결과를 가져오는 등 커다란 악재惡材가 될 게 분명하다는 점을 걱정했다.

경영자를 신뢰하는 충실한 안정주주

1997년의 주주총회에서도 기업 지배 구조에 관한 문제가 불거져 나와, 아이즈너는 주주들로부터 신랄한 비판을 받았고, 이를 무마하기 위하여 5시간에 걸친 마라톤 총회를 해야 했다.

1998년의 주주총회에서는 기업 지배 구조뿐 아니라 또 다른 문제들이 제기되었다. 우선 아이즈너가 받는 고액의 보수가 거론되었다. 1997년 말, 유력 일간지의 경제면에 아이즈너의 보수에 대해 크게 보도된 적이 있는데, "아이즈너가 받는 보너스는 총 5억 6천만 달러로 미국의 최고경영자 가운데 한 번에 받은 금액으로는 최고"라는 내용이었다. 이것은 아이즈너가 스톡옵션으로 얻은 이익이었다. 주주들은 당연히 이것을 문제삼았다.

아이즈너가 영입한 마이클 오비츠의 퇴직금 문제에도 비판이 집중되었다. 아이즈너는 '후계자가 없다'는 비판에 대응하여 오비츠를 영입하였는데, 디즈니 사에 들어올 때까지 할리우드 제일의 탤런트 에이전시를 이끌고 있던 오비츠는 그리 대단한 실적도 남기지 못한 채 1년여 만에 디즈니 사를 그만두었다. 그런데도 1억 달러 이상으로 추정되는 퇴직금을 받았던 것이다.

1998년의 총회에서 디즈니는 기업 지배 구조 문제에 대해 새로운 개혁안을 채택했다. 이사회 임원의 임기를 3년에서 1년으로 단축하고 각 임원은 총회에서 재임용하기로 했으며, 고액의 보수에 대해서는 이사회 내 보수위원회의 하부 조직으로 소위원회를 설치하여 보수와 업적을 검토하기로 했다. 그해의 총회를 계기로 기관투자가들의 비판도 진정될 기미를 보였다.

회사 안팎의 비판에도 아이즈너는 압도적인 경영 실적으로 자신의 위치를 굳혀 왔다. 그는 1998년의 총회에서, 자신이 최고경영자로 취임한 1984년부터 매출액을 15배, 이익을 19배, 주가를 30배로 올린 사실을 강조했다. 그러나 무엇보다도 그에게 큰 힘이 된 것은 버핏이었다. 버핏은 빠짐없이 총회에 참석해서 디즈니가 기관투자가들의 공격을 받고 있을 때, 아이즈너를 지지하며 주주들에게, "디즈니 주식을 계속 갖고 있자."라고 호소했다.

사실 디즈니의 기업 지배 구조는 버핏이 생각하는 이상적인 형태와는 거리가 있었다. 그런데도 그가 디즈니의 대주주로 남아 있는 이유는 아이즈너의 경영 수완을 높이 평가하고 있기 때문이었다. 이에 관해 버핏은 「회장의 편지」 등을 통해, "빈약한 기업 지배 구조라 해도 제대로 업무를 수행할 최고경영자를 찾는다면 놀랄 만한 성과를 낳을 수 있다.”라는 견해를 밝혔다. 버핏이 보기에 아이즈너가 이끄는 디즈니 사가 바로 그런 회사였고, 아이즈너에게 버핏은 충실한 **안정주주**安定株主였다.

여기서 ‘안정주주’는 우리가 흔히 알고 있는 안정주주와 개념이 다르다. 장기적으로 주식을 보유한다는 점은 같지만, 주식의 상호 소유로 연결되어 주주 가치를 파괴하는 존재로서의 안정주주가 아니다. 주식의 상호 소유는 주주의 영향력을 차단하고 경영자에게만 이로운 시스템이다. 투자의 채산성을 무시하면서도 주식을 보유하려는 경향이 강한 이런 안정주주는 버핏과 같은 투자가와는 본질적으로 다르다.

자본금이 각각 100억 원인 A사와 B사를 예로 들어 설명해 보자. A사, B사가 각각 100억 원의 증자를 실시하여 서로 증자를 받고 주식을 상호 보유한다면, 실제로는 자금을 한 푼도 내지 않아도 두 회사의 자본금 규모는 각각 200억 원으로 늘어난다. 자본의 공동화空洞化를 불러일으키는 셈이다. 반대로 자금을 공급하는 주주들의 지주 비율은 자동적으로 50퍼센트로 떨어져 영향력 역시 대폭 낮아진다. 이처럼 극단적인 상호 보유는 사실상 불가능하지만 그 폐해는 본질적으로 같다.

디즈니의 주식을 대량 보유하고 있는 버핏이 아이즈너를 신뢰하고 충실한 안정주주로 있는 한, 다른 주주들이 아무리 법석을 떨어도 디즈니 제국은 무사할 것이다. 아이즈너가 버크셔 해서웨이의 주주총회에 매년 빠짐없이 참석하는 것도 안정주주인 버핏에게 경의를 표하기 위해서이다.

투자은행 살로먼을 구제하다

경영자가 오너처럼 행동한다면 '악재'를 솔직하고 빠르게 알리는 것이야말로 매우 중요한 일이다.

'월스트리트의 황제'의 추락

"여러분, 문제가 생겼군요. 매우 지쳐 보이니 오늘은 집에 돌아가서 쉬고, 내일 아침 다시 만납시다."

버핏은 사람들 앞에 서자 맨 먼저 이렇게 말을 꺼냈다. 중서부의 시골 출신답게 평범한 양복을 입고 나타난 그에게 호두나무로 만든 호화 탁자는 전혀 어울리지 않았다. 긴장감으로 터져 버릴 것 같던 분위기는 그의 말 한마디에 금세 부드러워졌다.

1991년 8월 16일 금요일 오후 뉴욕, 대형 투자은행 살로먼 브러더스의 모회사 살로먼의 이사회 회의실. 살로먼의 회장 겸 최고경영자인 존 굿프렌드는 버핏이 그곳에 나타나기 직전에 최고 경영진에게 워런이 최고경영자가 된다고 통보했다. 살로먼은 일부 트레이더들에 의한 국채 부정입찰 사건으로 순식간에 '월스트리트의 황제King of Wall Street' 자리에서 추락했고, 자금줄까지 막혀 경영 파탄에 직면해 있었다.

'국채 부정입찰 사건'은 살로먼의 트레이더였던 폴 모저와 몇 명이 주축이 되어 1989년부터 1991년까지 여러 번에 걸쳐 고객 명의를 무단으로 이용하여 거짓 입찰을 하는 등, 부정한 방법으로 이익을 올리려고 한 데서 비롯되었다. 이들은 입찰을 차지하기 위해 시세를 조작하기도 하였다.

전에도 '**정크본드**junk bond의 제왕'으로 불리던 마이클 밀켄이 '내부자 거래'를 한 사실이 밝혀지기는 했으나 이는 정부가 발행하는 국채와는 관계가 없었다. 그와 달리 폴 모저는 직접적으로는 정부, 간접적으로는 납세자를 속인 셈이므로, 살로먼은 미국 정부로부터 맹렬한 공격을 받았다.

당연히 대외적인 신용이 실추되는 등, 살로먼은 치명적인 상황에 놓이게 되었다. 1991년 8월 당시, 살로먼은 미국에서 다섯 손가락 안에 드는 거대 금융기관이었다. 살로먼의 대차대조표에는 자산 보유액이 총 1,500억 달러로 기록되어 있었다. 그러나 실제 주주 자본은 40억 달러에 불과했다. 40억 달러의 자금으로 막대한 금액을 차입하여 레버리지leverage를 최대한으로 이용하고 있었던 것이다.

더욱이 총자산 1,500억 달러 중 장기 자본은 극히 적었다. 구체적으로는 무기한 주주 자본이 40억 달러, 중기의 사채나 은행 차입 등으로 조달한 자본이 160억 달러, 중장기 자본이 200억 달러 정

정크본드(junk bond)

정크(junk)란 '쓰레기'를 뜻하는데 일반적으로 기업의 신용 등급이 아주 낮아 회사채 발행이 불가능한 기업이 발행하는 회사채를 가리키는 것으로, 이를 '고수익 채권' 또는 '열등채'라고도 부른다. 이처럼 신용도가 낮은 회사가 발행한 채권은 중요 투자 대상이 되곤 하는데, 그 이유는 제대로 원리금 상환을 받지 못할 위험이 큰 만큼 이자가 높기 때문이다. 1970년대 미국 정크본드 시장의 아버지로 불렸던 마이클 밀켄이 하위 등급 채권을 '정크'라고 부른 데서 유래되었으며, 당시에는 신용도가 높은 우량 기업이 발행한 채권 중 발행 기업의 경영이 악화되어 가치가 떨어진 채권을 가리켰으나, 최근에는 성장성은 있으나 신용 등급이 낮은 중소기업이 발행한 채권이나 M&A에 필요한 자금을 조달하기 위해 발행한 채권 등을 포함하는 넓은 개념으로 사용되고 있다. 정크본드에 의해 형성된 시장은 자금난에 시달리는 중소기업에 자금 조달의 길을 열어 주었으나 기업의 부채 부담은 가중시켰다. 대량 발행한 후 경기가 좋아지면 상관없지만 경기가 나빠지면 도산할 가능성이 그만큼 높아지기 때문이다.

도였다. 나머지 1,300억 달러는 1일에서 6개월 이내에 갚아야 하는 단기 시장성 자본이었다. 보통 단기 자본은 투자가나 은행이 제공하는데, 이들은 자신의 채권이 조금이라도 위험하다고 판단되면 곧바로 회수에 나서는 특징을 가지고 있다.

국채 부정입찰 사기사건이 터지고 정부의 비난이 이어지자, 살로먼의 채권은 위험성이 높은 채권으로 분류되었다. 이에 채권 회수 움직임이 보이자 살로먼은 미국채 등 보유 자산을 투매하여 반환 자금을 확보해야 했다. 이러한 이유로 살로먼이 1,500억 달러에 이르는 자산을 투매하자 40억 달러의 주주 자본은 간단히 날아가 버렸고, 주주의 지분이 '0'이 되는 채무 초과 상태에 이르렀다.

찰스 멍거는 이와 같은 부정 사건에 몹시 화를 냈다. 무엇보다 그를 화나게 만든 것은 존 굿프렌드를 비롯한 살로먼의 최고 간부들이 모저의 부정을 알면서도 즉시 공개하지 않았다는 점이었다. 살로먼이 처음 준비한 언론 공개 자료에도 최고 간부가 부정을 알고 있었는지 여부를 밝히지 않았기 때문에, 멍거는 정직하게 모든 것을 언론에 밝히라고 독촉하기도 했다.

버핏은 자신이 투자한 기업의 경영에는 관여하지 않았지만, '악재'만은 가장 먼저 보고해야 한다고 요구한다. 경영자가 오너처럼 행동한다면 악재를 솔직하고 빠르게 알리는 것이야말로 매우 중요하면서 당연한 일이라고 생각하는 것이다. 버핏보다 상당히 엄격한 윤리관을 갖고 있던 멍거는 버핏이 살로먼을 되살리고자 경영에 참여하는 것조차 반대하기도 했다. 굿프렌드가 이 원칙을 지키지 않았기 때문이었다.

살로먼의 국채 부정입찰

버핏이 살로먼에 등장했을 때, 이미 굿프렌드는 경영에서 추방당한 몸이었고, 정식 퇴임도 시간 문제였다. 버핏은 살로먼에게 있어 최후의 보루堡壘이자 구세주였다. 살로먼의 대강당에서 버핏은 경영 간부들에게, "이제부터 위법 행위는 완전히 금지합니다."라고 잘라 말했다. '경영 파탄' 선언을 각오하고 있던 청중들은 일제히 박수로 대답했다.

그 다음 날인 토요일 아침, 버핏은 미드타운 지역에 있는 왁텔 립튼 사무실에 갔다. 왁텔 립튼은 살로먼의 고문법률사무소이다. 버핏은 살로먼의 최고 경영진 열다섯 명을 그곳에 불러들였다. 그러고 나서, "이제부터 한 사람씩 나와서 제 질문에 대답해 주십시오. 질문은 같습니다. '누가 이 회사의 경영을 맡을 것인가?' 자, 누구부터 대답해 주시겠습니까?"라고 말했다.

버핏은 애초부터 살로먼을 경영할 생각이 없었다. 그는 경영진의 대답을 다 들은 뒤 최고 경영진 중에서 투자은행 부문의 책임자인 데릭 모건을 비롯하여 세 명은 일요일에 회사로 나오라고 지시했다.

일요일에는 이사회가 열릴 예정이었다. 살로먼에서 '최고의 트레이더'로 불리던 존 메리웨더는 이미 버핏과 면담을 끝내고 사임하기로 결심했다. 후일 미국의 대규모 헤지펀드 LTCM을 설립한 그는 개인적으로는 국채 부정입찰 사건과 관련이 없지만, 굿프렌드와 밀접한 관계가 있었던 만큼 사건에서 무사할 수 없었다.

일요일 아침부터 살로먼은 매우 부산했다. 건물 주위에 많은 기자와 카메라맨들이 몰려들어 살로먼의 이사회 임원들은 그들을 헤집고 회사 안으로 들어가야만 했다. 임원들 중 여러 명은 '다음 최고경영자는 바로 나'라고 믿고 있었는지, 인터뷰를 의식하여 눈에 띄는 파란색 셔츠를 입고 있었다. 이런 혼란스런 상황에서 버핏은 모건에게 '내 밑에서 일하게 된다면 어떤 자리에 앉고 싶은가?'라고 물어 볼 정도로 사태 해결에 자신만만해했다.

간신히 이사회가 열릴 무렵 사태는 피할 수 없는 상태로 전개되고 있었다. 재무부는, "살로먼은 부정을 바로잡기 위한 적절한 조치가 마련되고 당국의 조사 결과가 나올 때까지 미국채 입찰에 직접 참가할 수 없다." 하는 성명을 발표했다. 사실상 살로먼으로부터 뉴욕 연방준비은행을 상대로 국채를 거래하는 공인 딜러의 자격을 박탈한 셈이었다. 이것은 살로먼에게 사형선고나 다름없었다. 정부가 "정부를 속이고 부당한 이익을 얻으려고 한 행위는 용서할 수 없다."라며 자신들의 입장을 발표하고, 언론에서도 "탐욕스런 살로먼의 실체가 드러났다."라고 보도하는 상황에서 어느 정도 예상된 결과였다.

이러한 전례는 1990년에도 있었다. 저가격의 회사채를 거래하는 정크본드 시장을 사실상 혼자서 일궈내어 드렉셀 버넘 램버트를 강력한 금융제국으로 만든 마이클 밀켄의 사건은 아직도 생생하다. 결국 드렉셀은 내부자 거래 등 부정행위를 한 혐의로 정부와 대립하여 경영 파탄에 직면했고, 밀켄은 금고형을 선고받았다.

살로먼 역시 경영 파탄을 각오하고 '파산법'에 정통한 변호사를 이사회로 불러들였다. 이미 이사회의 관심은 '다음 최고경영자가 누구인가'가 아니라 '어떻게 살로먼을 청산하는가'로 바뀌어 버렸다.

재무장관을 설복시키다

당연한 일이지만 일요일의 이사회는 예상 외로 길어졌다. 뉴욕 지역 밖에 사는 임원들은 전화로 연결되었다. 버핏은 이사회가 한창 진행 중일 때도, 미국 재무장관 니콜라스 브레이디, 뉴욕 연방은행 총재 제럴드 코리건, 증권거래위원회 위원장 리처드 브리든 등 정부 당국자들의 전화를 끊임없이 받고 있었다.

버핏은, "국채 입찰에서 제외되면 살로먼은 끝장이다."라고 브레이디에게 호소했다. 그것은 명백한 사실이었다. '정부의 신뢰를 얻고 있다'는 증거를 보이지 않으면 월요일에 시장이 열리자마자 자금을 융통하기가 어려워진다는 것은 너무나 자명한 사실이었던 것이다.

그날 저녁 무렵, 1주일 전만 해도 '월스트리트의 황제' 살로먼을 마음대로 주무르던 굿프렌드와 사장인 톰 스트라우스는 이사회에서 정식으로 해임되었다. 이번 부정 사건의 장본인인 폴 모저는 해고되었다. 한 간부는, "이사회는 없는 것이나 다름없다. 최고경영자도 없고 방향도 알 수 없다. 있는 것은 이제부터 대처해 나가야 할 시장뿐이다."라고 한숨지었다. 트레이딩 부문을 이끌고 있던 에릭 로젠펠트(나중에 메리웨더를 뒤따라 살로먼을 떠난다)나 로렌스 힐리브랜드는 긴급 사태에 대비하여 자금 대책을 세우느라 고심 중이었다.

이제 모든 것은 버핏이, '국채 입찰에서 배제한다'는 결정을 취소하도록 재무장관 브레이디를 설득하느냐에 달려 있었다. 버핏은 브레이디에게, 스스로 살로먼 회장 겸 최고경영자에 취임하여 살로먼의 대수술에 들어감과 동시에 증권거래위원회, 재무부, 연방준비제도이사회, 연방 법원 등 당국에 최대한 협조하기로 약속했다.

브레이디는 마음이 흔들렸다. 그는 젊은 시절부터 버핏을 알고 있었을 뿐만 아니라 버핏을 존경하고 있었다. 브레이디는 하버드 대학 비즈니스 스쿨에서 가업인 섬유회사 버크셔 파인 스피닝을 대상으로 졸업 논문을 쓴 것을 계기로 버크셔 해서웨이를 매수하여 재건한 버핏을 주목하고 있었던 것이다. 결국 브레이디는 몇 가지 조건을 전제로 살로먼을 국채 입찰에서 배제한다는 결정을 철회하여 버핏의 요청을 받아들였다.

이사회가 끝날 무렵, 살로먼의 최고 경영진 중 한 명인 데릭 모건은 사장인 톰 스트라우스의 전화를 받고 넓은 트레이딩 플로어trading floor가 있는 42층으로 향했다. 사임 압력에 지칠 대로 지친 스트라우스는 모건에게 버핏이 찾는다며 가보라고 지시했다. 모건이 엘리베이터 앞으로 가자 마침 문이 열리면서 버핏과 마주치게 되었다. 버핏은 이사회가 열리는 45층에서 내려오는 중이었다. 모건을 보자 버핏은, "자네에게 맡기겠네."라고 말했고, 모건은 버핏이 타고 있는 엘리베이터에 그대로 몸을 실었다.

모건은 이사회나 재무부에서 무슨 일이 일어났는지 전혀 모른 채 버핏과 함께 39층 대강당으로 들어갔다. 거기에는 수백 명에 이르는 각종 매체의 기자들이 기다리고 있었다. 카메라맨들의 플래시 세례에 모건은 눈이 부실 지경이었다.

세상의 주목을 받다

버핏은 언제나 그렇듯이 여유 있는 자세로 기자회견장에 올랐다. 국채 부정입찰 사건에 대한 자세한 정보는 아는 것이 없고, 살로먼의 일상적인 경영에는 관여한 적도 없는데 말이다.

그는 먼저 자신과 모건을 소개하고 결과를 간단히 설명했다.

"제가 임시로 살로먼의 회장이 되고 경영은 데릭 모건이 맡기로 했습니다. 살로먼은 내일 국채 입찰에 참가할 수 있습니다."

구체적으로는 버핏이 회장 겸 최고경영자, 모건은 증권 자회사 살로먼 브러더스의 최고운영책임자COO에 취임하게 되었다.

곧 기자들의 질문이 이어졌다.

"살로먼의 체질을 어떻게 생각하십니까?"

버핏이 대답했다.

"살로먼의 기업 문화가 부정 행위를 만들었다고 생각합니다. 특히 채권 거래에서는 철없는 대학생들과 다름없는 마초(부정적 의미의 '남자다움') 문화가 만연합니다. 수도원처럼 진중한 분위기였다면 이런 마초 문화가 생길 수 없었겠죠."

"살로먼 문화를 생생하게 묘사했다고 평가받는 『거짓말쟁이의 포커 게임*Liar's Poker*』을 읽어 보셨습니까?"

"예전에 읽어 보았습니다. 속편이 나오지 않길 바랍니다."

버핏은 짧은 농담까지 섞어가며 기자들의 질문에 능숙하게 답변했다. 그는 재무부에서 전화가 걸려오자 모건에게 자리를 넘겨 주고 기자 회견장을 떠났다.

영국 재무부 출신인 모건은 그해 봄, 도쿄에서 뉴욕으로 전근해 와 살로먼 투자은행 부문의 책임자로 취임했었다. 말수가 적고 조용조용한 그는 '마초 세계'와는 인연이 없었던지, 돌발적인 질문에 어리둥절해하면서 세 시간에 걸친 기자회견을 치렀다.

밤이 깊어감에 따라 모건은 점점 초조해졌다. 유능한 사원들이 경쟁 회사로 빠져나가기 전에 한시라도 빨리 새로운 경영팀을 만들어야만 했기 때문이었다.

"빨리 새로운 경영팀을 짜야 하지 않겠습니까?"

"그건 내가 할 일이 아닐세. 자네에게 맡긴다고 하지 않았나."

"지금 농담하실 때가 아닙니다. 뭔가 조언을 해주셔야지요."

"나는 살로먼을 경영할 생각이 없네. 투자은행의 최고경영자가 될 꿈은 태어나서 지금까지 한 번도 꾼 적이 없네. 나는 대주주로서 이 회사를 구해야 했기 때문에 자네를 선택했어. 자네가 맡고 싶지 않다면 다른 사람을 고를 수밖에."

"알겠습니다. 그러면 제가 하겠습니다."

"난 항상 뉴욕에 있을 수 없고, 경영에도 참여하지 않겠네. 필요할 때는 언제든 전화하게."

이후 버핏은 모건이 전화를 하면 마치 부모처럼 상담해 주었다. 모건이 새로운 법률 고문을 찾지 못해 곤란한 지경에 있을 때, "로스앤젤레스의 밥 데넘에게 전화해 보게."라고 조언해 준 사람도 버핏이었다.

17년 동안 버크셔 해서웨이의 법률 고문을 맡고 있던 데넘은 법률사무소 '멍거 톨스 앤 올슨'의 파트너였다. 이름에서 알 수 있듯이 이 법률사무소의 창업자는 멍거이다. 사무소가 로스앤젤레스에 있었기 때문에 뉴욕에 있는 살로먼의 고문역을 맡을 수 없었지만, 데넘은 버핏의 뜻을 존중하여 멍거와의 파트너 관계를 깨끗이 포기하고 살로먼에 참여했다.

살로먼이 가장 먼저 해야 할 일은 새로운 경영팀을 만들고 법률 고문을 임명하는 일이었다. 사법 문제가 복잡하게 얽혀 있는 사건이었던 만큼 법률 고문은 유능하고 신뢰할 수 있는 사람이어야 했는데, 그런 살로먼에 데넘이야말로 가장 적합한 인물이었다. 버핏은 이미 굿프렌드와 친분이 있는 왁텔 립튼과의 법률 고문 계약을 파기하기로 결정했다.

월요일, 버핏은 멍거와 함께 워싱턴으로 날아가서 국채 부정입찰 사건의 해명에 커다란 역할을 담당하고 있는 증권거래위원회 위원장 브리든을 방문하여, 문제 해결에 전적으로 협력할 것을 약속했다. 그는 밀켄이나 드렉셀 관계자들의 내부자 거래를 적발했을 때 엄격한 기준을 적용했던 브리든의 신뢰를 얻어냈다. 버핏과 멍거는 브리든에게, "살로먼에서 협력하지 않는 사람이 있으면 언제라도 저희들에게 전화해 주십시오."라고 말했다.

시골 도시 오마하에서 '월스트리트의 황제' 살로먼에 혜성처럼 나타나 재무장관을 설복시키고, 살로먼의 장래에 대한 기자단의 질문 공세에 농담까지 섞어가며 대응한 버핏. 막대한 부를 축적한 투자가로서 이미 유명인의 반열에 오른 그였지만, 이때만큼 세상의 주목을 한 몸에 받은 적이 없었다.

도산 위기에 빠진 GEICO

버핏과 살로먼이 처음 인연을 맺게 된 것은 그가 존 굿프렌드를 만난 1967년이었다. 당시 버핏은 도산 위기에 있던 GEICO의 주식을 대량으로 사들이고 있었다. GEICO는 버핏의 스승인 벤저민 그레이엄이 회장을 지냈던 회사이다. 한편 살로먼의 파트너이자 제2인자였던 굿프렌드는 GEICO의 새로운 최고경영자 존 번에게 자금 조달에 대해 상담해 주고 있었다.

GEICO는 자본을 늘리지 않으면 회사를 청산할 수밖에 없는 상태였기 때문에, 최고경영자인 존 번은 필사적이었다. 그는 살로먼에 오기 전, 이미 다른 투자은행에 우선주를 인수하도록 요청했으나 그때마다 문전박대를 당했다. 이미 400만 달러 이상을 투자하고 있던 버핏도 '그레이엄의 회사'를 어떻게 해서든 살려야 했다.

존 번의 열의에 마음을 움직인 굿프렌드는 살로먼의 보험 담당 경제 분석가에게 GEICO의 주식에 대해 보고서를 작성하도록 지시했다. 경제 분석가는, "사업이 복구되면 GEICO는 보험 계약자들과 투자가들에게 매력이 있는 회사."라고 보고했다.

굿프렌드는 버핏이 GEICO 주식을 사고 있다는 소식에 더욱 용기를 얻어 7,600만 달러의 우선주를 인수하기로 결정했다. GEICO의 우선주를 투자가들에게 판매하지 못하면 모든 손해를 살로먼이 떠안아야 하는 큰 도박이었다.

버핏이 GEICO의 발행 주식 중 25퍼센트를 구입하면서 GEICO의 우선주 발행은 순조롭게 끝났다. 이에 GEICO는 청산 위기에서 벗어났고 주가도 바닥을 쳤다. 이를 계기로 그동안 투자은행가들을 싫어하던 버핏도 굿프렌드와 좋은 관계를 맺고 필요에 따라 그의 상담역이 되어 주었다.

1987년의 「회장의 편지」에서 버핏은 이렇게 적고 있다.

멍거와 저는 존 굿프렌드를 좋아하며 존경하고 신뢰합니다. 우리가 굿프렌드를 알게 된 것은 1976년입니다. 그는 GEICO를 도산의 위기에서 구해 내는 데에 큰 몫을 했습니다.

이런 인연 때문에 버핏은 굿프렌드가 위기에 처했을 때, 그를 내버려 둘 수 없었던 것이다.

1987년, '기업 약탈자'로 알려진 로널드 펠먼은 자신이 소유하고 있는 화장품 회사 레브론을 통해 살로먼의 주식을 대량 취득하고 있었다. 살로먼이 펠먼에게 점령되면 '월스트리트의 황제'로 군림하던 굿프렌드는 추방될지도 모를 위기 상황이었다. 굿프렌드는 버핏에게 전화를 걸어 버크셔가 살로먼의 대주주가 되어 달라고 요청했다. 버핏은 그의 요청을 받아들여 주기로 약속했다.

펠먼이 등장한 것은 남아프리카의 광산회사 미네랄 앤 리소스Minerals and Resources가 대량 보유하던 살로먼 주식을 양도할 대상을 찾으면서부터였다. 1987년 봄, 미네랄 앤 리소스는 굿프렌드에게 보유주를 매각할 의향을 전달했으나 사태를 심각하게 보지 않은 굿프렌드는 이에 대비하기 위한 특별한 행동을 취하지 않았다. 당시는 '적대적 M&A'가 유행하던 시기였으나, 굿프렌드는 M&A를 취급하는 살로먼이 오히려 M&A의 대상이 될 수 있다고는 생각하지 못했던 것이다. 그러나 굿프렌드의 예상과 달리 펠먼이 미네랄 앤 리소스로부터 살로먼의 주식을 한 주당 38달러에 사겠다고 나서자 굿프렌드는 궁지에 몰렸다. 펠먼은 '정크본드의 제왕' 밀켄으로부터 자금을 원조받고 있었다.

살로먼의 최대주주가 되다

펠먼에 의한 살로먼 주식의 대량 취득 문제가 불거져 있던 1987년 9

월, 살로먼의 주식은 30달러 선에서 거래되고 있었다. 한때 60달러대까지 오른 적도 있었으나 채권 시세의 혼미 등으로 인해 수익률이 나빠져, 1986년 전반부터 크게 떨어졌다.

주가가 떨어지자 투자은행의 업무에 대해서 아무것도 모르는 미네랄 앤 리소스는 살로먼의 주식을 매각한 자금을 본업인 금속 사업에 조달하는 것이 좋겠다는 결론에 도달했다. 한 주당 38달러를 받을 수 있다면 총 7억 달러의 자금이 들어올 테니 그리 나쁘지 않은 거래로 보였던 것이다.

미네랄 앤 리소스에게 투자 자문을 해주던 펠릭스 로하틴(그로부터 10년 후에 주 프랑스 미국 대사가 됨)은 9월 말까지 펠먼이 제시한 것보다 더 높은 가격을 제시하는 투자가가 나타나지 않으면 펠먼에게 매도하라고 조언했다. 미네랄 앤 리소스가 보유하고 있는 살로먼 주식은 총발행주식의 10퍼센트 정도였다.

브루스 와서스타인이 펠먼 측에 붙어 있던 것도 굿프렌드를 더 초조하게 만들었다. 월스트리트의 은행가로 M&A 중개에 있어서 '최고'라고 알려진 와서스타인은, 당시 살로먼의 경쟁 회사인 퍼스트 보스턴에서 일하고 있었다. 따라서 관계자들 사이에는 살로먼을 매수한 뒤 와서스타인이 경영을 맡을 것이라는 소문이 파다했다.

버핏은 뉴욕에서 굿프렌드를 포함한 살로먼의 최고 경영진들과 만난 뒤, 일정한 전제 조건하에서 살로먼의 주식을 사겠다고 했다. 그는 일정 기간이 지나면 보통주로 전환할 수 있는 우선주라면 7억 달러의 자금을 공급할 용의가 있다고 조건을 제시하였다.

수입이 일정치 않은 트레이딩이 주업무인 살로먼의 보통주를 구입하는 것은 버핏의 투자 철학에 맞지 않았다. 시장 환경에 크게 좌우되는 투자은행 업무는 미래의 캐시플로를 예측하기가 거의 불가능했기 때문이었다. 이런 이유로 버핏은 보통주로 전환할 수 있는 우선주를 요구한 것이다. 우선주는 확정 이자가 보장되는 채권과 보통주의 성격을 합쳐 놓은 상품이다.

버핏은 배당 이익이 채권의 금리에 상당하는 연 9퍼센트, 보통주로의 전환 가격은 38달러를 제안했다. 아울러 버핏 자신과 멍거를 위해 살로먼의 이사회 임원 자리를 마련하라는 조건도 덧붙였다. 이것을 수락하면 살로먼은 7억 달러를 확보하여 미네랄 앤 리소스가 보유한 살로먼 주식을 취득할 수 있었다.

버핏이 제시한 조건은 버크셔 해서웨이에는 상당히 유리하고 살로먼에는 상당히 불리한 것이었다. 살로먼 보통주의 배당 이익은 2퍼센트였기 때문에 9퍼센트의 배당 이익은 너무 많은 게 분명했다. 버핏은 3년 후에 보통주로 전환할 때 주당 38달러를 제안했는데, 당시 주가가 30달러 수준인 점을 고려하면 프리미엄은 적은 편이었다.

살로먼은 선택의 여지가 없었다. 버핏은 분명히 살로먼에 있어 안정주주(주식 상호 보유자로서의 안정주주가 아님)가 되어 줄 테지만, 이에 비해 안정주주와는 거리가 먼 펠먼 밑으로 들어가면 살로먼의 장래가 불투명해지기 때문이었다.

굿프렌드는 이사회 임원들에게 버핏의 출자를 받아들이도록 제안했다. 아울러 그러지 않으면 자신과 사장 스트라우스는 사임하겠다고 덧붙였다. 살로먼의 내막을 생생하게 그린 『거짓말쟁이 포커게임』의 저자 마이클 루이스에 따르면, 굿프렌드는 "여러분을 협박하는 것이 아닙니다. 단지 사실을 말했을 뿐입니다."라고 말했다. 9월 28일, 살로먼의 이사회는 굿프렌드의 제안을 수락했다.

버크셔 해서웨이는 7억 달러를 투자하여 살로먼 주식의 12퍼센트를 소유하는 최대주주가 되었다. 당시 7억 달러의 투자는 버핏에게도 단일 투자 건으로선 최고액이었다. 그 뒤 펠먼은 굿프렌드에게 편지를 보내 전환 가격을 42달러로 제시하는 등 새로운 조건을 제안했지만 소용없는 일이었다.

월스트리트와의 냉랭한 동침

버핏은 월스트리트의 비즈니스 방식에 대해 비판적인 생각을 가지고 있었다. 특히 월스트리트의 심장부에 해당하는 투자은행들이 '적대적 M&A'를 통해 터무니없는 이익을 거두는 것은 참을 수 없었다.

그런 만큼 살로먼과의 거래를 지켜본 버핏 지지자들이 내는 실망의 목소리는 매우 컸다. 버핏의 충실한 지지자이며 버크셔 해서웨이의 주주이기도 한 저널리스트 캐롤 루미스는 『포춘』지에 실망의 목소리가 담긴 기사를 썼다.

버핏이 살로먼에 투자한 것은 아주 재미있는 일이다. 이제까지 탐욕스런 월스트리트를 비판하는 무리의 선봉장이었던 그가 앞으로는 월스트리트와 한 침대를 쓰게 되었다.

특히 살로먼은 월스트리트에서도 가장 강력하고, 가장 '월스트리트다운' 존재였다. 1910년에 설립된 살로먼은 1985년 『비즈니스 위크』의 표지 기사에서도 '월스트리트의 황제'로 치켜세워지던 회사였고, 굿프렌드는 실로 그 정점에 서 있었다. 당시 살로먼의 총자산은 메릴린치 상업은행의 두 배에 달했는데, 이는 미국 상업은행 가운데 다섯 번째 규모였다.

또한 살로먼은 뛰어난 인재들이 많은 회사였다. '최강의 트레이더'로 칭송받던 메리웨더 외에도 막대한 영향력을 갖고 있던 경제학자 헨리 카우프만, '주택저당증권MBS의 아버지'로 불리던 루이스 라니에리, 나중에 거대 금융정보제국 '블룸버그'를 혼자서 만들어낸 마이클 블룸버그와 같은 이들이 모두 살로먼에서 배출되었다.

굿프렌드가 시가를 물고 마초 분위기를 풍기면서 소란스러운 트레이딩 플로어trading floor를 유유히 걷는 모습은 『거짓말쟁이 포커게임』에 자세하게 그려져 있다.

특히 이 책의 주요 소재가 되는 '라이어 포커'에 관한 재미있는 일화 하나가 있다. 살로먼의 트레이딩 플로어에서는 종종 도박의 일종인 라이어 포커가 벌어졌는데, 1986년 초 어느 날, 굿프렌드는 트레이더들이 보는 가운데 트레이딩 부문의 책임자인 메리웨더의 책상 앞으로 가서 '라이어 포커'를 하자고 제안했다. '라이어 포커'는 각자 1달러 지폐를 꺼내 거기에 인쇄된 일련번호로 내기를 하는 것이다. 최고의 트레이더로 불리던 메리웨더는 살로먼에서 '라이어 포커의 왕자'라고도 불리고 있었다. '월스트리트의 황제'가 '라이어 포커의 왕자'에게 제시한 금액은 100만 달러였다.

메리웨더는 굿프렌드의 도전을 어떻게 받아들였을까? 루이스에 따르면 그는, "싫소, 제대로 합시다. 1천만 달러는 어떻소? 결과에 후회는 없는 거요."라고 말했다.

도전적인 굿프렌드도 이날만큼은 "자네 미쳤군." 하고 투덜대며 물러났다.

물론 살로먼 측은 이 일화를 지어낸 이야기라며 부정하고 있지만 루이스는 당사자들로부터 직접 들은 이야기라고 주장하고 있다. 사실 여부를 떠나 살로먼의 문화를 가장 잘 드러내는 일화로 볼 수 있다.

버핏은 살로먼의 주식을 취득한 뒤에 열린 버크셔 해서웨이의 연차 주주총회에서, "우리들이 투자은행계를 통렬하게 비판해 왔는데도 왜 살로먼에 7억 달러를 출자했는가에 대한 대답은 '보은'이라고 할 수 있습니다."라고 설명했다. GEICO를 구제할 때 굿프렌드의 '은혜'를 입었던 것을 잊지 않은 것이다. 버크셔 해서웨이의 주식을 보유하고 있는 기관투자가들 사이에는 '굿프렌드가 없었다면 버핏은 살로먼 주식을 쳐다보지도 않았을 것'이라는 견해가 지배적이었다.

그러나 버핏이 살로먼의 주식을 구입한 시기는 그야말로 '최악'이었다. 그 뒤 몇 주 동안 뉴욕 주식 시세는 급락했던 것이다. 10월 19일 월요일에는 다우존스 공업주 평균이 하루 만에 22퍼센트 이상이나 하락하는 등 소위 말하는 '블랙 먼데이'가 발생했다.

그 이후 살로먼의 주식은 16달러에 거래되었다. 거의 같은 시기에 살로먼은 800명의 인원 해고와 일부 사업의 폐쇄 등 리스트럭처링을 발표했고, 6,700만 달러에 이르는 특별손실이 발생했다고 밝혔다.

버핏은 우선주를 구입했기 때문에 직접적인 피해를 입지 않았지만 우선주를 유리한 조건으로 전환함으로써 발생하는 이익은 얻을 수 없게 되었다.

의회에 소환되다

멍거를 비롯한 친구들의 반대를 무릅쓰고 살로먼의 회장에 취임한 버핏은 살로먼의 경영이 재건될 때까지는 자신이 싫어하던 대형 투자 은행의 경영자로서 월스트리트에 몸을 담고 있어야 했다.

더구나 국채 부정입찰 사건은 대형 사건이었던 만큼 청문회에 출석하여 규제 당국과 의견을 절충하는 등 격무에 시달려야 했다. 버크셔 해서웨이의 투자 포트폴리오(주식 투자에서 위험은 줄이고 이익은 극대화시키기 위한 투자 전략)에서 본다면 7억 달러는 그다지 큰 금액이 아니지만, 버핏으로서는 사랑하는 오마하에서의 목가적인 생활과 결별해야만 하는 힘든 투자였다.

그해 9월, 미국 의회가 워싱턴에서 개최한 청문회에는 의회 관계자들 외에도 저널리스트, 로비스트, 방청객들이 대거 몰려들었다. 증인석에 앉은 버핏은 카메라 세례를 한 몸에 받았다. '무대 설정'으로 봐서는 내부자 거래 혐의로 의회에 소환된 '정크본드의 제왕' 밀켄, 대공황 시대에 의회에서 신랄한 공격을 받았던 금융왕 J.P. 모건과 같았다. 밀켄이나 모건 때와 마찬가지로 언론에서는 '탐욕', '방만'이라는 단어가 난무하고 있었다.

그러나 비슷한 것은 그것뿐이었다. 도전적이었던 밀켄이나 모건과는 달리 버핏은 살로먼의 잘못을 깨끗이 인정하고 법을 철저히 지키겠다고 약속했다. 청문회에서 그는 이렇게 설명했다.

"살로먼의 전직원들은 다음날 현지 신문의 1면에 자기 자신이 불명예스럽게 보도되어도 괜찮은지 자문해 보기를 바랍니다. 그 신문은 배우자, 자식, 친구들도 볼 것입니다. 이 시험에 합격하면, 다시 말해 앞으로 불명예스러운 일을 하지 않는다면 제 방침을 두려워할 필요가 없습니다. 저는 회사에 손실을 입힌 것은 용서하겠지만 불명예스러운 일에 대해서는 용서하지 않을 것입니다."

버핏의 이러한 대답을 들은, 이제까지 질문을 퍼붓던 의원들은 그에게 비판보다 찬사를 보내기 시작했다.

그렇게 된 데는 캐서린 그레이엄의 역할도 매우 컸다. 워싱턴 포스트의 사주로, 정계에 폭넓은 인맥을 갖고 있던 캐서린 그레이엄은 자사의 대주주인 버핏의 입장을 지지해 주었다. 그는 버핏을 존경하고 있었다.

언론이 버핏에게 주목한 만큼 버핏을 비판하는 목소리도 늘었다. 『월스트리트 저널』은 주식 시장 관계자의 말을 빌려 이렇게 지적했다.

> 버핏은 누구보다 시장 정보를 유리하게 손에 넣어서 시세를 조종하는 인물이다.

살로먼 내에서도 불만의 목소리가 흘러나왔다. 특히 고액의 보수를 당연하게 생각하는 트레이더들은 버핏이 중서부의 낡은(!) 도덕 기준을 월스트리트에 요구하는 데에 심한 불만을 표시했다. 따라서 인재들의 유출을 피할 수 없게 되었다.

일찍부터 '메인스트리트'(main street, 대중가)의 대변자인 버핏은 '월스트리트'(wall street, 금융가)와의 양립이 쉽지 않았다.

회장의 보수는 단지 1달러

1991년 10월이 되어서야 살로먼의 국채 부정입찰 사건과 관련된 일련의 문제들이 어느 정도 정리되고 당면한 위기 상황들이 진정되었다. 그제야 워런 버핏도 비로소 바쁜 생활에서 벗어날 수 있었다.

살로먼의 회장으로서 버핏의 면모가 가장 빛났던 것은 10월 29일자 『뉴욕 타임스』, 『월스트리트 저널』, 『워싱턴 포스트』, 『파이낸셜 타임스』 등에 게재한 전면 광고였다. 광고는 살로먼의 3사분기 결산 보고와 함께 회장이 살로먼의 주주들에게 보내는 편지로 구성되어 있었다. 가장 관심을 끌었던 것은 버핏이 자필로 쓴 편지였다. 편지에는 다음과 같은 내용이 들어 있었다.

저는 상당히 훌륭한 수익률에 대해 그에 상당하는 높은 보수를 지불하는 것에 찬성합니다. 그건 당연한 것이죠. 그러나 살로먼에는 비합리적인 일이 버젓이 통용되고 있었습니다. 한 예를 들겠습니다. 증권 자회사 살로먼 브러더스는 작년에 10퍼센트의 자기자본이익률을 달성했지만 이것은 미국 기업의 평균을 크게 밑도는 수익률이었습니다. 그런데도 살로먼에 소속된 직원 106명은 100만 달러 이상을 벌었습니다. 작년에 보수를 지불하기 전의 영업이익이 전년도와 비슷한데도 보수는 1억 2천만 달러 이상이나 늘었습니다. 이것은 곧 주주가 취해야 할 이익이 그만큼 줄어들었다는 것을 의미합니다. 살로먼은 주주가 출자한 자본으로 업무를 수행하는 공개 기업이며 훌륭한 수익률로 생긴 초과 이익은 당연히 주주에게 돌려 주어야 합니다. 이런 생각을 적용시키기 위해 저는 살로먼의 직원들에게 지급해야 할 보너스를 될 수 있는 한 현금이 아니라 주식으로 지불하려고 합니다.

살로먼은 광고비로 60만 달러라는 적지 않은 금액을 지불해야 했지만 효과는 곧바로 나타났다. 이날 살로먼의 주가가 8퍼센트나 올라간 것이다. 또 국채 부정입찰 사건 직후 살로먼과 거래를 정지하고 있던 11개의 법인 고객 중 4개 법인이 거래를 재개할 것을 발표했다.

버핏은 매달 한 주 정도는 살로먼 본사로 출근해 굿프렌드가 사용하던 사무실에서 일했다. 고급 책상은 버핏에게 불편하기만 했고 허드슨 강과 이스트 강이 펼쳐진 아름다운 광경도 그에게는 아무런 의미가 없었다.

그 밖의 일상적인 경영은 모두 모건에게 맡겼다. '어떤 채권을 사야 할 것인가'와 같은 트레이딩 문제나, '어떤 인물을 고용할 것인가' 하는 인사 문제에도 일절 관여하지 않았다. 그는 규제 당국과 연락을 취하는 등 대외적으로 살로먼의 신뢰를 회복하는 데에만 전념했다.

1992년 5월에 모건이 살로먼 브러더스의 회장 겸 최고경영자로 선출되고 다음 달에 모회사 살로먼의 회장 겸 최고경영자로 법률 고문이던 밥 데넘이 취임하자, 버핏은 살로먼 경영의 제1선에서 물러났다.

버핏이 살로먼의 회장 겸 최고경영자로서 받은 보수는 1달러뿐이었다. 이 점은 경영자로서가 아니라 어디까지나 주주의 입장에서, 그리고 이사로서의 책임을 다하기 위해 살로먼의 임시 최고경영자가 됐다는 사실을 보여 주고 있다. 버핏은 1992년의 「회장의 편지」에서 살로먼의 회장으로 있던 날들에 대해, "흥미있고 보람도 있었습니다만 즐거운 기분과는 전혀 다른 환경에 있었습니다."라고 언급했다.

살로먼이 저지른 큰 실수는 국채 부정입찰 사건만이 아니었다. '경영자는 오너에게 사실 그대로 솔직하게 보고해야 한다'는 버핏의 원칙을 짓밟았던 것이다. 이 사건 이후 굿프렌드는 여전히 버핏의 친구로 남아있기는 했지만 경영자로서는 신뢰를 잃었다.

≪ 7 ≫
시티그룹 탄생의 그늘에서

빈약한 기업 지배 구조라 해도 제대로 업무를 수행할
최고경영자만 있다면 놀랄 만한 성과를 낳을 수 있
다.

대형 M&A의 시작

1997년 8월 중순, 종합 금융 서비스 회사 트래블러스 그룹의 회장 겸
최고경영자인 샌퍼드 웨일은 오마하의 워런 버핏에게 전화를 걸었다.
버핏과 오래 전부터 알고 지내던 그는 항상 그랬던 것처럼 싹싹하게,
"워런, 잘 있었나? 미안하지만 갑자기 상담하고 싶은 일이 생겼네."라고
말을 꺼냈다.

웨일은 M&A 전문 전략가로, 1988년에 대형 증권회사 스미스 바니
를 산하에 둔 프라이메리카, 1993년에는 130년의 역사를 갖고 있는 명
문 보험회사 트래블러스를 매수하는 등 뛰어난 능력을 발휘하고 있었
다. 그때까지 많은 M&A를 실현해 온 그는 버핏에게 두 개의 대형 안건
에 참여할 것을 권유했었는데, 그 중 한 안건은 최종 단계까지 이야기
를 끝낸 상태였다.

웨일은 곧바로 본론에 들어갔다.

"지금 대형 매수를 생각하고 있다네. 살로먼 브러더스 말이야. 자네 생각을 듣고 싶네."

버핏은 마치 알고 있었다는 듯 대답했다.

"시기가 정말 적절하군. 잘 되기를 빌겠네."

그 말은 진심이었다. 버핏이 모회사 살로먼의 최고경영자 자리에서 물러난 지 5년이 지난 시점에서, 버핏의 살로먼 투자는 실패한 투자라고 인정할 수밖에 없었다. 그런 때에 살로먼 주식을 조금이나마 프리미엄을 붙여서 팔 수 있는 전망이 보인 것이다.

당시 뉴욕 주식 시장은 급상승 중이었고, 다우 평균은 7월에 8천 포인트를 돌파하고 있었다. 월스트리트는 공전의 활황으로 들끓었고, 살로먼 브러더스를 포함한 대형 은행이나 증권회사는 그때까지의 최고 이익을 갱신 중이었다. 웨일의 트래블러스도 다우 평균 종목에 포함되어 다우 평균을 끌어올리는 데에 일조하고 있었다.

웨일은 버핏에게 전화하기 전에, 살로먼 브러더스의 회장 겸 최고경영자인 데릭 모건과 극비리에 저녁식사를 했었다. 그 자리에서 두 사람은 트래블러스의 살로먼 매수 가능성에 대해 의견을 나누었다.

그들이 만난 곳은 뉴욕에 있는 고급 레스토랑인 포시즌스였다. 중앙에 작은 수영장이 있는 멋진 레스토랑이었다. 풍채가 좋은 64세의 웨일은 굴과 오리 요리를 먹으며, 신사답고 조용한 모건과 자신의 꿈에 대해 솔직하게 이야기를 나눴다.

"웨일 씨, 업계 재편이 믿을 수 없을 정도로 빨리 진행될 것 같습니다. 올해 초에 있었던 모건 스탠리와 딘 위터 디스커버의 합병이 기폭

제가 되지 않겠습니까? 트래블러스의 장래를 어떻게 생각하시는지 알고 싶습니다."

"급성장하고 있지만 지금 이 상태가 좋다고는 생각하지 않습니다. 예를 들면 세계적인 업무 전개력은 경쟁사에 밀리고 있으니 말입니다."

이 만남은 모건이 먼저 요청했다. 모건은 웨일과 만나기 전에 이미 살로먼 주식의 19퍼센트를 보유하고 있는 버핏과 살로먼의 미래에 대해 충분히 논의했었다. 버핏은, "대형 M&A를 결단하지 않으면 살로먼은 업계 재편에서 낙오될 것"이라는 모건의 생각에 동의했다. 이로써 모건은 살로먼을 매수할 회사를 선택할 권리도 갖게 되었다.

모건은 카네기 홀(미국 뉴욕 시에 위치한 연주회장)의 이사회 임원을 함께 지내면서 웨일의 인격이나 경영 철학을 잘 알고 있었고, 그의 수완을 높이 평가하고 있었다.

이야기가 무르익을 즈음, 모건이 웨일에게 물었다.

"살로먼과 트래블러스의 합병을 어떻게 생각하십니까?"

"신중하게 생각해 보아야겠지만, 재미있을 것 같군요."

웨일은 분명하게 대답하지 않았지만 머릿속으로는, '대폭적인 상승이 지속되어 온 트래블러스의 주식을 매수 통화로 사용해도 된다. 살로먼의 국제적인 네트워크를 좀 비싸게 사더라도 채산성이 맞는다.'라고 생각하고 있었다.

투자가로서 낮은 점수를 줄 수밖에 없다

포시즌스에서 웨일과 모건이 저녁식사를 한 다음 날, 웨일은 모건에게 전화했다.

"모건 씨, 좀더 이야기를 해 봅시다."

"알겠습니다. 금방 가겠습니다. 이번에는 가격까지 진지하게 논의하도록 하죠."

웨일이 적극적으로 나오자, 트래블러스의 살로먼 매수는 오로지 '가격'에 달려 있는 상황이 되었다. 살로먼 측과 트래블러스 측이 매수 가격에서 큰 차이를 보인다면 교섭은 더 이상 진행할 필요가 없었다. 가격 결정의 열쇠를 쥐고 있는 것은 버핏과 웨일, 두 사람이었다.

모건은 버핏과 모회사 살로먼의 회장 겸 최고경영자 밥 데넘에게 연락하여 웨일의 의향을 알려 주었다. 버핏은 이렇게 대답했다.

"웨일 씨가 진지하게 생각한다면 나 역시 진지하게 생각해 보겠네. 매각 대상은 트래블러스로 좁히고 다른 회사와 저울질하지는 말게. 가격이야 협상하면 되고, 맞지 않으면 그때 다른 회사를 찾아도 늦지 않으니까."

거의 같은 시간에 웨일도 버핏에게 전화했다. 그는 매수 가격에 큰 차이가 없는지 알아보려고 했다.

교섭은 순조롭게 진행되어 트래블러스의 최고 수뇌들이 한자리에 모여 살로먼 매수에 대해 구체적으로 논의했다. 모건은 짧은 시간을 이용하여 오마하로 가서 버핏과 점심식사를 했다.

"워런, 이대로 교섭을 진행해도 되겠습니까? 두 마리의 코끼리(버핏과 웨일)가 서로 싸우는 사태는 무슨 일이 있어도 피하고 싶습니다."

"우리도 신중하게 생각하고 있으니 그런 염려는 하지 마십시오. 당신을 전적으로 믿고 있으니 계속 진행해 주길 바랍니다."

버핏은 모건에게 살로먼의 가치에 대한 자신의 생각을 자세히 설명해 주었다. 투자은행가나 변호사, 컨설턴트 등 전문가들을 이용하지 않는 버핏의 앞에는 두 회사의 재무 내용을 기록한 두꺼운 서류도 없었다. 그래도 그는 정확한 수치를 제시하면서 M&A라는 복잡한 거래를 막힘없이 설명했다. 그때 모건은 버핏의 능력에 다시 한번 감탄할 수밖에 없었다.

9월 24일, 트래블러스과 살로먼은 주식 교환 방식에 합의하고, 그날 바로 이 소식을 공식적으로 발표했다. 총 90억 달러에 이르는 이 거래는 7개월 전 있었던 모건 스탠리와 딘 위터 디스커버의 합병(100억 달러)에 버금가는 대형 M&A였다. 그해 6월 말, 살로먼의 순자산(주주 자본에 상당)은 약 46억 달러였다. 트래블러스가 순자산의 두 배에 달하는 금액을 지불하기로 했기 때문에 시장에서는, "살로먼의 수익력을 생각한다면 트래블러스는 너무나 비싼 대가를 지불하는 것이다." 하는 지적도 나왔다.

하지만 웨일은 높은 가격을 주저하지 않고 받아들였다. 신생 트래블러스가 종합 증권회사 살로먼 스미스 바니를 거느리게 되면 모건 스탠리-딘 위터, 메릴린치, 골드먼 삭스 등 월스트리트의 쟁쟁한 은행들과 어깨를 나란히 할 수 있을 뿐 아니라, 대형 투자 신탁인 피델리티 인베스트먼트나 대형 신용카드회사 아메리칸 익스프레스까지 위협할 수 있는 강력한 금융기관으로 거듭 태어날 수 있다고 판단했기 때문이다.

주식 교환으로 트래블러스 주식의 3퍼센트를 소유하여 대주주로 부상한 버핏도 즉시 성명聲明을 발표했다. 그 성명에서 버핏은 웨일의 수완을 높이 평가했다.

"과거 몇 십 년 동안 웨일은 금융 서비스 업계에서 탁월한 기업 매수로 막대한 주주 가치를 창조한 천재입니다. 살로먼 매수도 예외가 아니라고 믿습니다."

실제로 이 건은 버핏에게 좋은 조건이었다. 그가 보유하고 있던 살로먼 주식 한 주가 트래블러스의 주식 1.13주로 거듭났다. 트래블러스 주식은 매수 발표 후 69.43달러로 거래되었으니 1.13주로 계산하면 78달러 정도가 된다. 이것은 살로먼의 우선주를 보통주로 전환했을 때의 가격인 38달러의 2배가 넘는 금액이다.

버핏은 2년 전인 1995년, 버크셔 해서웨이 연차보고서의 「회장의 편지」에서 살로먼 주식 매수에 대해 정직하게 언급했었다.

"이제까지 살로먼 우선주의 보통주 전환권은 버크셔 해서웨이의 수익에 별 도움이 안 되었습니다. 제가 살로먼의 우선주를 구입했을 때보다 다우 평균은 2배가 되었고 보통주도 전체적으로 같은 수준만큼 올랐습니다. 제가 살로먼 우선주의 전환권에 가치가 있다고 여기고 구입한 것은, 투자가로서 낮은 점수를 받을 수밖에 없는 판단 착오였습니다."

당시 살로먼 주식은 30달러대 후반에서 움직이고 있어서, 38달러의 보통주로 전환해도 그다지 많은 이익을 얻을 수 없었다. 1987년과 비교해도 크게 오르지 않았기 때문에 연 9퍼센트의 배당을 받아도 버핏에게는 충분한 이득이 아니었다.

버핏은 1997년도의 「회장의 편지」에 살로먼으로의 투자에 대해 이렇게 썼다.

우리들의 투자 가운데 낮은 점수에 속하는 살로먼이 크게 부상했습니다. 트래블러스 그룹에 흡수됨으로써 오랫동안 고생해 온 살로먼의 주주들은 드디어 보상을 받게 되었습니다. 아직 최종 집계는 안 나왔지만 제가 2년 전에 예상했던 것보다 훨씬 좋은 성과가 나올 것입니다.

그러고 나서 비꼬는 투로 한마디 덧붙이는 것을 잊지 않았다.

살로먼 투자를 돌이켜보면 제 자신에게는 매혹적인 경험이었습니다. 그러나 1991년에서 1992년까지 잠시 동안은, "불행한 좌석에 앉아 있지만 않았더라면 이 연극을 즐길 수도 있었을 텐데……. 어찌됐든 그 자리는 무대 바로 앞에 있었으니 말이다."라고 쓴 드라마 비평가와 같은 기분이었습니다.

이것은 '재미있는 연극이기 때문에 무대 바로 앞 좌석에 앉아 있는 것은 최악의 기분'이라는 뜻으로, 다시 말해 '살로먼의 임시 회장 시절은 전혀 재미가 없었다'는 의미이다.

평범한 이익

살로먼에 비교적 높은 가격이 붙었다고는 하지만 버핏의 기준에서 보면 살로먼은 여전히 평범한 이익(리턴)밖에 만들지 못했다. 그것은 보유하고 있는 다른 종목과 비교해 보면 쉽게 알 수 있다. 버핏은 살로먼 주식을 구입한 후 1년 뒤에 코카콜라 주식을 대량으로 취득했는데, 코카콜라의 주식은 1997년 말까지 초기 투자액보다 대략 10배에 상당하는 130억 달러로 불어났다. 따라서 살로먼의 주가가 2배로 올랐다고 해도 별것 아니라고 할 수밖에 없다.

좀더 자세히 분석해 보자.

1987년, 버핏이 처음 살로먼에 투자한 7억 달러는 주식과 채권의 성격을 띤 전환권부 우선주를 구입한 것이다. 버크셔 해서웨이를 통해 구입한 살로먼 우선주는 총 70만 주로 액면 금액은 각각 1천 달러였다. 우선주를 구입한 날로부터 3년 뒤에는 전환권을 행사하여 보통주를 취득할 권리가 생기는데, 권리를 행사하지 않으면 그해부터 5년 동안 5분의 1씩 상환된다. 전환권을 행사하지 않으면 확정 이자가 정해져 있는 채권을 갖고 있는 것과 마찬가지가 된다.

우선 상환 첫해인 1995년에 버핏은 우선주 5분의 1을 상환하여 현금화했다. 주가가 40달러 전후였던 1996년에는 남은 주식 중에 5분의 1을 보통주로 전환하여 1주당 38달러의 가격으로 386만 주를 취득하였다. 한편 1993년에서 1994년에 걸쳐 버핏은 시장에서 평균가격 48.91달러로 살로먼의 보통주를 총 660만 주 구입했다.

이와 같은 버핏의 움직임으로 보아, 그가 우선주를 현금화할 것인지 보통주로 전환할 것인지에 대해 갈피를 잡지 못했다는 것을 알 수 있다. 버핏은 살로먼의 장래성에 대해 제대로 예상하지 못하고 있었던 것이다.

정리해 보면 우선주를 구입했던 초기 투자액 7억 달러 중 우선주로 남아 있는 4억 2천만 달러는 복리로 연 16.5퍼센트의 이익을 만들어 S&P500종목 주가지수의 14.8퍼센트를 약간 넘어섰다. 전환권을 행사하거나 시장에서 구입한 보통주는 평균 구입 가격이 45달러였기 때문에 트래블러스의 살로먼 매수를 발표한 뒤의 가격인 78달러대와 비교하면 잠재적으로 가격이 74퍼센트 이상 상승한 셈이다. 따라서 지난 10년간 10억 달러 정도를 투자한 버핏이 가지고 있던 살로먼 보통주는 트래블러스의 매수로 인해 약 17억 달러로 시가가 뛰어올랐다.

거액의 이득을 얻었다고는 하지만 9년 동안 10배가 오른 코카콜라 주식과는 비교할 수 없을 정도로 낮은 수준이다.

1996년에 버핏은 버크셔 해서웨이를 통해 살로먼 주식으로의 전환권을 가질 수 있는 특수한 채권을 발행하여 살로먼 주식을 줄이려고 한 적도 있었다. 구체적으로는 4억 4,700만 달러에 이르는 액면가 1천 달러의 5년 만기 할인채를 발행하여 각각 17주 이상의 살로먼 주로 전환할 권리를 붙였다. 보유하고 있던 살로먼 주식은 버크셔 해서웨이가 보유하고 있는 것이었고, 전환 가격은 56달러대였다. 전환권이 진행될수록 버크셔 해서웨이가 보유한 살로먼 주식이 줄어드는 것이다.

트래블러스의 살로먼 매수가 발표되자 살로먼 주식은 70달러대까지 상승하여 전환 가능성이 높아졌다. 버핏은 버크셔의 할인채를 발행하고 난 뒤에 할인채가 전환될 가능성이 높다고 예상했다. 만약 할인채가 전부 전환되면 800만 주에 이르는 살로먼 주식은 버크셔 해서웨이에서 버크셔의 할인채를 구입한 자에게 이전된다. 이것은 미전환분까지 포함한 살로먼 주식(매수 후에는 트래블러스 주식) 중 대략 3분의 1에 상당하는 것이었다.

세계 최고의 금융기관을 만든다

버핏이 '천재'라고 평한 샌퍼드 웨일은 업계에서 입지전적인 인물로 통한다. 그는 실패를 오히려 새로운 에너지로 바꾸면서 성공을 일구어 온 '풍운아'로 알려져 있다.

트래블러스의 모체가 된 커머셜 크레디트는, 본사가 월스트리트에서 멀리 떨어진 메릴랜드 주 볼티모어의 시골에 있는 중견 소비자 금융회사이다. 커머셜 크레디트는 웨일이 최고경영자가 되기 직전인 1980년대 초반에는 경영 위기에 처해 있었다. 그러나 웨일이 경영을 맡은 후, 1988년에는 프라이메리카, 1993년에는 트래블러스 등과 과감한 M&A를 실현하면서 회사명을 트래블러스로 바꾸고, 1997년 봄에는 미국을 대표하는 30개 회사로 구성되는 다우존스 주가평균에 채용되었다. 그런 트래블러스를 이끈 웨일에게 살로먼 매수는 '세계 최고의 금융기관을 만든다'는 대구상의 일환이었다.

언제나 웃는 얼굴로 끊임없이 농담을 해대는 그는 처음 만나는 상대에게도 가볍게 어깨에 손을 올리는 친밀한 성격을 가지고 있다. 그런 그를 보고 '브루클린(뉴욕의 중류층이 사는 지역) 출신의 싹싹한 아저씨'라는 이미지를 그릴 수는 있어도, 날고뛰는 은행가들이 활보하는 월스트리트의 정점에 서서 언론이 "월스트리트를 '웨일'스트리트로 바꾸었다."라고 말할 정도의 인물이라고 상상하기는 어렵다.

폴란드 계의 중류층 가정에서 태어난 웨일은 1955년 중견 증권회사의 사환으로 일하면서 월스트리트에 첫발을 내딛었다. 그가 27세가 되던 1960년, 그때까지 열심히 절약하여 모은 돈을 전부 출자하여 친구 셋과 함께 증권회사를 창업했다. 파트너가 바뀔 때마다 이름을 바꾸어 '상추가 곁들여 나오는 콘비프'라는 별명으로 불릴 정도의 이 증권회사는, 그 당시 월스트리트에서 많이 만들어지던 '온실 속의 특권 그룹'

과는 많은 점이 달랐다. 그 중에서도 특히, 미국 경제를 이끌어갈 수많은 인재들이 이 회사를 거쳐갔다는 특징이 있다. 후일 미국 증권거래위원회의 위원장이 된 아서 레빗, 나스닥을 관할하는 전 미국 증권협회 NASD 회장 프랭크 자브, 뉴욕『옵저버』지의 발행인 아서 카터, 브로드웨이의 저명한 프로듀서 로저 벌린 등 쟁쟁한 인물들이 당시의 파트너들이었다.

유능한 파트너들과 함께 작은 물고기가 고래를 집어삼키듯 적극적인 기업 매수를 진행시킨 '콘비프'는 1970년대가 끝나 갈 무렵 미국 제2의 증권회사 시어슨 로브 로즈로 변모했다. 1960년대부터 1970년대에 걸쳐 미국에서 있었던 15건 가량의 대형 M&A가 웨일에 의해 이뤄졌다고 한다. 버핏이 보통주 매수로 부를 축적하고 있을 때 웨일은 기업 매수로 재산을 불리고 있었다.

1981년, 웨일에게 첫 번째 기회가 찾아왔다. 시어슨 로브 로즈를 아메리칸 익스프레스에 10억 달러에 매각하면서 웨일은 아메리칸 익스프레스의 사장이 된 것이다. 그러나 막대한 자금을 투자하여 총발행주식의 5퍼센트를 가지고 있는 워런 버핏이 주주로 있는 아메리칸 익스프레스는, 당시 제임스 로빈슨이 회장 겸 최고경영자로 군림하고 있었고, 웨일은 사장이라고는 하지만 2인자에 지나지 않았다. 웨일은 '콘비프'를 창업한 이래 계속 '최고의 자리'에만 있었기 때문인지 관료적인 로빈슨과 많은 부분에서 대립했다. 아메리칸 익스프레스에서는 최고경영자가 될 수 없다고 판단한 웨일은 1985년에 퇴사하여 실업자가 되었다.

1년 이상 실업자로 지내던 웨일이 고생 끝에 찾아낸 자리가 커머셜 크레디트의 최고경영자였다. 그는 당시를 이렇게 회상했다.

"댄스 파트너를 구할 때 가장 아름다운 여성을 바라지만, 보통 그런 여성은 나를 상대해 주지 않습니다. 일단 나와 춤을 춰 줄 여성과 춤출 수밖에 없습니다. 그 여성이 바로 커머셜 크레디트였습니다."

웨일은 커머셜 크레디트에서 '냉철한 경비 삭감자'라는 별명을 얻게 되었다. 그는 이른 아침부터 밤늦게까지 커머셜 크레디트의 본사가 있던 볼티모어와 뉴욕을 오가며 사업을 재건하기 위해 정신없이 뛰어다녔다. 어찌됐든 커머셜 크레디트는 웨일이 '세계 최고의 금융기관'을 실현하기 위한 마지막 수단이었던 것이다.

그렇게 하여 되살린 커머셜 크레디트를 통해 웨일은 프라이메리카와 트래블러스를 매수한 후 회사 이름을 트래블러스로 바꾸고, 자신이 창업한 시어슨 로브 로즈를 아메리칸 익스프레스로부터 되사들여 원점으로 돌아갈 수 있었다. 그 후 트래블러스는 J.P. 모건, 아메리칸 익스프레스와 함께 다우존스 평균지수를 구성하는 3대 유력 금융기관으로 선정되었다.

살로먼을 포함하여 다수의 M&A를 추진하면서, 웨일은 여러 차례 버핏에게 협력을 요청했고, 둘은 서로의 관계를 돈독히 유지했다. 살로먼을 매수한 직후 웨일은 한 인터뷰에서 버핏에 대해 이렇게 말했다.

"워런 버핏은 매우 현명한 사람입니다. 그는 누구보다 사물을 빨리 이해하고 빨리 결단을 내리죠. 버핏이라면 트래블러스가 하는 일을 지지해 줄 것이라고 생각합니다."

인터뷰를 하면서 웨일은 '세계 최고의 금융기관'을 구축하기까지는 아직 갈 길이 멀다는 것을 인정했다. 살로먼의 해외 네트워크를 손에 넣었지만 '글로벌 뱅크'로서 앞서가고 있는 시티코프나 메릴린치를 따라잡기에는 아직도 역부족이라고 생각했다. 이러한 인식에서 그는 버핏의 '지지'를 기대한다고 표명했다. 그러나 버핏의 본심을 완전히 읽지는 못한 모양이었다.

금융업계에 불어닥친 폭풍

1998년 3월, 웨일은 뉴욕은행가협회 회의에서 자신만만한 목소리로 연설을 했다. 살로먼 매수의 열기가 아직 식지 않았기 때문에 청중도 그의 발언에 주목하고 있었다. 그는, "세계적인 M&A 전문가가 되려면 규모가 커야 한다."라고 말하면서, "머지않아 한 건당 1천억 달러가 넘는 M&A 시대가 도래할 것이다."라고 열변을 토했다.

하지만 청중들 사이에서는, "적어도 몇 년 후의 일이겠지." 하는 소리가 흘러나왔다. 그때까지 사상 최대의 M&A는 1997년 말에 이루어진 370억 달러 규모의 통신회사 월드컴에 의한 MCI 커뮤니케이션스의 매수였다. 또 금융계에만 한정지어 본다면 170억 달러 규모의 퍼스트 유니언에 의한 코어스테이츠 파이낸셜 매수였다. 금융 관계자들 대부분은 1천억 달러 매수는 말도 안 되는 소리라고 여겼다.

바로 그때 웨일은 미국 제2의 상업은행인 시티은행의 모회사 시티코프의 회장 겸 최고경영자 존 리드와 합병 교섭을 한창 진행하고 있었다. 결국 그해 4월에 두 회사는 정식으로 합병을 발표하고 규모가 700억 달러에 이른다는 사실을 밝혔다.

합병으로 탄생한 새로운 시티그룹 주식의 시가 총액은 1,400억 달러, 총자산은 7천억 달러였다. 경영 규모 면에서는 단연 최대의 '슈퍼' 금융기관일 뿐만 아니라 세계 최대의 복합기업인 GE에 필적하는 기업이 탄생한 것이다. 트래블러스와 시티코프의 합계 순이익은 1997년에 75억 달러에 달하여 GE의 82억 달러에 육박했다.

트래블러스와 시티코프의 합병은 1997년 2월 25일 워싱턴에서 시작되었다. 워싱턴에서 열리는 '비즈니스 카운실'(business council, 기업 경영자 회의)에 웨일과 리드가 참가하게 된 것이 계기가 되었다. 웨일은 회의 중간에 리드에게 전화를 걸었다. 그는 자신의 의도는 밝히지 않은 채 리드가 묵고 있는 호텔방에서 만나기로 약속했다.

처음에는 시큰둥해하던 리드도 웨일의 이야기를 듣는 동안 점점 흥미를 갖게 되었고, 결국 합병 교섭에 들어가기로 합의했다. 1984년 45세의 젊은 나이로 미국 최대 규모 은행의 최고경영자에 오른 리드는 이지적이고 전략적인 경영자라는 평을 듣는 은행가였다. 그런 그가 동물적이고 야심적인 웨일과 손을 잡으려고 하는 것이다.

그것은 그다지 나쁘지 않은 일이었다. 트래블러스가 증권 부문의 살로먼 스미스 바니, 보험 부문 프라이메리카, 소비자 금융 부문 커머셜 크레디트 등 다양한 금융 서비스 사업을 한다고는 하지만, 시티코프와 업무가 중복되는 것은 거의 없었다. 내수 시장을 겨냥하고 있는 트래블러스에 반해 시티코프는 전세계 100여 개의 나라에 진출하고 있는 국제적인 금융업체였다. 그리고 시티코프의 취약 부문인 투자은행과 자산운용 업무는 살로먼 스미스 바니가 더 앞서 있었다.

웨일과 리드가 교섭을 진행 중일 때, 모건은 뒤에서 버핏과 접촉하는 임무를 맡았다. 트래블러스와 시티코프의 경영진 중에서 버핏과 가장 가까운 모건이 대주주 버핏의 의향을 알아보기 위해 나섰던 것이다.

버핏이 가만히 있으면 합병과 동시에 그가 보유하고 있던 트래블러스 주식은 자동적으로 시티코프의 주식으로 전환된다. 버핏이 시티그룹의 대주주가 되는 것이다.

"워런, 합병 뒤에도 시티그룹의 주식을 계속 갖고 계실 생각입니까?"

"글쎄, 갖고 있을 수 있다면 계속 갖고 있고 싶지만, 지금 단계로서는 잘 모르겠네."

그때 버핏은 시티그룹의 주식을 보유하는 것뿐만 아니라 이사회에 참가하겠다는 의향도 내비치지 않았다. 트래블러스와 시티코프의 합병을 반대하지도 않았고, 그렇다고 적극적으로 관여할 의사도 보이지 않았다. 버핏의 성격을 잘 알고 있는 모건은 그쯤에서 이야기를 거두었다.

웨일과 리드가 주도하는 합병은 착착 진행되어 3월 하순에는 기본적인 사항을 합의하는 단계까지 이르렀다. 4월 6일, 합병을 정식으로 발표하기 전에 웨일과 리드는 당시 미국 대통령인 빌 클린턴과, 로버트 루빈 재무장관, 앨런 그린스펀 연방준비제도이사회 의장 등 워싱턴의 요인들에게 차례로 전화했다. 시티그룹의 탄생은 1956년에 제정된 은행지주회사법에 반하는 것이므로 사전에 연락을 취할 필요가 있었던 것이다.

많은 사람들이 트래블러스와 시티코프의 합병에 대해, "하룻밤 새에 경쟁 조건이 변했다. 지금은 세계의 유력 금융기관이 매수 대상에 오르는 것이 조금도 이상하지 않다." 하고 해설했다. 시티코프 측은 이번 합병을 통해 자본력, 고객 만족, 업무의 다양성 등 어떤 지표에서도 다른 금융기관이 따라올 수 없는 금융 복합기업이 될 것이라고 예상했다.

트래블러스와 시티코프의 합병의 영향 중 한 가지 분명한 것은, 금융계가 어디에선가 순식간에 나타나서 성큼성큼 뛰어가는 거인을 쫓아가기 위해 경쟁을 벌임으로써 업계 재편이 가속화되리라는 것이었다. 아니나 다를까, 두 회사가 합병을 발표한 지 1주일 뒤에는 유력 은행 뱅카메리카와 네이션스 뱅크가 합병하여 미국 최대의 은행이 되었다는 뉴스가 보도되었다.

그 와중에도 버핏은 모든 상황들을 조용히 지켜보기만 했다.

고객의 이익을 우선으로 하는 경영자

결국 버핏이 합병 교섭에 전혀 관여하지 않은 채 웨일과 리드 두 사람에 의해 합병이 이루어졌다. 버핏은 트래블러스가 살로먼을 매수할 때와 같이 성명聲明을 발표하지도 않았다. 모건은 당시의 버핏에 대해 다음과 같이 말했다.

"버핏은 입장을 분명히 말하지는 않았지만, 저는 그가 어떤 생각을 하고 있는지 대충 짐작할 수 있었습니다. 그가 '모르겠다'라고 한 것은 적극적인 흥미를 갖고 있지 않다는 뜻입니다. 그는 당시 보유하던 주식을 줄이고 현금의 비율을 높이면서, 새로운 종목을 발굴하고 있었습니다. 이것은 버핏의 전형적인 방식입니다. 그는 한번 결정한 일은 누가 뭐라고 해도 바꾸지 않습니다. 10년 이상 지속되었던 그와 살로먼의 관계는 시티그룹의 탄생으로 종언을 고한 것입니다."

모건의 예상대로 버크셔 해서웨이의 1997년도 연차보고서에는 트래블러스가 대량 보유 종목에 들어 있었으나, 1999년 봄에 나온 1998년도 연차보고서에는 빠져 있다.

그러나 이것은 어찌보면 평소 워런 버핏의 투자 철학으로 보아 당연하다. 원래 버핏은 투자은행 업무에 대해서는 흥미가 없었고, 투자은행을 경영하고 싶어한 적도 없었다. 살로먼의 우선주를 구입한 뒤에 나온 1987년도 「회장의 편지」에서도, "투자은행 업무의 방향이나 앞으로의 수익성에 관해 확실한 것은 아무것도 없습니다."라고 적고 있을 정도다. 투자은행은 확실한 것을 좋아하는 그의 투자 방식에 맞지 않는 사업이었다.

1995년도 「회장의 편지」에서 그는 다음과 같이 썼다.

> 멍거와 제가 살로먼의 주식을 보유하면서 쏟아 부은 에너지의 양은 버크셔 해서웨이에는 아무런 도움이 안 되는 것이었습니다. 저는 우선주를 산 일로 인해 예순의 나이에 새로운 일, 즉 살로먼의 임시 회장직을 맡게 되리라고는 생각지도 못했습니다.

버핏의 투자 신조 중 하나는 '경영자를 보고 투자한다'는 것이다. 그런 의미에서 그는 살로먼을 산 것이 아니라 '굿프렌드'와 '모건'을 산 것이었다. "굿프렌드는 자신보다 고객의 이익을 우선으로 생각하는 경영자"라고 평가했던 그는, 국채 부정입찰 사건 뒤에도 굿프렌드를 좋은 친구라고 말했다.

모건에 대해서는 1997년도 「회장의 편지」에서 이렇게 말했다.

> 우리들은 데릭 모건과 밥 데넘에게 큰 빚을 지고 있습니다. 첫째로, 두 사람은 1991년의 사건으로 위기에 빠진 살로먼을 구하는 데에 중추적인 역할을 했습니다. 둘째, 트래블러스에게 매력적으로 보이게끔 살

로먼을 재건한 일입니다. 항상 말씀드리듯이, 저는 호감을 가질 수 있고 신뢰할 수 있으며 존경할 수 있는 경영자들과 일하고 싶습니다. 두 사람 이야말로 바로 그런 경영자입니다.

굿프렌드는 1991년의 사건 직후 살로먼에서 사라졌고, 모건도 웨일과 리드에게 최고경영자의 자리를 물려주고 일선에서 물러났다. '버크셔 해서웨이의 변호사'였던 데넘도 트래블러스가 살로먼을 매수하자 역할을 다했다고 판단하여 회장 겸 최고경영자에서 스스로 물러났다. 시티그룹이 탄생하면서 살로먼의 옛 경영자들이 모두 물러나자, 버핏도 살로먼에 더 이상 특별한 감정이 남아 있지 않았다. 그것이 버핏이 살로먼과 인연을 끊은 이유이다.

물론 버핏은 개성이 강한 웨일과 리드 두 사람이 이끄는 시티그룹의 장래성에 대해서 의문을 가졌을지도 모른다. 버핏은 웨일을 '천재'라고 평가하면서도, 주식 교환에 의한 M&A를 반복하며 거대한 금융 복합기업을 구축하려고 하는 그의 방식이 자신과는 맞지 않는다고 판단했을 수도 있다.

하지만 무엇보다도 만약 버핏이 없었다면 살로먼은 1991년의 시점에 이미 없어졌을 가능성이 높고, 결과적으로 트래블러스의 살로먼 매수도, 그리고 시티그룹도 탄생하지 못했을 것이다.

≪ 8 ≫
다우존스를 흔들다

최종적으로 주가를 결정하는 것은 '이익'이며 그 외에
어떤 것도 아니다.

독자적인 기업 지배 구조론을 전개하다

미국에서는 1992년부터 3년 동안 GM, IBM, 이스트먼 코닥 등 우량 기업의 최고경영자들이 연이어 경질되었다. 연금기금이나 투자 신탁을 최대주주로 하는 거대 기관투자가들이 등장하면서 실적이 부실한 최고경영자들을 경영 일선에서 추방하기 시작했다. 이사회가 '주주 이익'을 위해 들고 일어나 경영진의 개혁에 힘을 쏟기 시작한 것이다. 당시는 건전한 기업 지배 구조corporate governance란 무엇인가에 대한 논쟁이 활발하던 시기였다.

기업 지배 구조를 둘러싼 새로운 조류를 충분히 알고 있었던 워런 버핏도 여기에 맞춰 버크셔 해서웨이의 주주들에게 자신의 기업 지배 구조론을 설명하기로 했다.

그는 때때로 주주총회에서 주주들로부터, "당신이 트럭에 치이면 버크셔는 어떻게 될까요?"라는 질문을 받고는 했다. 그런 주주들의 불안감을 없애기 위해서라도 버핏은 최고경영자로서 하루라도 빨리 사람들에게 자신이 생각하는 기업 지배 구조론에 대해 명확히 대답해 주어야 한다고 생각했다.

단순히 '트럭에 치인다면……?'이라는 질문에 대답하는 것은 의미가 없다. 버핏은 질문을 '당신(버핏)이 트럭에 치이지 않는다면 버크셔는 어떻게 될까요?'라고 바꾸고 이렇게 대답했다.

버핏은 일단 기업 지배 구조를 크게 세 가지 형태로 나누었다.

첫째는, 주주가 분산되어 있어서 주주권을 강력히 행사할 수 있는 오너(주주)가 존재하지 않는 형태이다. 이것은 미국 기업 사회에서 가장 일반적인 형태로, 이런 체제에서 주주 이익을 대변해야 하는 이사회의 구성원은 언제나 오너가 함께 있는 것처럼 행동해야 한다. 이사회 구성원들이 경영진으로부터 독립하여 행동한다는 '고결한' 생각을 갖고 있지 않으면, 입으로는 주주 이익을 주장하면서 실제로는 주주들에게 불리하게 행동할 수도 있다. 다시 말해 체제가 제대로 정비되지 않은 이사회는 경영진과 유착하여 주주 가치를 파괴할 위험이 높다.

'현명한 오너'는 경영진이 보통 정도의 수익률밖에 창출하지 못할 때, 이사회를 통해 경영진을 변혁시키려고 한다. 그러나 이런 '현명한 오너'는 현실적으로 드문 만큼, 용기를 가지고 행동하는 임원들이 많다고 생각하기도 어렵다. 주주 이익을 지켜야 한다는 고결한 생각을 고집하고 있는 임원들은 반발을 살 각오를 하고 다른 임원들을 설득해야 한다.

버핏은 이러한 생각을 근거로 하여 이사회의 구성에 대해 일정한 원칙을 세웠다. 우선 이사회를 가능한 한 적은 인원으로 구성해야 한다.

그가 생각하기에 이사회는 10명 이하의 인원으로 구성하는 것이 이상적이다. 또한 그들은 사외 출신을 중심으로 운영되어야 하고 독자적으로 최고경영자의 평가 기준을 책정하여 (최고경영자를 제외하고) 정기적인 회의를 가져야 한다. 그 밖에 '사업 감각이 있다', '일에 흥미가 있다', '오너 의식을 갖고 있다'는 것을 기준으로 하여 임원을 정해야 한다. '사회적으로 유명하다'는 이유로 선출해서는 안 되는 것이다. 여기서 '사업 감각'은 하루아침에 이루어지는 것이 아니지만 '일에 흥미가 있다'라거나 '오너 의식을 갖고 있다'는 것은 주식을 많이 보유하고 있으면 가능한 일이다.

둘째, 대량의 주식을 보유한 오너가 곧 경영자인 경우이다. 버핏이 오너 겸 경영자를 지내고 있는 버크셔 해서웨이도 이 형태에 속한다. 이런 체제에서 이사회 임원은 오너와 경영자를 연결하는 다리가 될 수 없고, 영향력도 한정된다. 오너 겸 경영자의 능력이 부족하여 실적이 부진해도 임원이 할 수 있는 일은 달리 없다. 다만 사임辭任을 통해 경영자에게 경고할 수 있을 뿐이다.

버크셔 해서웨이가 두 번째 형태에 해당하므로, 버핏은 버크셔의 기업 지배 구조에 대해 자세히 설명했다.

"버크셔의 기업 지배 구조는 두 번째 형태에 속하며, 제가 여기 남아 있는 한 변하지 않겠죠. 제 건강 상태는 지금까지는 상당히 양호합니다. 따라서 좋든 싫든 버크셔 해서웨이의 주주 여러분들은 당분간 오너 겸 경영자인 저를 만나야 합니다."

그는 자신이 사망한 뒤의 기업 지배 구조에 대해서도 말했다.

"제가 사망한 뒤에는, 아내 수잔이 제가 보유하고 있던 주식을 자선 재단에 기부할 것입니다. 이때 버크셔 해서웨이의 기업 지배 구조는 세 번째 형태로 바뀌게 될 것입니다. 일에 관심이 많은 오너가 있기는 하지만 그는 경영에 참여하지 않습니다. 대신 경영진이 오너를 위해 열심히 일하게 되겠죠.

그것에 대비하여 저는 몇 년 전에 아내 수잔을 이사회에 참가시켰고, 1993년에는 제 아들 하워드도 이사회에 참여시켰습니다. 제 가족은 앞으로 경영에는 관여하지 않고 어디까지나 오너의 이익을 대변하는 존재로 남을 것입니다.

더욱이 다른 임원들도 거의 대부분 버크셔 해서웨이의 주식을 대량 보유하고 있기 때문에 매우 높은 오너 의식을 갖고 있습니다. 결론을 말하자면 우리들은 여러분들이 걱정하고 있는 '트럭 사고'에 대비하고 있습니다."

버핏이 제시한 기업 지배 구조 형태 중 세 번째는, 영향력이 큰 오너가 있기는 하지만 그가 경영에 직접적으로 참여하지는 않는 형태이다. 버핏은 이러한 기업 지배 구조 형태가 이사회가 활약할 수 있는 여지도 크다고 생각했다. 버핏은 기업의 이름을 구체적으로 거론하면서 다음과 같이 설명했다.

"기업 지배 구조의 세계에서는 최대주주가 경영에 전혀 관여하지 않는 경우가 있습니다. 전형적인 예가 바로 대형 미디어 업체인 다우존스입니다. 이러한 기업에서는 사외 출신의 임원들이 잠재적으로 대단히 중요한 위치에 있습니다. 그들은 경영자의 능력이나 자질에 문제가 있다면 오너 - 오너가 이사회의 임원인 경우도 있습니다 - 에게 가서 불만을 말할 수 있습니다. 사외 임원들에게 가장 이상적인 환경이죠. 그들은 오너 한 사람에 대해서만 의견을 말하면 되니까요. 그들의 의견이 타당하다면 오너는 경영을 변화시킬 수도 있습니다. 이것은 이상적인 경영 형태이며 가장 효과적인 기업 지배 구조라고 말할 수 있습니다."

다우존스에 부는 새바람

버핏이 쓰는 「회장의 편지」는 유머와 기지가 풍부한 명문장으로 알려져 있다. 실제로 오직 그것을 읽기 위해 버크셔 해서웨이의 주주가 된 투자가도 적지 않다. 그가 쓴 「회장의 편지」를 모아서 출간하면 투자나 경영을 위한 훌륭한 책이 되리라고 확신하는 사람들도 많았다. GE의 최고경영자인 잭 웰치가 연차보고서에서 주주들에게 쓰는 「회장의 편지」는 경영자들의 '필독서'로 알려져 있다. 마찬가지로 버핏이 쓰는 「회장의 편지」는 투자가들의 '필독서'가 되어 있다.

그런 만큼 '투자가'를 자칭하는 윌리엄 콕스가 1993년도 버핏의 「회장의 편지」를 읽게 된 것은 우연이 아니었다. 콕스는 의결권주로 주식의 80퍼센트를 보유하고 있는 다우존스 창업자의 일족인 밴크로프트 집안 사람이다. 그런 그가, 버핏이 미국 최대의 경제신문 『월스트리트 저널』을 발행하는 다우존스에 대해 언급한 구절에 주목하게 된 것은 당연한 일이었다.

1993년도 「회장의 편지」가 인쇄되고 나서 2년이 지난 1996년 봄, 밴크로프트 가에 변화가 일어났다. 세상은 그다지 주목하지 않았지만 1920년에 『월스트리트 저널』 등의 자산을 갖고 있던 배런의 증손녀인

베티나 밴크로프트가 55세의 젊은 나이에 폐암으로 사망한 것이다.

일찍이 1928년, 배런은 사망하면서 자손들에게 신탁 형식으로 대량의 다우존스 주식을 물려주었다. 배런으로부터 4대째 후손이 되는 베티나 밴크로프트가 물려받았어야 할 유산은 1996년 당시 32세였던 그의 딸 엘리자베스 고스가 물려받았다. 고스와 콕스는 사촌 형제간으로 5대손들 중에서 실제로 재산을 상속받은 것은 고스가 처음이었다. 그는 당시의 금액으로 2,300만 달러에 상당하는 다우존스 주식 70만 주를 상속받았고, 신탁 형식으로 보유하고 있는 수억 달러 상당의 다우존스 주식에 대한 이익을 받게 되었다. 나머지 재산은 4대손들이 전부 사망한 뒤에 상속받을 수 있었다. 5대손 중에는 엘리자베스 고스의 지분이 가장 많았다.

'모델처럼 아름다운 블론드'(blonde, 금발)로 불리던 고스는 승마에 열중하는 일은 있어도 월스트리트의 움직임이나 다우존스의 경영에 대해서는 무관심했다. 그러나 하루 아침에 거액의 재산을 상속받게 되자, 갑자기 오너로서의 위치를 자각했는지 다우존스의 경영에 흥미를 갖기 시작하여 개인적인 재산 고문과 상담하기도 했다. 그리고 냉혹한 현실을 깨닫기 시작했다.

1990년대 역사적인 상승 행진을 기록하고 있던 뉴욕 주식 시장에서 다우존스의 주식은 완전히 뒤떨어져 있었던 것이다. 고스는 다우존스 주식에 대해 일찍부터 불만을 갖고 있던 콕스에게 조언을 구했다. 콕스는 금방 '버핏'의 이름을 떠올렸다. 버핏의 이론에 따르면 다우존스는 버크셔 해서웨이와 비슷한 기업 지배 구조를 갖고 있고, 이사회가 어떻게 하느냐에 따라 최상의 경영을 할 수 있는 회사였기 때문이다. 게다가 '투자가' 콕스에게 버핏은 '신神'과 같은 존재였다.

콕스는 아는 사람을 통해 버핏과 만나기로 약속을 하고 1996년 여름, 고스와 함께 오마하로 갔다. 주역은 새로운 오너로서 다우존스 경영의 전면에 나서고자 하는 고스였지만 콕스는 그런 고스를 전면적으로 지원하게 된 것을 매우 기뻐했다. 두 사람 모두 밴크로프트 가의 신세대였으며 고스의 문제는 머지않아 콕스의 문제가 될 수밖에 없었기 때문이다. 오마하에서 있었던 버핏과 이들의 만남을 계기로 밴크로프트 가의 신세대와 구세대 간의 대립은 표면화되었고, 그것이 다우존스의 경영을 크게 흔들었다.

다우존스, 그들의 이야기

세계적인 명성을 자랑하는 경제지 『월스트리트 저널』을 발행하는 다우존스는, 세계에서 가장 유명한 주가지수인 다우존스 주가 평균의 권리를 갖는 대형 미디어 회사로서 뉴욕 증권거래소에 상장된 공개 회사이다. 이 회사의 역사는 오너와 경영자의 관계, 나아가서는 비즈니스와 저널리즘의 관계를 말할 때 많은 교훈을 남기고 있다.

다우존스의 기원은 19세기 후반의 머나먼 과거로 거슬러 올라간다. 1882년 31세의 찰스 다우, 27세의 에드워드 존스, 24세의 찰스 버그스트레서 등 세 명의 젊은 저널리스트가 다우존스를 창업했다. 그들은 월스트리트의 뉴스나 소문들을 모아 주식 브로커나 투기가에게 '흘려보내는' 사업을 시작했고, 1889년에는 주식이나 채권의 시세표를 게재한 4쪽짜리 『월스트리트 저널』을 발행했다. 그때는 기업 사정에 대해 입을 다무는 조건으로 광고 게재를 요구하는 등, 일류 신문과는 거리가 먼

신문이었다.

20세기에 들어, 찰스 다우가 사망하자 창업자들은 1902년 보스턴에 살고 있던 저널리스트 클래런스 배런에게 『월스트리트 저널』과 경제통신사 다우존스 뉴스 서비스를 2,500달러에 매각했다.

배런은 특유의 행동력으로 『월스트리트 저널』의 수준을 높였지만 아직 일류 신문에 속할 정도는 아니었다. 결국 노력의 성과도 보지 못한 채 배런은 대공황이 일어나기 전에 사망했고, 그의 재산을 상속한 딸이 휴 밴크로프트라는 남자와 결혼했기 때문에, 이후 창업자 일족은 밴크로프트 가※로 바뀌어 불리게 되었다.

전쟁 후 다우존스는 극적인 변화를 맞게 된다. 편집주간 겸 최고경영자로서 다우존스를 중흥시킨 바니 킬고어가 지면을 근본적으로 개혁하여, 『월스트리트 저널』은 '월스트리트의 가십gossip 전문지'에서 '전 미국을 대표하는 유력 경제지'로 탈바꿈했다. 그 뒤부터 다우존스는 첫 번째 경영 과제로 '저널리즘'을 삼았고, 1963년 주식 공개 이후에도 비즈니스보다 저널리즘을 우선시했다. 결과적으로 이것은 비즈니스에서의 성공으로 연결되었다. 다우존스의 번영은 1980년대에 최고조에 달했다.

그 후 밴크로프트 가는 다우존스의 이사회에 일족을 참여시켰지만 경영에는 전혀 관여하지 않고 배당을 받는 것으로 만족해 왔다. 그런 점에서 밴크로프트 가는, 일류 신문을 보유하고 있는 『뉴욕 타임스』의 설즈버거 가나 『워싱턴 포스트』의 그레이엄 가의 모습과는 여러 면에서 달랐다.

다우존스의 최고경영자들 역시 일관되게 '저널리즘'을 중시하는 면모를 보여 주었다. 1990년대에 최고경영자를 지낸 피터 칸은 『월스트리트 저널』의 해외 특파원 출신으로, 저널리스트로서 최고의 영예인 퓰리처 상을 수상하기도 했다. 그 이전의 최고경영자인 워런 필립스도 해외 특파원과 편집주간을 지낸 인물이다. 역대 최고경영자들은 '프로 경영 전문가'가 아니라 '프로 저널리스트'였다.

그러나 1980년대 이후, 양질의 저널리즘을 추구하는 것이 반드시 성공적인 비즈니스로 이어지지는 않았다. 당시는 1975년에 취임한 최고경영자 필립스와, 1991년에 최고경영자가 된 칸의 시대였다.

고스의 어머니가 사망한 해인 1996년까지 10년 동안 다우존스의 주식은 미디어 관련 주 중에서 가장 낮았다. 다우존스의 주식 시가 총액도 10년 전과 다름없이 35억 달러에 머물렀다. 다우존스와 전자뉴스 경쟁을 벌이는 회사인 영국의 통신사 로이터의 시가 총액이 200억 달러를 넘어서고 있는 것만 보더라도 같은 미디어 회사로서 매우 뒤처지는 성적이었다. 하지만 당시의 다우존스의 절대 이익액이 10년 전과 거의 같은 수준이었으므로 이는 어쩌면 너무나 당연한 결과였다.

이렇게 다우존스의 주식이 다른 주식들에 비해 뒤처지는 원인에 대해서는 여러 가지 설이 있었다.

미디어 업계의 판도가 급변하고 있던 1980년대 이후, 다우존스는 급성장 분야였던 케이블 TV 사업을 시작했는데, 경제 TV 채널인 파이낸셜 뉴스 네트워크를 매수하는 데 실패하는 등 막대한 기회손실을 입었다. 이를 만회하고자 1990년대 후반에 들어 TV 사업에 적극적으로 투자했지만 별다른 성과를 거두지 못했다. 업계에서 가장 높은 이익률을 자랑하는 워싱턴 포스트와는 정반대의 성과를 거둔 것이다.

다우존스가 이렇게 뒤처지게 된 가장 큰 원인은 1980년대 후반에 전자 금융 서비스 회사 텔레레이트를 매수한 것이었다. 채권이나 환율 정보를 온라인으로 제공하는 텔레레이트의 누적 투자 총액은 16억 달러에 이르렀는데, 이는 다우존스로서 최대의 투자였지만 투자액을 회수할 전망은 전혀 보이지 않았다. 전자 금융 정보 서비스 업계에서 텔레레이트가 로이터나 신흥 세력인 블룸버그에 크게 뒤처져 있었던 것은 분명했다. 이런 상황에서 다우존스는 텔레레이트를 일으켜 세우기 위해서 다시 6억 1천만 달러를 투자해야만 했다.

오너처럼 행동하라

고스와 콕스는 버핏을 만나자마자 본론부터 꺼냈다.

"주주의 리턴(자기자본이익률과 주가 상승 등)을 높이고 주주 가치를 개선하려면 어떻게 해야 합니까? 당신의 생각을 꼭 듣고 싶습니다."

"다우존스는 주주 가치를 높이기에 아주 좋은 조건을 가지고 있습니다. 오너처럼 행동하면 됩니다. 당신들은 회사의 이해와 관련된 중요한 사람들입니다. 그것을 이용하여 주저하지 말고 회사를 변화시키세요. 이 건에 대해서는 ABC 회장을 지낸 톰 머피에게 상담해 보면 어떻겠습니까? 제가 연락해 드리죠."

고스와 콕스는 이때를 기점으로 다우존스의 오너로서 해야 할 행동에 대한 해답을 찾아 7개월에 이르는 여행을 떠났다. 그들의 모습은 조셉 노세라에 의해 1997년 2월 3일자 『포춘』지에 특종 기사로 게재되었다. 이 기사는 밴크로프트 가문 내에 큰 충격을 불러일으켰다.

그런 일이 있은 후 한동안 고스는 노세라를 포함한 모든 저널리스트들과 일절 접촉하지 않았다. 그러다가 1998년 1월 어느 일요일, 유력

TV 네트워크인 CBS의 아침 프로그램에 갑자기 출연하여 오마하를 방문했던 일 등에 대해 인터뷰했다.

CBS의 앵커맨이 질문했다.

"다우존스의 주식은 미디어 관련 주 중에서 최악의 성적을 거두고 있습니다. 굉장한 손실이죠?"

"그렇습니다. 우리 밴크로프트 집안 전원이 손실을 보았습니다."

"이런 사실에 대해 집안의 다른 분들이 소란피우지 말고 조용히 있으라고 압력을 가했습니까?"

"그렇습니다."

"참으라고요?"

"그렇습니다. 하지만 그냥 참기만 한다면 변하는 것은 아무것도 없습니다."

"승마에만 열중하던 당신에게 비즈니스는 전혀 새로운 세계가 아닙니까?"

"완전히 다르죠. 하지만 지난 1년을 돌이켜보면 비즈니스 세계를 알게 된 것은 매우 의미 있는 일이었습니다. 많은 것을 배울 수 있었고 많은 사람들을 알게 되었죠. 현명하고 영향력 있는 분들이 저를 도와주려고 했습니다."

"억만장자인 워런 버핏도 그 중 한 사람이죠? 버핏은 뭐라고 말했습니까?"

"오너처럼 행동하라고 했습니다. 잘 아시겠지만 우리들은 다우존스의 오너들입니다. 회사를 이대로 방치하여 수익률이 내려가는 것을 보고만 있을지 그렇지 않을지는 오너가 판단할 일입니다."

"최고경영자인 피터 칸은 경영자로서 적임자입니까?"

"『월스트리트 저널』에 한해서는 적임자입니다."

"다우존스에 대해서는 어떻습니까?"

"뭐라고 말할 수 없습니다."

"회사의 일에 더 이상 관여하지 않을 생각이십니까?"

"아닙니다. 저는 물러나지 않을 것입니다."

주주를 위한 기업 지배 구조

고스와 콕스는 오마하를 방문한 지 얼마 안 되어 아이다호 주 선밸리로 향했다. 거물급 투자은행가인 허브 앨런이 매년 여름에 개최하는 '미디어 회의'에 참가하여 그의 조언을 듣기 위해서였다. 선밸리는 1년 전에 버핏이 월트 디즈니의 최고경영자인 마이클 아이즈너와 함께 주차장에서 선 채로 디즈니의 ABC 매수에 대해 이야기를 나누던 곳이기도 하다.

『포춘』지의 기자 노세라는 고스와 콕스가 앨런의 동료인 낸시 펠렛먼을 만나 미디어 업계에 대해 상세한 설명을 들었다고 보도했다. 펠렛먼은 두 사람에게 다음과 같이 설명해 주었다.

"보통 대형 미디어 기업의 대주주 목록에는 대형 기관투자가들이 즐비합니다. 그런데 다우존스는 매력이 없어서인지 기관투자가들이 쳐다보지도 않습니다. 밴크로프트 집안 사람 이외에 대주주 목록에 얼굴을 내밀고 있는 것은 유명한 투기꾼 조지 소로스뿐입니다."

고스와 콕스는 펠렛먼의 소개로 뉴욕으로 가서 법률사무소 웨일 갓셜 앤 메인지스의 아이러 밀스타인을 찾아갔다. 70세의 백발 노인이었지만 왕성하게 활동하고 있는 밀스타인은 '기업 지배 구조의 원칙주의 자'라는 별명을 얻을 정도로 영향력이 있는 인물이었다.

밀스타인은 센트럴 파크가 내려다보이는 사무실에서 고스와 콕스의 이야기를 열심히 듣고 나서, "알았습니다. 제가 맡겠습니다."라고 말했다. 밀스타인이 두 사람과 계약한 것은 다우존스 경영진에게 충격적인 뉴스였다.

대기업이나 기관투자가 사이에 광범위한 인맥을 갖고 있는 밀스타인은 미국 유수의 거물 변호사로서 기업 지배 구조 문제에 정통했다. 그는 1980년대 후반에 미국 최대의 공무원 연금기금, 캘리포니아 주 공무원퇴직연금기금(이하 'CalPERS') 등에 '행동하는 주주'의 정신을 불어넣었다.

그뿐 아니라, 1990년에는 도산한 대형 증권회사 드렉셀 버넘 램버트의 재건을 위한 독립적인 이사회를 설치하여 채권자 그룹의 신뢰를 얻었고, 경영 위기에 빠져 있던 부동산회사 올림피아 앤 요크에서도 같은 일을 하여 도산으로부터 채권자 그룹을 구해 냈다.

그 중에서도 1992년, 세계 최대의 자동차 제조회사 GM의 최고경영자를 경질한 것이 가장 충격적이었다. 밀스타인은 GM 이사회의 임원이 아니었으나 그의 배후에 GM의 대주주인 CalPERS가 있었다.

CalPERS는 '행동하는 주주'의 선봉장이 되어 GM의 기업 지배 구조를 신랄하게 비판했다. 꼭 뇌물을 주고받는 비리를 저지르지 않더라도 '적자를 내고 있는 경영 자체가 문제'라는 것이었다.

이에 밀스타인은 경영을 개혁시켜야 한다고 판단했다. 그는 우선 최고경영자이자 이사회의 고문이었던 로버트 스템펠을 축출했다. 그리고 경영의 감시역인 이사회에도 근본적인 개혁을 실시했다. 사외 출신 임원들을 과반수로 하는 등, 선진적인 기업 지배 구조 규정을 심어 놓았다. 이것이 바로 '**GM 모델**'이다. 'GM 모델'을 도입한 후 GM은 적자에서 벗어나 지금의 모습으로 다시 태어났다.

미국 기업의 이사회는 밀스타인과 같은 전문가들을 대거 이용하고 있다. 원래 이사회 임원의 대부분은 자신의 사무실이나 비서도 갖고 있지 않다. 물론 퇴직금도 없고 회사와 관련된 것은 오로지 주식을 보유하고 있는 것뿐이다.

그들은 회사의 업무에 대해 잘 모른다는 이유로 감시의 대상이 되는 경영진에게 충고나 정보 제공을 요청할 수 없다. 객관적인 판단을 할 수 없다는 이유 때문이다.

따라서 이사회는 목적에 따라 제삼자인 변호사나 투자은행, 컨설턴트 회사, 헤드헌팅 회사, 회계사무소, 보수평가회사 등의 전문가 집단을 이용한다. 그렇게 해서 경영진에 뒤지지 않는 독자적인 정보나 판단 근거로 무장하여 독립성을 확보하는 것이다. 물론 버핏은 예외적으로 외부의 전문가가 필요 없는 사람이다.

GM 모델

1992년 GM은 '파산의 늪'에 빠지기 일보 직전이었다. 자동차 판매율은 끝도 없이 하락하였고, 엄청난 규모의 적자가 쌓여 갔다. 이에 참다못한 사외이사들이 전격적으로 최고경영자를 경질하기에 이른다. 그리하여 새롭게 취임한 최고경영자가 존 스미스이다.

그가 시행한 GM 회생 방책을 살펴보면 '표준화를 통한 원가 절감', '생산라인의 표준화' 그리고 이러한 토대 위에 '제품의 세분화·다양화'라고 정리할 수 있다.

이러한 방법을 통해 통제가 불가능했던 복잡한 생산 구조를 정리하고, 한 개의 제품만을 생산할 수 있던 생산 설비에서 두세 개의 제품을 유연하게 생산할 수 있도록 하였다. 기존의 방법보다 생산 원가와 생산 시간을 줄인 상태에서 좀더 많은 디자인의 제품을 만들어내어 판매하게 될 수 있으면서 GM은 재생의 길을 찾게 된다.

스미스는 이에 멈추지 않고, "빠르게, 그러나 전략적으로."라는 조직 개편의 목표를 가지고 효율적인 결정과 실행을 위한 이사회를 구성하게 된다.

그의 이러한 노력은 대성공을 거두어, 1992년까지 235억 달러의 적자를 기록했던 GM은 스미스가 최고경영자로 취임한 지 1년 반 만에 흑자로 돌아서게 된다.

도장만 찍는 이사회의 개혁

밀스타인이 보기에 다우존스의 상태는 1992년의 GM과 매우 비슷했다. 그처럼 도장만 찍는 이사회와 최악의 수익률을 기록하는 기업에서야말로 밀스타인의 위력이 진가를 보일 수 있다.

밀스타인은 고스와 콕스가 다녀간 뒤 보스턴에 살고 있는 변호사 로이 해머를 만났다. 해머는 밴크로프트 가가 소유하고 있는 재산의 신탁 관재인管財人으로 일족의 이익을 대변하는 사람이었다. 때는 1992년 말이었다.

"저는 엘리자베스 고스의 대리인입니다. 문제를 일으키려는 것이 아닙니다. 단지 관재인으로서 수탁자受託者 책임에 대해 신중하게 생각해 주시기 바랍니다. 그리고 제가 밴크로프트 가의 다른 분들과 직접 전화할 수 있도록 주선해 주시기 바랍니다."

'수탁자 책임'이란 타인의 재산 관리를 신탁받은 인물은 수익자(受益者, 신탁 재산의 이익을 받는 자)를 위해 충실히 행동할 책임이 있다는 것을 말한다. 여기서 '수탁자 책임'을 지고 있는 것은 '해머'이고, '수익자'는 '밴크로프트 가'이다. 밀스타인은 '관재인은 배당으로 만족하고 있는 구세대만이 아니라 주가 상승을 요구하는 신세대를 위해서도 행동해야 한다'는 원칙론을 말하고자 한 것이다.

미국에서 수탁자 책임은 '사려가 깊은 사람의 규칙Prudent Man Rule'이라고 불리는 규정에 의거하고 있다. 이 규정은, 연금 등 타인의 재산을 위탁받은 수탁자(연금의 관리·운용 담당자 등)는 수익자의 이익을 위해 충실히 행동해야 한다는 점을 명시하고 있다.

주식회사에서 수탁자는 '이사회의 임원'이고, 수익자는 '주주'이다. 이처럼 수탁자 책임에 대한 명확한 규정이 없으면 수탁자가 수익자의 이익을 해쳐도 규제할 방법이 없을 수 있다. 예를 들면, 생명보험회사(수탁자)가 단체 계약 등의 대가로 매력이 없는 기업의 주식을 취득하여 생명보험 가입자(수익자)에게 손해를 끼쳐도 법률에는 특별히 위배되는 사항이 없기 때문에 수익자는 자신의 이익을 보호받지 못하게 되는 것이다.

밀스타인이 지적한 대로 밴크로프트 가의 구세대와 신세대 사이에는 배당 이익의 차이가 컸다. 과거 10년 동안 다우존스의 수익률이나 주가는 그대로였는데도 배당은 크게 올랐기 때문에 1986년에 배당으로 지불한 금액은 총 5,300만 달러인 데 반해, 그로부터 10년 후 1996년에는 9천만 달러 이상으로 늘어났다. 이익이 늘지 않은 상태에서 증배(增配, 주식 배당을 늘리는 것)된 것이기 때문에 배당 성향이 50퍼센트 정도로까지 상승했다.

이는 연금 생활을 해야 하는 구세대에게는 만족스러운 일이었지만 이익을 재투자하여 주가가 상승하기를 기대하는 신세대들에게는 받아들이기 힘든 일이었다.

다우존스는 1997년 4월 16일에 주주총회를 열 예정이었다. 그때 이사회 임원 중 적어도 4명의 임기가 만료되어 새로운 임원을 선출해야 했다. 이사회를 근본적으로 개혁할 기회가 온 것이다. 밀스타인은 곧 후보자 목록을 작성했다.

그와 동시에 다우존스의 경영진에게 골치 아픈 일이 하나 더 일어나고 있었다. 당시 280억 달러에 이르는 자산을 운용하고 있던 투자 신탁회사 프랭클린 뮤추얼의 펀드매니저 마이클 프라이스가 다우존스 주식을 대량으로 사들이고 있었다. 『포춘』지에 밴크로프트 가에 대한 특종 기사가 나돌던 직후인 1997년 2월 초, 마이클 프라이스는 '대량 보유주 공개 규칙'에 따라 미국 증권거래위원회에 다우존스의 보통주를 5퍼센트 이상 취득했다고 통보했다.

프라이스는 주가가 비교적 낮게 책정되어 있는 기업의 주식을 대량 취득한 후, 경영 쇄신을 요구하는 '행동하는 주주'였다. 그가 대형 상업 은행 체이스 맨해튼의 주식을 대량으로 사들인 뒤, 케미컬 뱅킹과 대형 합병을 실현했을 때 많은 사람들이 그에게 주목했다.

프라이스는 고스와 밀스타인을 만나 의견을 교환하고, 다우존스의 최고경영자인 피터 칸과도 접촉했다. 당시 월스트리트에는 그가 '대담한 구상'을 하고 있다는 소문이 나돌았다. 다우존스와 워싱턴 포스트를 합병하여 워싱턴 포스트의 최대주주인 버핏으로부터 자금을 끌어낸다는 계획이었다.

거물 사외이사가 경영자를 견제하다

1997년 4월에 열린 다우존스의 주주총회는 특별한 소동 없이 끝났다. 해머와 고스를 포함한 밴크로프트 가의 사람들도 발언을 자제했다. 칸은 밴크로프트 가의 지원에 감사를 표하며 일찍이 텔레레이트로 불리던 전자 금융 서비스 부문에 대해 "장기적으로 다우존스의 이익을 높인다."라고 말하며 추가로 투자할 계획이라는 발표를 했다.

그러나 물밑에서는 커다란 변화가 일어나고 있었다. 그날 논의되던 안건 중에 가장 중요했던 안건은 이사회 임원 선출에 대한 것이었는데, 하비 골럽, 프랭크 뉴먼, 윌리엄 스티어 등 세 사람이 무난하게 선출되었다. 골럽은 대형 금융 서비스 회사 아메리칸 익스프레스의 최고경영자이고, 뉴먼은 대형 상업은행 뱅커스 트러스트의 최고경영자이며, 스티어는 대형 의약품회사 화이자의 최고경영자였다.

세 사람 모두 다우존스 자체나 경영진과 직접적인 관계가 없었다. 다우존스의 최고경영자인 칸의 '부하'라고 볼 수 있는 사내社內 출신들이나, 칸이나 다우존스와 이해관계가 있는 사외社外 출신들과 달리, 주주 이익 이외의 이해관계에 따라 행동할 가능성이 적었던 것이다. 게다가 현역에서 활동하고 있는 최고경영자들이었기 때문에 비즈니스에 정통하고, 언변도 뛰어났다. 다우존스는 외부의 거물 최고경영자 세 사람이 내부의 최고경영자 피터 칸을 감시하는 체제가 된 것이다.

그로부터 1년도 지나지 않은 1998년 3월, 다우존스는 다우존스 마케츠(텔레레이트)를 매각하기로 결정했고, 이를 경쟁 회사인 브리지 인포메이션 시스템이 5억 1천만 달러에 매수했다. 총 16억 달러를 투자하고 1년 전 대차대조표에는 14억 달러의 자산으로 평가되어 있었는데 실제 매수액은 3분의 1에도 못 미쳤다. 경영진이 낙관적인 전망을 고집하다 자산 재평가도 제대로 하지 못했기 때문이다.

밀스타인은 다우존스의 변화를 다음과 같이 회상했다.

"다우존스는 처분해야 하는 텔레레이트에 추가로 6억 5천만 달러를 투자하려고 했습니다. 경영진들이 자신들의 실패를 인정하지 않았던 것입니다. 이사회 임원들은 '사인맨sign man'에 지나지 않았습니다. 그러나 엘리자베스 고스가 등장하면서 다우존스는 변화를 시작했습니다. 화이자, 뱅커스 트러스트, 아메리칸 익스프레스의 최고경영자가 이사회에 참여하게 된 것은 실로 의미 있는 일이었습니다. 그들은 오너의 입장에서 새롭게 텔레레이트를 재평가하여 '매각'이라는 결실을 보게 되었습니다. 이 모든 일은 고스가 새롭게 일어났기 때문에 실현될 수 있었습니다."

물론 밀스타인은 처음에 고스를 '자극'한 사람이 버핏이라는 사실을 알고 있었다. 버핏이 내던진 "오너처럼 행동하라."라는 한 마디가 다우존스에 크나큰 변혁을 일으킨 것이다.

1997년 2월, 고스의 행동이 표면화된 것을 계기로 시장에서는 '다우존스가 변한다'는 기대가 높아졌고, 그에 따라 다우존스의 주가는 상승 국면에 들어갔다. 10년 이상이나 30달러 전후의 저조한 성적을 유지하던 주가는 1999년에 50달러대를 기록했다.

III

나는 사람에게
투자한다

Warren Buffett's
Investment Principles

≪ 9 ≫
좋아하는 곳에 투자한다

> 항상 말씀드리듯이, 저는 호감을 가질 수 있고 신뢰
> 할 수 있으며 존경할 수 있는 경영자들과 일하고 싶
> 습니다.

미국의 상징 - 코카콜라

1987년 10월의 블랙 먼데이로부터 꼭 1년이 지난 1988년 가을, 미국 남부 조지아 주 애틀랜타에 본거지를 두고 있는, 세계 최대의 청량음료 제조회사 코카콜라의 회장실에서 두 사람이 주가 동향을 열심히 확인하고 있었다.

한 사람은 코카콜라 사의 회장 겸 최고경영자인 로베르토 고이주에타Roberto Goizueta이고, 또 한 사람은 사장인 도널드 키오였다.

코카콜라의 주가는 블랙 먼데이를 지나면서 최고가에서 25퍼센트나 하락해 있었다. 그런데 1988년 가을의 주가 동향은 누군가가 코카콜라 주식을 대량 취득하고 있다는 사실을 확연히 보여 주고 있었다. 1980년대 후반은 '기업 약탈자corporate raider'들로 인한 '적대적 M&A'의 태풍이 불던 시기였던 만큼 언제나 냉정한 고이주에타도 긴장하지 않을 수 없었다. 고이주에타는 긴장한 얼굴로 키오에게 물었다.

"도대체 누가 우리 주식을 사들이고 있는 것일까?"

"혹시 워런 버핏이 아닐까?"

키오가 이렇게 대답한 데에는 그럴 만한 이유가 있었다. 코카콜라 주식을 대량으로 '사자' 주문을 내고 있었던 것은 중서부의 증권회사였기 때문이다. 중서부의 시골에 있는 무명의 증권회사가 월스트리트의 거대 기관투자가들로부터 한꺼번에 주문을 받으리라고는 상상할 수 없었다. 게다가 키오는 일찍이 오마하에 살면서 버핏을 이웃한 적도 있었기 때문에 버핏에 대해 잘 알고 있었다.

저널리스트인 앤드류 킬패트릭의 책 『영구적인 가치에 대해Of Permanent Value』에 따르면, 그날 키오는 고이주에타의 지시로 오마하에 전화를 걸었다고 한다.

"워런, 잘 있었나? 자네 혹시 코카콜라 주식을 사고 있지는 않겠지?"

"아니, 사고 있어."

버핏은 약간 흥분한 어조로 말했다. 키오는 버핏이 왜 흥분하고 있는지를 알 수 있었다. 1985년에 코카콜라가 체리 맛이 나는 신제품 '체리코크'를 세상에 내놓았을 때, 버핏이 즐겨 마시던 펩시를 체리코크로 바꾼 일이 떠올랐다. 버핏은 음료수로서만이 아니라 기업으로서의 코카콜라도 좋아졌던 것이다.

버핏은 키오에게, "정보 공개 의무가 발생할 때까지 이 건에 대해서는 아무 말도 하지 말아 주게."라고 부탁했다. 미국의 법률에는 공개 기업의 주식을 5퍼센트 이상 취득한 경우, 미국 증권거래위원회에 통보해야 할 의무가 명시되어 있는데, 그 전에 버핏이 코카콜라의 주식을 사들이고 있다는 정보가 누출되면 다른 많은 투자가들이 그를 따라 코카콜라 주식을 사들이게 되어 주가가 더 올라갈 수도 있기 때문에 주의를 기울여야만 했다.

하지만 그해 크리스마스가 가까워질 무렵부터 이미 주식 시장에서는 "버핏이 코크 주식을 사고 있다."라는 소문이 간간이 나돌았다.

'코크'는 코카콜라의 애칭으로, 미국 사람들은 회사를 말할 때나 음료수를 말할 때나 구별하지 않고 '코크'라고 부른다. 이는 미국에서 코카콜라가 어떤 의미를 차지하는가에 대해 잘 알 수 있는 부분이기도 하다.

고이주에타와 키오 두 사람은 주식을 사들이고 있는 인물이 누구인지 알게 되자 가슴을 쓸어내렸다. 당시 명망 있는 신문사인 워싱턴 포스트의 지분 13퍼센트, 3대 방송 네트워크 가운데 하나인 ABC/캐피털 시티의 지분 18퍼센트, 대형 손해보험회사 GEICO의 지분 42퍼센트를 보유하고 있던 버핏은, 이미 '최고의 투자가'로서 인정받기 시작했으며, '기업 약탈자'가 아니라 '백기사'로 일컬어지고 있었다.

그로부터 수개월 후 1989년 3월, 버핏이 경영하고 있는 투자회사 버크서 해서웨이가 코크 주식을 대량으로 취득한 사실이 미국 증권거래위원회에 제출된 자료에 의해 밝혀졌다. 버핏이 코카콜라에 투자한 금액은 10억 달러가 넘었는데, 이것은 코카콜라 총발행주식의 6.3퍼센트에 상당하는 금액이었다. 코크와 오랫동안 깊은 관계를 맺고 있는 은행인 선트러스트 뱅크도 코크 주식을 12.4퍼센트 소유하고 있었지만, 이는 신탁 형식을 띤 것으로 '복수複數의 주주'를 대표하고 있기 때문에 실질적으로는 버핏이 최대주주가 되었다.

물론 버핏에게도 코크의 주식을 사들인 것은 단일 건으로서는 그때까지 최고액에 해당하는 투자였다. 10억 달러는 버크서 해서웨이 주식 시가 총액의 4분의 1에 상당하는 금액이었다. 버핏은 버크셔 해서웨이가 보유하고 있던 현금과 예금을 짧은 시간 동안 코크 주식에 전부 쏟아 부은 것이다. 보통의 투자가들이 위험 부담을 줄이기 위해 분산 투자를 하는 것과는 거리가 먼, 버핏의 대담한 투자 방식에 월스트리트의 은행가들도 놀라움을 금치 못하였다.

1989년 말에 발표된 버크셔 해서웨이의 보통주 포트폴리오에서 코크는 35퍼센트 이상을 차지하였다.

내가 좋아하는 것에 투자한다

고이주에타는 버핏이 코크 주식을 취득한 사실을 직원들에게 알렸다.

"버크셔 해서웨이는 강력한 소비자 프랜차이즈와 탁월한 사업을 갖고 있는 기업에 장기 투자하는 전통을 갖고 있습니다. 이번에 코크에게 한 투자 역시 그 일환입니다. 그것은 코크의 경영에 대한 신임의 표시이며, 코카콜라 사가 지금까지 만들어낸 성공과 장래의 잠재력에 대해 승인을 받은 것입니다."

버핏은 쇄도하는 언론의 인터뷰에 다음과 같이 소감을 말했다.

"마치 좋아하는 여성과 결혼한 기분입니다. 그의 눈이 좋으냐고요? 아니면 성격이 좋으냐고요? 아닙니다. 그의 모든 것이 좋습니다. 어느 한 부분만 좋다고 말할 수 없습니다."

『뉴욕 타임스』의 로버트 콜 기자가, "보유 기간은 어느 정도로 생각하고 계십니까?" 하고 묻자 버핏은, "우리가 원하는 보유 기간은 '영원히'입니다."라고 말했다. 코크를 버크셔 해서웨이의 영구 보존 종목에 올린다는 뜻이었다. 또 『월스트리트 저널』의 마이클 매카시 기자가, "코크 주식을 산 이유가 무엇입니까?" 하고 물었을 때, 버핏은 특유의 '짤막한 농담'으로 대답했다.

"나는 내 입이 향하는 곳으로 돈을 돌립니다."

이 말은 다시 말해 '자신이 좋아하는 것에 투자한다'는 의미이다. 버핏은 체리코크를 좋아했기 때문에 코크 주식을 산 것이다.

체리코크의 열렬한 팬이었던 버핏은 한시도 이 음료수를 손에서 놓은 적이 없다. 1984년 체리코크가 막 출시되었을 때, 키오는 그때까지 펩시만 마셔 왔던 버핏에게 체리코크를 보냈다. 버핏은 그것을 금방 마음에 들어했고, 1985년에 열린 버크서 해서웨이의 연차주주총회에서 체리코크를 버크서의 '공식 음료수'로 지정한다고 선언하였다.

하루에 체리코크를 다섯 캔 정도 마시는 버핏은 지금도 코크가 떨어지지 않게 항상 열두 개들이 상자를 한 번에 50상자씩 사놓는다. 물론 자신이 직접!

버크서 해서웨이가 코크의 주식을 취득하였다는 것을 공표한 지 얼마 안 되었을 때, 버핏은 애틀랜타를 방문하여 고이주에타, 키오와 함께 저녁식사를 했다. 그들이 식사를 한 장소는 애틀랜타의 최고급 레스토랑이 아니라 코카콜라 본사에서 멀지 않은 곳에 있는 유명한 패스트 푸드 음식점인 '서브웨이The Subway'였다. 그곳에서 파는 음식은 고급 스테이크가 아닌, 핫도그 정도의 가벼운 음식들이었다.

『비즈니스 위크』지 애틀랜타 지국장 시절에 화려한 문장으로 고이주에타의 전기를 쓴 저널리스트 데이비드 그레이싱은 그날의 저녁식사 장면에 대해 이렇게 썼다.

버핏은 앉자마자, "이것이야말로 내가 제일 좋아하는 음식이야."라고 말하며 체리코크 여섯 개들이 상자를 꺼냈다. 서브웨이에는 체리코크가 없었던 것이다. 그는 고이주에타와 키오를 기쁘게 해주기 위해서 체리코크를 가져온 것이 아니었다. 단지 자신이 그것을 마시고 싶었기 때문이었다. 그러나 코카콜라의 두 경영자가 그런 버핏을 보고 미소짓는 광경을 상상하기는 어렵지 않다.

최상의 타이밍이 올 때까지 기다린다

버핏이 코카콜라와 처음 인연을 맺게 된 것은 1936년으로, 그가 여섯 살 때의 일이다. 어린 버핏은 용돈을 벌기 위해 당시 그의 할아버지가 경영하는 식료잡화점 '버핏 앤 선'에서 코크를 받아 근처에 팔러 다녔던 것이다. 그는 여섯 개들이 한 상자를 25센트에 들여와서 한 캔당 5센트에 팔았다. 버핏은 자신에게 있어 최초의 벤처 비즈니스였던 그 사업에 상당한 매력을 느꼈다.

그는 1989년도의 「회장의 편지」에서 그때의 일을 이렇게 말하고 있다.

이 상품(코크)이 소비자들에게 가져다주는 특별한 매력, 바로 거기에 '상업적인 가능성'이 있습니다. 1930년대 초기부터 코크는 이익률이 상당히 높은 소매사업이었습니다. 그로부터 52년에 걸쳐서 코크는 세계 시장을 석권하게 되었고, 그동안 저는 계속 이 상품의 특성을 관찰하고 있었습니다. 저는 코크에 주목하면서도 자산의 대부분을 철도회사, 제조회사, 무연탄회사, 섬유회사 등에 투자했습니다. 그러던 중 1988년 여름이 되어서야 비로소 절호의 기회가 찾아온 것입니다.

반세기 동안 버핏은 '주식'이 아니라 '기업'을 산다는 마음으로 코크를 신중히 관찰하면서 거액의 자금을 투자할 적절한 '시기'를 찾고 있었던 것이다. 벌써 기업으로서 뿐만 아니라 음료수로서 코크에 반해 있었기 때문에, 투자할 시기가 언제인가는 '경영자'와 '주가'에 달려 있었다.

1980년대, 후일 '미국 최고의 최고경영자'라는 평가를 받은 고이주에타가 코카콜라에 등장하면서 경영에 대한 불안도 사라졌다. 기회는 점점 무르익어 가고 있었다. 버핏은 블랙 먼데이의 영향으로 코크의 주가가 낮게 평가되고 있을 때를 놓치지 않고 '한번'에 행동을 개시했던 것이다.

실제로 버핏은 「회장의 편지」에서 고이주에타가 등장한 것이 커다란 전환점이 되었다고 밝혔다.

당시 저는 명확하고도 매력적인 사실을 알아챘습니다. 1970년대가 지나는 시점에서 코카콜라는 부진에서 벗어나 새로운 회사로 거듭 태어났습니다. 새로운 최고경영자로 취임한 로베르토 고이주에타가 도널드 키오와 함께 경영 전략을 수정하고, 수정한 경영 전략을 정력적으로 실행했기 때문이었죠. 이미 전세계에 침투하고 있던 코크가 일단 상승 기류를 타자, 해외 시장에서의 매출액이 폭발적인 기세로 늘기 시작했습니다. 상품의 성장성을 극대화하고 주주들에게 그 열매를 가져다주었죠. 보통 소비재 제조회사의 최고경영자는 마케팅이나 재무 중 한쪽에만 치우치는 경향이 있는데 고이주에타는 모든 면에서 달랐습니다.

주식 시장 관계자들은 '버핏이 왜 좀더 일찍 코크 주식을 사지 않았을까?' 하는 의문을 가졌다. 고이주에타와 키오의 주도로 1980년대 초부터 일어난 코크의 변혁은 코크의 잠재 성장 가능성을 매우 잘 보여 주었지만, 시장 관계자들이 보기에 (버핏이 코크의 주식을 산) 1988년 시점의 코크는 잠재 성장력에 비해 주가가 너무 높게 평가되었다는 판단이 지배적이었다. 그들의 판단이 맞다면 버핏은 코크의 수준보다 높은 가격에 매수한 셈이 된다.

대개의 경우 주가가 고평가되었는지 저평가되었는지는 **주가수익률**(PER, 주가가 주당 이익의 몇 배인가를 나타내는 지표)로 판단한다. 1989년 3월 시점에서 코크 주식은 1989년의 예상 이익을 기준으로 했을 때 주가수익률이 15배 전후로, 시장 평균을 40퍼센트 정도 넘어서고 있었다. 버핏은 1980년대 중반에 자신의 음료수를 펩시에서 체리코크로 바꾸면서도, 자신의 기준으로 저평가되어 있는 '매력적인' 코크 주식을 구입하지 않았던 것이다.

버핏은 코크 주식을 구입한 사실이 알려졌을 즈음에도 왜 그렇게 늦게서야, 그것도 비싼 코크의 주식을 구입했는지에 대한 이유를 분명히 밝히지 않았다. 그러나 1989년도 「회장의 편지」에서 다음과 같이 설명하고 있다.

주가수익률
(PER, Price Earnings Ratio)

주당 순이익비율로, 주가를 1주당 순이익(세후)으로 나눠 1주당 순이익(세후)이 주가에 어떻게 반영되어 있는가를 나타낸다. 기업의 장래 수익성을 높게 평가하면 주가가 상승하면서 주가수익률이 높아지고 낮게 전망하면 주가가 하락하면서 주가수익률은 낮아진다. 따라서 이는 투자자들이 가지고 있는, 당해 기업의 미래 기대 수익력에 대한 평가를 반영하고, 수익대비 주가의 수준을 나타낸다고 할 수 있다. 일반적으로 주가수익률이 낮을수록 수익에 비해 저평가되어 있다고 할 수 있다. 시장 평균치나 동업종 평균치 등과 비교해 현 주가 수준이 적정한가를 판단하는 주요 지표로 사용된다.

왜 좀더 빨리 코크 주식을 사지 않았을까? 왜 고이주에타와 키오 팀이 등장했을 때 사지 않았을까? 만약 제가 좀더 단순한 사람이었다면 1936년에 저의 할아버지를 설득하여 집안에서 하고 있던 '버핏 앤 선'은 팔아

버리고, 그 돈을 전부 코크 주식에 투자했을 것입니다. 저는 교훈 하나를 얻었습니다. '눈부시게 매력적인 생각을 떠올렸다면 50년이 지나기 훨씬 전에 행동에 옮겼어야 한다'는 것입니다.

버핏은, "최적의 시기를 놓쳤다."라고 솔직하게 인정했다. 그것도 몇 년이 아니라 반세기나 늦어 버렸다는 것이다.

1989년 6월, 버핏은 고이주에타의 요청으로 코크의 이사회 임원으로 취임했다. 고이주에타는, "버핏이 참가함으로써 우리 이사회는 그의 지혜와 경험을 얻게 되었습니다." 하는 성명을 발표했다. 버핏과 코크의 '밀월 시대'가 시작된 것이다.

윤택한 캐시플로의 가치

버핏의 스승인 벤저민 그레이엄이라면 코크 주식에 조금도 흥미를 갖지 않았을 것이다. 그레이엄은 컬럼비아 대학 교수 시절에 동료 데이비드 도드와 함께 증권 분석의 금자탑인 '그레이엄-도드 이론'을 확립했는데, 그 이론으로는 주가수익률PER이 시장 평균 이상인 코크의 주식이 저평가되었다고 설명할 방법이 없기 때문이다.

대공황 직후인 1934년에 출판된 『증권 분석*Security Analysis: The Classic 1934 Edition*』에서 두 사람은, "투자 행동이라는 것은 철저한 분석 위에서 원금의 안정성과 만족할 수 있는 수익을 약속하는 것이다."라고 말하고 있다. 그 밖의 것은 모두 '투기'로 간주했다.

버핏은 대부분 '그레이엄-도드 이론'에 충실한 투자를 해 왔다. 도산의 위기에 있던 섬유회사 버크셔 해서웨이나 보험회사 GEICO에 투자

주가순자산비율
(PBR, Price on Bookvalue Ratio)

　일정 시점에서 개별 기업의 주가를 주당순자산(BPS)으로 나눈 것이 주가순자산비율이다. 이는 기업의 자산 가치가 어느 정도인가를 판단하기 위한 수치이다. 주가순자산비율이 '1' 이하일 경우 현재 주가가 자산가치에 비해 저평가되어 있다고 할 수 있으며 이러한 주식은 M&A 대상이 될 가능성이 그만큼 높아진다.

한 금액은 주주의 지분에 상당하는 순자산(해산 가치와 같음)을 크게 밑돈 것이었다. 거의 '공짜로' 주식을 구입한 것과 다름없었다.

그런데 코크는 버핏이 회사를 완전히 매수한 뒤 곧바로 해산하여 자산을 처분한다 해도 이익을 얻을 수 없는 상황이었다. 주식 시가 총액이 대차대조표에 기재된 순자산의 6배에 달했기 때문이다.

바꾸어 말하면 주가가 주당 순자산의 몇 배인지를 나타내는 **주가순자산비율**PBR이 '1'을 밑돌고 있었다. 대차대조표만 보면 왜 코크에 투자를 해야 하는지에 대한 대답을 찾을 수 없고, 그레이엄이 주목한 '안전 여유율' 또한 상당히 낮다고 할 수 있다.

그러나 버핏은 코크의 연차보고서에서 보통의 사람이라면 놓치기 쉬운, 이 회사의 '막대한 가치'를 발견하였다. 연차보고서를 세밀하게 읽고 있던 버핏은, 코크가 장래에 만들어낼 수 있는 캐시플로(현금 수입)의 가치에 주목했다.

버핏에게 기업의 가치를 어떻게 산정하느냐는 질문을 한다면 그는 곧잘 기업을 '채권'에 비교하여 설명한다. 투자가가 이율 5퍼센트인 30년 만기 국채를 사면, 이는 곧 30년에 걸쳐 매년 원금의 5퍼센트에 상당하는 이익을 받을 수 있는 쿠폰을 손에 넣게 되는 것이다. 따라서 30년어치의 쿠폰을 합하여 일정의 금리를 가지고 현재 가치로 나누면 채권의 가치가 산정된다. 이 현재 가치를 '내재 가치'라고 한다.

구체적으로 설명하면, 액면가 1만 원인 채권에 500원의 쿠폰이 붙어 있다면 수익률은 5퍼센트로, 투자가는 매년 500원의 현금 수입을 얻는다. 단, 현재의 500원과 장래의 500원은 '가치'가 서로 다른데, 현재 시장 금리가 5퍼센트라면 시장에서 운용하는 500원은 1년 후에 525원이 된다. 거꾸로 1년 후의 500원은 5퍼센트의 금리를 가지고 현재 가치로 나누지 않으면 안 되고 이 경우 현재가치는 475원이다. 장래의 쿠폰을 현재 가치로 나누어서 얻는 가치를 '할인 현재 가치'라고 한다.

기업을 살 때, 투자가는 '캐시플로'라는 쿠폰을 얻는다. 그러나 채권의 쿠폰에는 금액이 명시되어 있지만 기업의 캐시플로에는 아무것도 명시되어 있지 않다. 따라서 캐시플로를 산정하려면 사업에 대한 통찰력이 뛰어나야 한다. 그래서인지 버핏은, "내가 할 일은 쿠폰의 금액을 찾아내 써넣는 일입니다."라고 말하고는 한다.

코크 주식을 취득하기 전에 버핏은 우선 코크의 '쿠폰'을 계산해 보았다. 다행히 코크는 '쿠폰'을 예측하기가 비교적 쉬웠다. 코크가 청량음료라는 단일품목을 취급하는 단순한 사업 구조이기 때문이다. 거기에다 '세계 최강의 상표'가 뒷받침된 프랜차이즈를 자랑하고 있었고, 고이주에타-키오 팀은 코크의 가치를 최대한 끌어올리는 데 전력을 다하고 있었다.

물론 '미래'의 쿠폰 금액은 사업을 둘러싼 경쟁 조건이나 경제 환경에 의해 변하고 쿠폰을 나눌 때 적용되는 금리 수준도 변한다. 그러나 코크는, 세월이 흐른 뒤 고이주에타의 후임으로서 최고경영자에 취임한 더글러스 아이베스터가 말한 것처럼, "어떤 이변이 일어나도 사람들의 갈증은 없어지지 않는다."라는 특성을 가지고 있기 때문에 다른 업종과 비교하더라도 안정적인 '쿠폰'을 기대할 수 있다.

이 모든 점을 고려할 때 코크는 투자의 '안전여유율'을 고집하는 버핏이 좋아할 만한 종목이었던 것이다.

또한 그는 '쿠폰'이 어느 정도인지 계산하기가 어렵다는 사실을 인정하면서도 저명한 영국의 경제학자 **존 메이나드 케인스**의 말을 인용하여, "케인스가 관찰했듯이 우리들은 정확하게 틀리기보다는 대충이라도 맞는 쪽을 선택합니다."라고 말했다.

버핏은 코크에 고액의 '쿠폰'을 붙여서 현재 가치로 나누었다. 그렇게 하여 코크의 내재 가치는 시장 가치(주식 시가 총액)를 크게 넘어서고도 남을 만큼 충분한 안전여유율이 존재한다고 결론 지었다. 결국 코크에 대한 투자는 '그레이엄-도드 이론'에서 벗어나지 않은 것이다.

후일 버핏은 한 대학의 강연에서 코크의 안전여유율에 대해 말했다.

"저는 코크가 충분한 안전여유율을 가지고 있다고 확신했습니다. 유니언 스트리트 레일웨이(미국 철도 회사)를 순수 운전자본의 40퍼센트 정도의 가격으로 샀을 때와 비슷한 안전여유율입니다. 양쪽 모두 실제로 지불한 것보다 훨씬 더 많은 것을 손에 넣을 수 있었습니다. 단지 차이가 있다면 한쪽(코크)이 다른 한쪽(유니언 스트리트 레일웨이)보다 그것을 발견하기 어려웠다는 것뿐입니다."

여기서 코크의 가치를 발견하는 것이 어려웠던 이유는, 그러기 위해서는 코크의 '쿠폰'을 계산하지 않으면 안 되었기 때문이다.

자유롭게 사용할 수 있는 현금 수입

캐시플로cash flow는 매년 기업의 총수익(세후)에 현금으로 지출되지 않은 비용(감가상각비 등)을 더한 금액을 말한다. 기업의 생산 설비는 일정한 내용연수(고정 자산의 이용 가능 연수)를 갖고 있고, 시간이 지남에 따라 서서히 감가減價하여 최종적인 가치는 '0'이 된다. 내용연수가 끝난 생산 설비는 다시 사들여야 하기 때문에 기업에서는 회계상으로 매년 생산 설비에 대한 감가분을 감가상각비로 처리하지만, 실제로 현금이 지출되는 것은 아니다. 이처럼 현금으로 지출되지 않은 부분까지 포함한 캐시플로는 회계상의 조작을 허용하지 않는, '거짓 없는 숫자'로 볼 수 있다.

하지만 버핏은 캐시플로를 약간 다르게 이해한다. 구체적으로 살펴보면, 기업이 사업을 하기 위해서 반드시 필요한 설비 투자로 인한 지출을 산출하고, 그것을 캐시플로에서 뺀다. 그는 이것을 '오너 이익 owner's earnings'이라고 불렀는데, 1990년대에 들어 '자유롭게 사용할 수 있는 현금 수입free cash flow'이라고 알려지게 되었다.

버핏은 코크 주식을 취득하기 2년 전에 쓴 1986년도 「회장의 편지」에서 캐시플로에 대해 다음과 같이 적고 있다.

> 월스트리트에서 쏟아져 나오는 각종 보고서에는 캐시플로에 관한 분석이 넘쳐나고 있지만, 거기에는 맹점盲點이 있습니다. 설비의 유지나 교체 등에 지출해야 할 금액을 빼지 않는 것입니다. 대부분의 투자은행가

들은 이런 믿을 수 없는 분석을 이용하여 자신의 아이디어를 팔고 있습니다. 그러나 영원히 최신 상태를 유지하고 있어서 바꾸거나 수선할 필요가 없는 것은 없습니다. 그런데도 지금과 같이 투자은행가가 기업의 설비를 영원히 교체할 필요가 없는 것으로 간주한다면, 정부가 책정하는 미국 전체의 설비 투자 예상액도 90퍼센트 정도 줄여야 마땅합니다.

다시 말해 월스트리트의 각종 '보고서'에서는 캐시플로에서 낡은 설비를 교체하기 위한 지출액을 빼지 않기 때문에 캐시플로가 과대평가되고 있다는 것이다. 그런 '조사 보고서'가 올바른 것이라면 미국 전체의 설비 투자 예상액은 대폭적으로 줄여야 옳다는 의미이다.

버핏이 코카콜라의 '오너 이익'을 높게 책정한 이유 중 하나가 바로 여기에 있다. 음료수 사업은 자동차나 철강업과 달리 큰 설비가 필요 없기 때문에 코카콜라는 설비 투자에 많은 돈을 부담할 필요가 없다. 따라서 진정한 의미의 캐시플로인 '오너 이익'을 낳을 수 있는 체제를 만들고 있었던 것이다.

코크의 생산 구조는 매우 단순하다. 설탕 등 원재료를 들여와서 이들을 혼합하여 농축액을 만든다. 이것을 병에 담는 업자에게 판매하고, 이것을 산 업자들은 농축액을 다른 함유물과 섞어서 병에 담아 bottling 제품을 만들어 식료품점이나 슈퍼마켓, 레스토랑, 자동판매기 등 소매 업자에게 넘긴다.

미국 내에서 보틀링 업자를 총괄하는 것은 코카콜라 엔터프라이즈 CCE이다. 코크는 1980년대 중반에 보유하고 있던 코카콜라 엔터프라이즈의 주식 51퍼센트를 일반인에게 처분했다. 지주 비율이 50퍼센트 이하가 된 코카콜라 엔터프라이즈의 자산은 모회사 코크의 대차대조표 상에서 사라졌다. 그렇게 하여 코크는 많은 설비 투자가 필요한, 병에 담는 일이나 유통망의 정비를 코카콜라 엔터프라이즈에게 완전히 넘겨버린 것이다.

그 결과 코크는 보틀링 업자들에 대한 영향력은 그대로 유지하면서도 설비 투자의 부담에서 해방되었고, 그만큼 여유가 생긴 자금은 마케팅과 자사주를 구입하는 데에 투자하는 체제를 만들었던 것이다.

이로써 코크는 대규모 설비 투자에 얽매여 때로는 오너 이익이 마이너스가 되기도 하는 '중후장대重厚長大'형 기업(대규모의 설비나 기계가 필요한 산업으로, 주로 중화학 산업을 말한다)에서 벗어나, 가볍게 움직일 수 있는 '고수익' 기업이 된 것이다.

모든 것은 연차보고서에 들어 있다

버핏은 코카콜라에 투자하기로 결정하는 과정에서 고이주에타나 키오를 한 번도 만나지 않았다. 그가 의지한 것은 오직 코카콜라가 매년 주주들에게 발행하는 연차보고서뿐이었다.

따라서 코크 주식 취득은 '월스트리트'(금융가)와 양립하는 '메인스트리트'(대중가)의 대변자인 버핏의 명성을 한층 더 높이는 계기가 되었다. 그는 그만의 특별한 네트워크를 이용하여 일반 투자가들은 흉내낼 수 없는 방법으로 코크를 발굴한 것이 아니었다. 누구라도 볼 수 있는 연차보고서에 의존하여 일반 투자가와 다름없이 시장에서 보통주를 샀을 뿐인 것이다.

고이주에타가 갑자기 사망한 다음 해인 1998년 5월, 버크셔 해서웨이의 연차주주총회에서 버핏은 주주들의 질문에 대답하면서 다시 한번 코크 주식을 취득하였을 때의 일을 설명하였다.

"우리는 굉장히 많은 연차보고서를 살펴보고 있습니다. 우선 우리 머리로 이해할 수 있는 회사를 선정하고, 그들의 연차보고서를 주의 깊게 읽습니다. 그런 식으로 한 해 동안 우리가 읽어야 하는 연차보고서는 수백 권에 이릅니다. 그런 다음 경영자가 연차보고서를 통해 사업에 대해 솔직하게 적고 있는지를 살펴봅니다. 우리가 그 사업을 100퍼센트 보유하는 오너였을 때 가장 알고 싶어하는 사항에 대해 경영자가 쉬운 단어를 사용하여 이해하기 쉽게 설명하고 있는가를 살펴봅니다. 그런 경영자를 발견하면 기분이 매우 좋아집니다. 그럴 듯한 사진이나 그래프를 많이 사용하면서도, 정작 알려 주어야 할 사실은 아무것도 적혀 있지 않은 연차보고서에는 조금도 관심을 두지 않습니다."

그는 체리코크를 한 손에 든 채 더욱 빠르게 말을 이어나갔다.

"그것은 경영자가 마음만 먹으면 할 수 있는 일입니다. 우리들은 10년 이상의 장기 파트너를 결정할 때, 경영자가 사업에 대해 솔직하게 알려 주는지를 가장 중요하게 살펴봅니다. 코카콜라의 연차보고서를 예로 들어보겠습니다. 수십 년 동안 코크의 연차보고서를 읽고 있는데 거기에는 의미 있는 정보가 가득합니다. 저는 코카콜라 주식을 사기 전에 고이주에타와 한 번도 음료수 사업에 대해 대화를 나눈 적이 없습니다. 그와 이야기를 했다 해도 고이주에타는 제가 연차보고서에서 얻은 것 이상의 내용을 말해 주지 못했을 겁니다. 저는 다만 연차보고서에서 얻은 정보를 바탕으로 코카콜라의 주식을 구입했습니다. 경영진과는 한 번도 접촉한 일이 없습니다. 멍거, 자네는 어떻게 생각하나?"

단상에 앉아 있던 버크셔의 부회장 찰스 멍거는 버핏의 재촉을 받고 다음과 같이 대답했다.

"버핏이 말한 그대로입니다. 우리들은 매년 수백 권에 이르는 연차보고서를 읽고 있는데, 그 중에는 알 수 없는 전문용어로 뒤덮인 것도 있습니다. 우리는 그런 보고서에 질려 버렸습니다. 우리가 읽고 싶은 것은 정직하고 간단하며 일관된 내용의 보고서입니다."

버핏은 아직도 할 말이 남아 있는 듯했다.

"멍거의 이야기에 덧붙여 말씀드리고 싶은 것이 있습니다. 모든 사업은 적어도 한두 가지의 문제를 안고 있게 마련입니다. 다만 우리는 그 것을 경영자들이 솔직히 말해 주기를 바라고 있습니다. 반복되는 이야기지만, 우리가 가장 중요하게 생각하는 것 중 하나는, 우리가 사업의 100퍼센트 오너라면 알고 싶어할 만한 사항에 대해 경영자들이 전부 말할 수 있는가 하는 것입니다. 저는 투자하고 있는 기업의 경영자들에게 별다른 조언이나 간섭을 하지 않습니다. 다만 한 가지 충고하는 것이 있다면 '악재는 즉시 공개하라'는 것입니다. 그것이 장기적으로는 최상의 경영 정책이기 때문입니다."

언제나 과묵한 멍거가 이번에는 버핏이 재촉하지 않았는데도 다시 입을 열었다.

"악재를 정직하게 말하고 있는 연차보고서는 그리 많지 않습니다. 그러나 이것은 중대한 문제입니다. 정직하게 말하지 못하는 연차보고서를 가지고는 기업을 정확하게 분석할 수 없습니다."

코크의 연차보고서는 버핏과 멍거, 두 사람에게 감명을 주기에 충분한 내용이었다. 그도 그럴 것이 고이주에타는 1981년에 코크의 최고경영자로 취임하자마자 연차보고서에, "경영의 주요 목표는 장기간에 걸쳐 주주 가치를 최대한으로 높이는 것입니다."라고 소리 높여 선언했기 때문이다. 버핏과 멍거가 보기에 고이주에타야말로 그들이 바라는 연차보고서를 100퍼센트 만족스럽게 작성하는 '보기 드문 최고경영자'였던 것이다.

그러나 안타깝게도 우리 주변에는 악재를 즉시 공개하는 경영자가 그리 많지 않다. 1990년대의 일본 은행계가 전형적인 예인데, 경영자가 "불량 채권 문제는 고비를 넘겼다."라고 거듭 공언하는 동안에도 불량 채권은 계속 늘어만 갔다. 그러다가 대형 금융기관이 갑자기 도산하여 막대한 불량 채권의 실태가 밝혀졌을 때 주주들은 그들이 가지고 있던 주식이 휴지조각이 되어 버렸지만 참을 수밖에 없었다. 일본에는 공동 소송 제도(주주에 의한 집단 소송)가 없기 때문에 기업이 정보를 제대로 공개하지 않아서 주주들에게 입힌 손해를 호소할 방법이 없었던 것이다.

버핏이 코크 주식에 투자하자마자 마치 기다리고 있었다는 듯이 코크 주식은 시장에서 독보적으로 높은 가격을 형성하기 시작했다. 그로부터 3년 후에는 버핏이 소유하고 있는 코크 주식의 시가 총액이 37억 5천만 달러에 달했다. 이것은 버핏이 코크 주식을 구입할 당시 버크셔 해서웨이의 시가 총액에 버금가는 액수이다.

≪ 10 ≫
가치 창조자가 되자

당신이 매일 하고 있는 모든 일들은 가치를 창조하거
나 아니면 파괴하거나, 둘 중 하나입니다. 당신 자신
은 '창조자'입니까, 아니면 '파괴자'입니까?

최고경영자의 목표

1997년 봄, 미국 델라웨어 주 윌밍턴에서 코카콜라의 연차주주총회
가 열렸다. 단상의 중앙에는 최고경영자인 로베르토 고이주에타가 앉
고, 양옆으로는 최고 경영진이 한 명씩 앉아 있었다. 그로부터 몇 개월
뒤 10월 23일, 고에주에타가 폐암으로 급작스럽게 사망했기 때문에 이
것은 그에게 있어 마지막 총회였다.

수백 명의 주주가 앉아 있는 회의석 제일 앞쪽에는 10여 명의 이사회
임원들이 나란히 앉아 있었다. 중앙에는 오마하에서 온 최대주주 버크
셔 해서웨이의 회장 워런 버핏의 모습도 보였다. 고이주에타가 이사회
임원들을 한 사람씩 소개하자 그들은 자리에서 일어나 총회에 참석한
주주들에게 가볍게 인사했다.

미국 기업의 주주총회에서는 이사회의 임원들이 주주석에 앉아서 경
영진과 마주보고 있다. 임원들은 주주 이익의 대변자이며 경영진을 선
출하고 감시하는 입장에 있기 때문이다. 버핏은 그런 코크 이사회의 대

표적인 임원이었다.

고이주에타는 스페인 어조의 영어로 힘있게 말했다.

"코카콜라의 진격은 멈추지 않습니다. 다음 세기 초에는 시장 가치 market value로 잭 웰치가 이끄는 GE를 앞질러 미국 최고의 기업이 될 것입니다."

그러자 회의장의 주주들로부터 박수갈채가 터져 나왔다. 버핏도 열심히 박수를 보냈다.

'시장 가치'라는 것은 언뜻 어려운 경제용어로 들리지만 사실 매우 간단한 개념이다. 시장에서 붙여진 상품(기업)의 가격을 의미하기 때문이다. 기업의 가격은 총발행주식수에 주가를 곱하여 산출하는 시가 총액으로 표현할 수 있다.

미국의 경영자들은 거의 예외 없이 기업의 매출액이 늘어나는 것보다 시가 총액이 늘어나는 것을 훨씬 자랑스럽게 여긴다. 그 이유는 간단하다. 자동차가 매매되는 상황과 비교해 보면 이해하기 쉽다.

자동차 시장에서 제조업체는 단지 엔진의 배기량이 크다고 하여 가격을 높게 설정하는 것이 아니다. 소비자도 배기량이 큰 사실에만 주목하지 않는다. 배기량이 적어도 성능과 안전성 평가에서 종합적으로 우수하면 소비자는 기꺼이 높은 가격을 지불한다. 시장에서 제일 비싼 차가 '최고'의 자리를 차지하는 것은 당연하다. 배기량이 제일 크다고 해서 '최고'가 되지는 않는다.

미국에서는 자동차 시장에서 자동차가 매매되는 것과 마찬가지로 'M&A 시장'에서 '기업'이 매매된다. 당연히 기업의 가격은 기업이 매매

되는 데에 가장 중요한 요소가 된다. 자동차에 비유하면 엔진의 배기량에 해당하는 '매출액'이 아무리 많아도 적자를 내고 있으면 그 기업의 가격은 떨어지게 마련이다. 최악의 경우에는 아무도 사려는 사람이 없을 수도 있다.

그렇기 때문에 기업의 우열을 가릴 때 매출액보다 회사의 가격인 시가 총액에 더 주목하며, 따라서 경영자는 시가 총액을 높이는 데에 중점을 두고 경영 전략을 세운다.

여기서 알 수 있듯이 고이주에타는 시가 총액으로 '최고'가 되겠다고 선언한 것이다. 청량음료라는 단일 품목을 취급하는 코크가 항공기 엔진에서부터 금융 서비스까지 손을 뻗치고 있는 미국 최대의 복합기업인 GE를 추월한다는 것은 상식적으로 실현하기 어렵다. 게다가 1980년대 초반부터 GE의 최고경영자로 군림한 웰치는 '최고의 최고경영자'라는 평가를 받고 있는 사람이었다.

하지만 버핏은 물론이고 코크의 다른 주주들도 그것을 무모한 목표라고 생각하지 않았다. 고이주에타도 웰치와 마찬가지로 1980년대 초반에 코크의 최고경영자에 취임했으며, 코크는 고이주에타 밑에서 극적인 성장을 계속하고 있다는 점이 그들에게 확신을 갖게 했다. 코크의 주주들은, '웰치에 필적할 만한 최고경영자는 고이주에타밖에 없다.'라고 생각하고 있었다. 코크가 기록한 실적이 그것을 뒷받침해 주고 있었다.

시가 총액으로 미국 기업의 순위를 매기면 1992년 말의 상위 5개 회사는 석유의 엑슨, 소매업의 월마트 스토어, 식품·담배의 필립 모리스, 복합기업인 GE, 통신의 AT&T의 순서였다. 이처럼 코크의 이름은 어디에도 없었다.

그러나 1993년 말에 이르러서는 시가 총액으로 매긴 미국의 상위 5 개 회사는 GE, 엑슨, AT&T, 코크, 월마트 스토어의 순서가 되고, 1996 년 말에는 GE, 코크, 엑슨, 인텔, 마이크로소프트의 순서가 된다.

GE는 4년 연속 1위의 자리를 지켰고, 코크는 첨단 기술 업계의 양대 산맥인 인텔과 마이크로소프트의 추격을 따돌리고, 대기업의 대명사로 일컬어지는 국제석유자본 엑슨을 추월했다. 그렇다고 해서 엑슨과 GE 가 만만한 기업이라고는 할 수 없다.

엑슨과 GE는 상위 5개 회사의 단골 기업이었다. 10년 전인 1987년 말에도 엑슨은 2위, GE는 3위였다. 그때 코크는 20위에 머물러 있었다. 성장 속도로 보면 코크는 분명 엑슨과 GE를 앞서고 있었다.

당신은 가치 창조자입니까?

고이주에타는 1997년 주주총회에서 GE를 추월하겠다고 선언한 후 로부터 1년 동안 코크를 상징하는 빨간색 표지의 28쪽짜리 소책자를 직원들에게 배부했다. 그는 『가치 기준 경영*Value Based Management*』이라 고 제목을 붙인 그 소책자에서 자신의 경영 철학을 간결하고 명료하게 설명하여 직원들의 사기를 북돋웠다.

우선 표지에서 고이주에타는 직원들에게 이렇게 질문했다.

당신이 매일 하고 있는 모든 일들은 가치를 창조하거나 아니면 파괴 하거나, 둘 중 하나입니다. 당신 자신은 '창조자'입니까, 아니면 '파괴자' 입니까?

해답의 열쇠는 소책자를 읽다 보면 알 수 있다. 그 다음 첫 장에는 자신이 쓴 편지의 전문을 소개했다.

친애하는 동료 여러분, 여러분들 중 어떤 분들은 저의 질문에 긴장했을지도 모르겠군요. 하지만 제가 의도하는 것은 그것이 아닙니다. 우리 모두는 코카콜라를 위해 가치를 창조하는 일을 하면서 이 질문에 대답하지 않으면 안 됩니다. 가치를 중시하는 경영을 이해하면 이 질문에 대답할 수 있습니다.

우리들의 회사는 장기적으로 주주들을 위한 가치를 창조하기 위해 존재합니다. 이러한 큰 목표를 달성하는 수단인 '경제 부가가치EVA'는 우리들이 매일 사용하는 공통 언어가 되었습니다. '경제 부가가치'는 우리들이 장기적으로 정말 가치를 창조했는가를 잴 수 있는 척도입니다. 경제 가치의 증대는 주가를 높이는 가장 확실한 방법입니다.

> **경제적 부가가치**
> (EVA, Economic Value Added)
>
> 주주가 기업에 투자한 자본을 가지고 기업이 얼마만큼의 부가가치를 생산했느냐를 나타내는 척도로, 기업의 내재 가치를 평가할 때 중요한 기준이 된다. 경제적 부가가치의 값이 높을수록 기업의 수익성과 안정성이 높으며 주가 역시 상승할 가능성이 많다는 것을 의미한다.

가치를 중시하는 경영을 도입함으로써 우리 모두는 가치 창조에 대해 생각하게 될 것입니다. 이것은 우리들이 매일 하고 있는 모든 일, 그리고 우리 회사의 모든 수준을 말해 줄 것입니다. 이 점에 집중함으로써 코카콜라와 이해관계가 얽힌 모든 사람들이 이득을 얻을 수 있습니다. 고용을 늘리고, 고용을 유지하고, 경력을 넓혀 주며, 시장에서도 이길 수 있습니다. 그리고 우리들은 더욱더 즐거워질 수 있습니다. 다음 장에서 여러분들은 가치를 중시하는 경영을 어떻게 일상의 작업에 도입할 것인가를 배울 것입니다. 어떻게 '가치 창조'의 관점에서 전략을 세우고 평가를 내릴 수 있는가 하는 것들입니다. 앞으로 여러분은 몇 권의 소책자를 더 받게 될까요? 이것이 그 첫 번째 책자입니다. 저는 여러분들이 여기에 최대한의 주의를 기울여 주기를 진심으로 바랍니다.

다시 말해 고이주에타는 '가치 파괴자는 필요 없다'고 선언한 것이나 다름없었다.

주주 가치를 행동 원리로 내거는 경영자들은 적지 않지만 그처럼 단순 명료하게 가치 창조를 꿰뚫어보는 경영자는 거의 없었다. 그는 '주주 가치를 늘리는 일에 전념하면 직원을 비롯하여 회사와 이해관계를 맺고 있는 모든 사람들에게 이익이 된다'고 믿었으며, 그것을 우직하게 실행했다.

이처럼 고이주에타는 최고경영자로 취임한 이래, 연차보고서 등에서 자신의 경영 철학을 자세히 밝혀 왔다. "경영자는 오너(주주)처럼 행동하라."라고 주장하는 버핏이 그런 최고경영자를 절대적으로 신뢰하는 것은 너무도 당연한 일이다.

주주의 이익을 중시하라

고이주에타가 주목한 경제적 부가가치EVA는 1980년대부터 미국에 보급되기 시작한 비교적 새로운 경영지표로, '자본이 만들어내는 이익'에서 '자본에 사용된 비용'을 뺀 차액을 말한다. 고이주에타는 더 쉽게, "일정한 금리로 돈을 빌려서 그 이상의 금리로 운용한다. 그리고 차액을 주머니에 넣는다. 전혀 어려운 것이 아니다." 하고 설명했다.

이것은 전혀 새로운 개념이 아니다. 일정한 금리로 돈을 빌려서 그 이상의 금리로 운용하는 것은 2천 년 전 로마 시대에도 통용되던 것이다. 단지 기업회계가 복잡해져 투자가들에게서 조달한 자본에 어느 정도 비용이 필요한지를 파악하는 것이 어렵기 때문에 경제적 부가가치 EVA가 비로소 주목받게 된 것이다.

좀더 자세히 설명하면, 경영자는 주주들로부터 위탁받은 자본으로 사업하여 이익을 주주에게 가져다주어야 하는데, 자본에는 일정한 '비용'이 든다. 그런데 은행 차입이나 채권 발행 등으로 얻은 부채 자본에 '금리'라는 형태로 비용이 드는 것은 쉽게 알 수 있지만, 주주들로부터 위탁받은 주주 자본에 필요한 비용은 산정하기 어렵다.

일반적으로 주주가 기대하는 '이익'이 주주 자본의 비용이 된다. 주식을 구입한 투자가가 10퍼센트의 이익을 기대하면 이 주식을 발행한 기업은 10퍼센트의 비용이 드는 것이다. 5퍼센트의 표면 이율이 붙어 있는 채권을 구입한 투자가는 5퍼센트의 이익을 기대하는 한편, 이 채권을 발행한 기업은 5퍼센트의 비용을 부담하는 것과 같은 논리이다. 그러나 문제는, 채권에는 표면 이율이 붙어 있으나 주식에는 붙어 있지 않기 때문에 주주 자본의 비용은 부채 자본의 비용처럼 명확히 파악할 수 없다는 것이다.

영어에서 '이익'을 뜻하는 '리턴return'은 넓은 의미를 갖고 있다. 주주가 100달러를 주식에 투자하여 경영자가 그 100달러를 가지고 1년 후에 20달러의 이익을 만들면 여기서 이익, 즉 '리턴'은 20퍼센트가 된다. 자기자본이익률이 20퍼센트가 되는 것이다. 이때 20달러 자체를 '이익'이라고 하는 경우도 있고, 주가 상승이나 배당을 '이익'이라고 하는 경우도 있다. 고이주에타가 중시하는 것은 주주 자본의 이익, 즉 자기자본이익률의 향상이다.

주주 자본에 드는 비용은 부채 자본보다 훨씬 높다. 기업이 파산할 경우 가장 먼저 변상을 받을 수 있는 대상은 부채 자본 소유자(채권자)들로 주주 자본 보유자(주주)들은 그 다음 순위이다. 이처럼 주주 자본 보유자들은 자본 제공자 가운데 가장 높은 위험부담을 안고 있기 때문에 그만큼 더 많은 이익을 기대하는 것은 당연하다.

이런 점에서 1980년대 일본의 모습을 살펴보는 것은 우리에게 많은 교훈을 전해 준다. 당시 일본 기업들 사이에서는, 주주 자본은 '공짜'나 다름없다는 잘못된 생각이 팽배했다. 그래서 많은 기업들이 신주新株를 대량으로 발행하여 조달한 자본으로 꼭 필요하지 않은 설비 증강 등 주주 이익과는 거리가 먼 분야에 투자했다. 주식에는 표면 이율이 쓰여 있지 않기에 많은 경영자들은 '주주 자본의 비용은 배당'이라고 생각한 것이다. 따라서 1990년대 들어 일본의 기업은 과잉 자본, 과잉 설비, 과잉 고용을 안게 되었고, 대차대조표에 비용이 높은 자본을 올리면서 이익이 낮은 설비를 대량으로 갖추어 일시에 경쟁력을 잃게 되었다.

주주 자본이 부채 자본보다 비용이 많이 드는 또 다른 이유로는 '기간'이 있다. 부채 자본은 변제 기한이 정해져 있기 때문에 기간이 짧으면 짧을수록 위험률이나 이익도 한정된다. 이와는 반대로 주주 자본은 변제 기한이 설정되어 있지 않은 '무기한'의 자본이기 때문에 기간이 길면 길수록 위험률이 높고, 또 그만큼 투자가들은 높은 이익을 기대하게 마련이다. 따라서 주주 자본은 기업에게 있어서 많은 비용이 필요한 자본이다.

이익을 낳는 사업에만 투자한다

코크는 일찍부터 자본에 필수적으로 따라오는 '비용'을 제대로 인식하고 있었다. 1980년대에는 비용을 초과하는 이익을 낳는 사업에만 집중적으로 투자하고, 그렇지 않은 사업에서는 깨끗이 손을 떼 버렸다. 자본의 이익이 비용을 초과하면 부를 창조하고 그렇지 않으면 부를 파괴한다는 판단 기준을 만들어, 그것에 따라 사업을 선택했다. 이익에서 비용을 제외한 개념인 경제적 부가가치를 도입하여 '경제적 부가가치의 증대'가 '부의 증대'로 이어진다는 인식을 경영 전반에 걸쳐 전개한 것이다.

코크가 경제적 부가가치라는 개념을 도입하기 시작한 것은 1980년대 전반이다. 당시 고이주에타는 코크의 계열사에 대한 구조 조정에 나섰다. 그 과정에서 그는 계열사들을 어떻게 평가해야 할 것인가에 대해, 대형은행 체이스 맨해튼에서 일하고 있던 베넷 스튜어트에게 자문을 구했다.

젊고 실력 있는 컨설턴트인 스튜어트는 일찍이 생각하고 있던 '새로운 평가 방법'을 제안했다. 주주 가치의 증대를 목표로 내걸고 있던 코크는 스튜어트의 조언을 마음에 들어했고, 그것을 계열사뿐 아니라 본사에도 적용하기로 했다.

그렇게 해서 만들어진 기준이 바로 '경제적 부가가치'이다. 그 후 스튜어트는 체이스 맨해튼을 그만두고 독립하여 컨설턴트 회사 스턴 스튜어트를 창업하여 경제적 부가가치 개념을 보급하기 시작했다.

경제적 부가가치는 버핏이 중시하는 캐시플로의 연장선상에 있는 개념이다. 그것은 캐시플로를 훨씬 진화시킨 개념으로, '장래의 기대 캐시플로에서 자본 비용을 제외한 부분'으로 이해하면 된다.

1980년대부터 미국에서 경제적 부가가치의 개념을 이용하는 기업이 늘기 시작했고, 지금은 기업의 내재 가치를 판단하는 매우 중요한 지표로 쓰인다.

버핏은 특별히 '경제적 부가가치'라는 말을 사용하지는 않는다. 그러나 미국 증권회사 페인웨버의 경제 분석가인 앨리스 슈로더는 버크셔 해서웨이에 대한 보고서에서, "버핏은 스턴 스튜어트가 경제적 부가가치를 주장하기 훨씬 전부터 경제적 부가가치의 개념을 사용하여 기업을 분석하고 있었다." 하고 지적했다.

예를 들면, 경제적 부가가치의 핵심은, 신규 프로젝트 등에 자본을 투자할 경우 투자하는 자본의 비용을 인식해야 한다는 것이다. 이에 대해 슈로더는, "버핏은 1960년대에 섬유 제조회사였던 버크셔 사를 매수할 때 이미 자본 비용의 의미를 배우고 있었다."라고 분석했다. 그는 기존의 섬유 사업을 계속 유지했지만 버크셔 해서웨이가 새롭게 손에 넣은 캐시플로는 섬유 사업에 투자하지 않았다. 자본 비용을 넘어서는 이익을 기대할 수 없었기 때문이었다.

미국에서 가장 먼저 경제적 부가가치의 개념을 도입한 기업 중 하나라고 볼 수 있는 기업이 바로 코크인데, 그보다 훨씬 전인 1960년대부터 버핏은 경제적 부가가치와 같은 방법을 자기 나름대로 고안하여 실제로 응용하고 있었던 것이다. (일본이나 한국의 주식 시장에서는 버핏보다 30년이나 늦게 경제적 부가가치의 개념을 받아들인 셈이다.)

귀중한 주주 자본을 낭비하는 경영자

버핏이 「회장의 편지」에서 지적한 바와 같이 1981년 고이주에타키오 팀이 탄생한 것을 계기로 코크는 부활하기 시작했다. 거꾸로 말하면 1970년대의 코크는 세계 최강의 '상표 인지도'를 가지고 있으면서도 그것을 제대로 활용하지 못했을 뿐 아니라 예전의 영광마저 잃어가고 있었다.

고이주에타의 전임자인 폴 오스틴 시절에 코크는 이미 세계적인 네트워크를 쌓고 있었다. 다만 해외 시장 판매는 독립적인 각각의 업체들에게 전부 맡기고 있었기 때문에 그룹의 통일적인 전략을 갖고 있지 못했다. 그 중에는 불행히도 경영자가 신통치 못해 매출이 계속 부진한 개별 업체들도 많았다. 그 업체들은 전통적으로 소규모의 식료잡화점 유통 경로에 의존하고 있었는데, 슈퍼마켓의 등장으로 격변하는 시장 환경에 제대로 적응하지 못했던 것이다.

1966년에 사장에서 최고경영자로 승격된 오스틴은 명문 하버드 대학 출신의 잘생긴 남자였으나 경영자로서는 대단한 평가를 받지 못했다. 사업이 만들어내고 있는 거액의 캐시플로를 어떻게 사용해야 하는지 몰랐을 뿐만 아니라, 본업인 청량음료 이외의 다른 분야에 손을 뻗쳐 사업을 점점 다각화하는 실수를 저질렀다. 고이주에타에게 자리를 물려줄 때까지 오스틴은 보일러 사업, 와인 양조, 새우 양식, 플라스틱 제조업 등에까지 손을 뻗쳐 코크를 복합기업으로 만들어가고 있었다. 오스틴은 버핏이 가장 싫어하는 경영자 유형인 '귀중한 자본을 낭비하는' 사람이었던 것이다.

따라서 콜라를 '중심'으로 하는 음료수 사업의 경쟁력은 떨어졌고 마침내 경쟁 회사인 펩시콜라에게 서서히 시장을 빼앗기기 시작했다.

펩시콜라는 급성장하는 슈퍼마켓에 초점을 맞추어 적극적으로 판매량을 늘려나가고 있었는데, 그에 비해 코크는 여전히 식료잡화점 유통경로에 의존했다. 더욱이 판매의 최전선에 있는 각 업자들도 통일적인 전략을 짜내지 못하고 독자적으로 행동했다. 1974년 저조한 주식 시장 시세가 끝날 무렵 코크의 시가 총액은 31억 달러였고, 1980년에도 42억 달러밖에 되지 않았다. 이는 연평균 5퍼센트대의 성장으로, 주요 주가지수를 훨씬 밑도는, 부진한 성적이었다.

더구나 오스틴은 그의 부인의 전횡을 묵인하는 실수를 범했다. 오스틴의 부인 진은 애틀랜타에 새로 지은 본사 빌딩 인테리어에 '실력'을 행사했다. 그는 코크의 전통인 **노만 록웰**Norman Rockwell의 그림을 창고에 던져 버리고, 대신 **전위파**의 그림을 걸었다. 진은 미술품을 수집하기 위해 회사 명의로 제트기까지 구입했다.

폴 오스틴이 결정적으로 사원들의 사기를 떨어뜨린 것은, 본사 내 공원에 음식물 찌꺼기를 먹으려고 몰려드는 비둘기가 잔디를 해친다는 이유로 직원들이 공원에서 점심식사를 하는 것을 금지한 일이다. 알츠하이머 병을 앓고 있으면서도 그 사실을 숨기고 있던 오스틴은 이미 통솔력을 잃고 있었던 것이다.

결국 1980년 5월, 코크에 있어서 '보스'로 통하던 로버트 우드러프 Robert Woodruff가 나서서 이사회를 주도하여 오스틴을 퇴임시켰다. 우드

노만 록웰
(Norman Rockwell, 1894~1978)

리얼리즘 일러스트레이터라 평가되는 노만 록웰은 주로 일상적인 미국인들의 모습을 화폭에 담아 자본주의 시장경제 사회를 있는 그대로 묘사했다. 그런 그의 화풍과 유명한 예술가의 그림들로 인쇄 광고를 집행하던 코카콜라의 정책이 만나, 상쾌한 코카콜라를 즐기는 사람들을 묘사한 그림이 탄생하기도 하였다.

전위파(아방가르드)

제1차 세계대전 때부터 유럽에서 일어난 예술 운동으로, 기성의 관념이나 유파(流派)를 부정하여 파괴하고 새로운 것을 이룩하려는 화파로, 입체파, 표현파, 다다이즘, 추상파, 초현실파 등의 혁신적인 예술을 통틀어 일컫는다.

러프는 1923년부터 1955년까지 코크의 중흥을 주도한 인물로, 당시 91세라는 고령의 나이에도 이사회 내에서 재무위원장을 역임하는 등 영향력을 행사하고 있었다. 그가 오스틴을 추방하게 된 직접적인 원인으로는, 우드러프는 평소 차입이 없는 코크의 경영을 자랑스럽게 생각하고 있었는데, 오스틴이 1억 달러가 넘는 돈을 쏟아 부으면서 본사 건물을 새로 짓는 등, '일을 벌이느라' 빚이 생겼다고 발표했기 때문이었다.

물러난 오스틴 대신 임명될 새로운 최고경영자 후보로는 판매 수완이 뛰어난 도널드 키오가 유력했으나, 우드러프가 최종적으로 선택한 사람은 쿠바 태생의 화학자 출신인 고이주에타였다. 코크의 사원들이나 업계 관계자 그리고 월스트리트는 이런 파격적인 인사에 놀라움을 감추지 못했다.

그러나 코크의 내부 사정을 잘 알고 있던 사람들에게는 그다지 놀랄만한 일이 아니었다. 고이주에타는 비밀리에 '보스'와 깊은 신뢰 관계를 쌓고 있었던 것이다.

적절한 레버리지를 이용하라

코크의 차기 회장 겸 최고경영자로 지명된 고이주에타는 즉시 키오를 제2인자로 지목하였고, 두 사람은 코크의 본업인 음료수 사업을 다시 일으키는 작업에 착수했다.

우선 업체들을 재편하여 각 시장에서 판매 조직의 '중심' 역할을 하는 '앵커 보틀러anchor bottler'를 육성하는 작업에 중점을 두었다. 하지만 그 일을 하는 데에는 거액의 자금이 필요하기 때문에 우드러프가 싫어하는 차입이 불가피했다. 고이주에타와 키오는 우드러프를 위시한 '장로'

들이 자리를 잡고 있는 이사회의 동의를 구하지 않으면 아무것도 시작할 수 없었다.

고이주에타는 우선 전근대적인 코크의 이사회를 근본적으로 개혁하는 일에 착수했다. 회장으로서 처음 개최한 1980년 9월의 이사회에서 그는 새로운 정관을 제안하여 통과시켰다. 이때 만들어진 새로운 정관은 다음과 같은 것들이었다.

① 71세 이상인 임원은 재선하지 않는다.
② 은퇴한 최고경영자는 이사회의 임원이 될 수 없다.
③ 이사회 재무위원회에 최고경영자가 참여한다.

이에 따라 고이주에타는 우드러프나 오스틴 같은 장로급 임원들을 배제하고, 코크의 재무를 장악하게 되었다.

고이주에타가 재무를 장악한 것은 특히 의미가 컸다. 그는 최고경영자로 임명되자마자 1980년대를 이끌어갈 최고경영자는 재무에 탁월한 이해력이 있어야 한다고 생각하여 회계학 등을 독학으로 공부했다. 그러면서 그가 도달한 결론은, '우리들은 주주의 위탁을 받아서 경영하고 있다는 사실을 재확인하고 주주에게 평균 이상의 이익을 제공하는 것을 사명으로 한다'는 것이었다. 즉 주주로부터 위탁받은 자본으로 얼마만큼의 이익을 냈는가를 나타내는 '자기자본이익률의 향상'이 그가 나아가야 할 확고하고도 명확한 목표였던 것이다.

최고경영자의 능력이 낮게 평가되는 원인 중에 하나인 '차입금 증대'가 고이주에타에게는 그다지 중요하지 않았다. 그는 경영자로서 높은 평가를 받기 위해 경영하는 것이 아니라 자기자본 이익률을 높이기 위해 경영하는 것이기 때문이었다. 그는 거액의 차입금으로 이익률이 낮은 분야에 투자하는 것은 바보 같은 짓이겠지만, 차입금을 늘려서 이익률이 높은 사업에 투자하여 자기자본 이익률을 높이는 것은 합리적이라고 생각했다. 무차입금 경영만을 고집하다 보면 자칫 성장의 기회를 놓칠 수 있기 때문이었다. 또한 어느 면에서는 적절한 **레버리지**leverage를 이용하는 것도 근대적인 경영 방법 중 하나라고 생각했다.

레버리지 비율은 부채 자본이 주주 자본의 몇 배인지를 나타내는데, 부채 자본은 주주 자본보다 자본 비용이 낮고, 또 최고의 평가를 얻고 있던 당시의 코크는 낮은 금리로 부채 자본을 늘릴 수 있었기 때문에 일정한 차입금으로 레버리지를 높이는 것도 올바른 경영 방법 중 하나가 될 수 있었다.

연차보고서를 보면 이런 고이주에타의 생각이 선명하게 드러난다. 그에게 있어 경영의 목표는 장기간에 걸쳐 주주 가치를 최대한 높이는 것이고, 사업상의 목표는 장기간에 걸쳐 캐시플로를 최대화하는 것이었다. 그 목표를 이루기 위해서는 새로운 차입금을 도입해서라도 이익률이 높은 음료수 사업에 투자해야 한다.

고이주에타는 이러한 경영 철학을 바탕으로 대담하게 부채를 늘려서 주요 업체들에 투자하여 '앵커 보틀러'를 육성했다. 1981년, 펩시에게 시장을 잠식당한 필리핀 현지의 대형업체에게 30퍼센트를 출자한 것을 비롯하여, 미국 내외 업체에 과감하게 출자하여 보틀링 공장의 근대화, 판매 선전비의 증액 등을 실행했다. 코크 본사와 각 업체들이 통일적인 전략을 짜내고, 높은 성장률과 높은 이익률을 철저하게 추구하는 데에는 '앵커 보틀러' 체제가 가장 효율적이었다.

1986년에는 미국 내에 코카콜라 엔터프라이즈를 설립하여 대형 보틀러 지주회사로 삼았다. 코카콜라 엔터프라이즈 설립 후, 보유하고 있던 코카콜라 엔터프라이즈의 주식 51퍼센트를 일반 투자가들에게 판매하여 지주 비율을 49퍼센트로 낮췄다. 코카콜라 엔터프라이즈의 주식 공개로 11억 달러를 손에 넣고 그 자금을 새로운 보틀러를 매수하는 데에 사용하면서, 코카콜라 엔터프라이즈에 대해서는 일정 정도의 영향력을 지속적으로 유지하는 체제였다.

이 과정에서 주목해야 할 것은, 코카콜라 엔터프라이즈의 지주 비율을 절반 이하로 내림으로써 보틀링 공장 등 거액의 설비를 필요로 하는 코카콜라 엔터프라이즈를 본사의 대차대조표에서 제외한 점이다. 이런 정책을 실시한 결과, 코크 본사는 막대한 투자 부담에서 벗어나 버핏이 주장하는 '주주 이익'에 해당하는 윤택한 캐시플로를 창출할 수 있는 구조를 만들어냈다. 프리 캐시플로(자유롭게 쓸 수 있는 현금 수입)가 늘어나면 본업인 청량 음료 사업에 대한 투자를 확대함과 동시에, 자사주 구입 등으로 주주에게 더 많은 이익을 돌려 줄 수 있게 된 것이다.

음료수 사업이라는 본업을 강화하는 작업에서 가장 돋보인 것은 1982년에 있었던 신제품 '다이어트 코크'의 출시였다. 역대 최고경영자들은 "'코카콜라'라는 상표명은 신성하며, 다른 어떤 제품에도 이 이름을 붙여서는 안 된다."라는 불문율을 거의 한 세기에 걸쳐 지켜 왔는데, 고이주에타에 의해 이 전통이 깨진 것이다. 다이어트 코크는 금세 인기를 끌어 '1980년대에 등장한 소비재로서 최대의 인기 상품'이 되었다.

고이주에타는 오스틴이 남긴 유산을 청산하는 데에 주력했다. 구체적으로는 경제적 부가가치의 기준에 맞춰 보일러나 새우, 와인, 플라스틱 등 다각화되어 있던 사업을 전부 매각하였다. 그것들이 전부 '주주가치를 파괴하고 있다'고 판단했던 것이다. 그도 그럴 것이 음료수 사업 이외의 사업은 높은 매출을 보였음에도 코크의 자본 비용을 능가하는 이익을 만들지 못했다. 이제 남은 것은 1982년에 매수한 컬럼비아 영화사뿐이었다.

항상 주가를 의식하는 고이주에타였기 때문에 당연히 월스트리트에 대한 반응도 전임자들과 달랐다. 그는 경제 분석가들의 보고서를 닥치는 대로 읽는 한편 코크를 제대로 이해하고 있지 못한 사람들에게 직접 편지를 썼다. 하루에도 몇 번씩이나 주가를 확인했음도 물론이다.

자사주 매입으로 이익을 반환한다

윤택한 프리 캐시플로(자유롭게 쓸 수 있는 현금 수입)를 창출해 낸 코카콜라는 1984년 이후 대대적인 자사주 구입에 나섰다. 코크의 최고 경영진 가운데 한 사람은 이렇게 말했다.

"본업인 음료수 사업을 강화하는 것만으로도 바빠서 다른 신규 사업에 대해 생각할 시간이나 힘이 전혀 없습니다. 원래 본업 이상의 큰 이익을 낳을 수 있는 사업을 발견하는 것은 대단히 어렵습니다. 그렇기 때문에 남는 캐시플로는 자사주를 구입하는 데 사용하는 것이 가장 현명한 방법입니다."

고이주에타가 최고경영자로 지명되고 나서부터 갑작스럽게 사망하기 전까지 10여 년 동안, 코크는 누계로 총발행주식의 3분의 1을 되샀다. 재매입 평균 가격은 10달러로, 1997년 시점의 주가와 비교해 보면 7분의 1밖에 안 되는 가격이었다. 이에 대해 고이주에타는, "자사주 구입만으로 총액 250억 달러의 부를 창출했다."라고 하면서, 앞으로 10년 동안, 남은 주식의 10퍼센트를 재매입할 계획을 세웠다.

주주들로부터 위탁받은 자본을 제대로 운용할 수 없는 경우에는 자사주 매입을 통해 자본을 주주들에게 반환해야 한다고 믿고 있었던 것이다.

일반적으로 자사주를 매입하는 목적은 주가를 올리기 위해서가 아니라 기업의 자본 효율을 향상시키기 위해서이다. 관련 설문 조사의 결과를 살펴보면 실제로 미국 경영자들 대부분은 '자본 효율의 향상'을 목표로 내걸고 자사주를 매입한다고 한다. 수중에 '현금'과 '예금'을 쌓고 있으면 주주들의 지분인 이익이 낮아져 경영자로서는 '실격'이라는 것이다. 은행에 예금할 바에는 일부러 기업 경영자에게 맡기지 않고 주주 자신이 직접 은행을 찾아가면 그만이기 때문이다.

게다가 주식은 은행 예금보다 높은 위험 부담을 가지고 있다. 따라서 위험률이 높으면 그만큼 높은 이익이 따라야 한다는 것은 너무나 당연하다.

버핏도 이익의 사내 유보에 대해 일정한 기준을 갖고 있다. 경영자는 사업이 만들어내는 이익에 대하여 항상 중요한 판단을 하지 않으면 안 되는데, 이익을 설비 투자나 기업 매수와 같은 재투자에 돌릴 것인가, 아니면 자사주 구입이나 배당을 통해 주주들에게 반환할 것인가 하는 것들에 대해 판단을 내려야 하는 것이다. 이에 대해 버핏은, "사내 유보 1달러는 최소한 1달러 이상의 시장 가치(주식 시가 총액)를 만들어내야 한다."고 주장한다.

100억 원의 주주 자본과 200억 원의 시장 가치를 갖고 있는 기업을 생각해 보자. 이익 중에서 20억 원을 사내 유보로 유지한다면 주주의 지분인 주주 자본은 120억 원으로 늘어난다. 경영자가 증가분의 20억 원을 아무리 쌓아 두어도 변동 사항이 없는 '현금'이나 약간의 이자가 붙는 '예금'에 재투자한다면, 1년 후에도 기업의 시장 가치는 그대로 200억 원일 가능성이 있다. 120억 원의 주주 자본을 사용하여 사업 전체가 만들어내는 이익의 총액이 100억 원의 주주 자본을 사용할 때와 비교해 조금도 늘지 않았기 때문이다.

이런 경우 버핏의 기준을 적용시킨다면, 시장 가치 220억 원을 만들어낼 수 없는 경영자는 '실격'이다. 주주들로부터 20억 원의 자본을 새롭게 위탁받았는데도 경영자는 거기에 합당한 부를 만들어내지 못하고 있기 때문이다.

현명한 경영자라면 매력적인 사업을 발견하여 재투자할 수 없다면 차라리 '자사주 매입'이나 '배당' 등으로 주주들에게 이익을 반환해야 한다. 주주는 반환받은 20억 원을 이율 5퍼센트의 국채를 구입하여 주식보다도 이익률이 높고, 위험 부담도 거의 없는 자산을 손에 넣을 수 있기 때문이다. 자본을 신중하게 관리하는 것을 장점으로 하는 고이주에타가 자사주 구입에 적극적이었던 이유가 거기에 있다.

버핏은 많은 이익을 내고 있는 기업을 무조건 칭찬하지 않는다. 왜냐하면 사내 유보의 축적으로 주주 자본이 커지면 자동적으로 이익의 절대액도 늘기 때문이다. 예를 들면, 20퍼센트의 자기자본이익률을 유지하는 기업이라면 100억 원의 주주 자본으로 20억 원의 이익을 낼 수 있다. 그 20억 원을 사내 유보로 하여 주주 자본을 120억 원으로 늘리면 특별한 능력을 발휘하지 않아도 1년 후에는 이제까지 최고 이익인 24억 원을 거둘 수 있다. 하지만 이는 복리로 운용되는 정기예금과 조금도 다를 것이 없다. 따라서 버핏은 주주 자본을 늘리지 않고도 최고 이익을 달성할 수 있는 경영자를 높이 평가한다.

캐시플로가 윤택하다면 주주 자본은 더욱더 철저하게 관리되어야 한다. 최근 미국 기업의 평균 자기자본이익률은 과거 30년 동안의 평균인 12퍼센트보다 10퍼센트 정도 높아졌다. 따라서 만약 캐시플로가 이익으로 바뀌었으나 유리한 운용처가 없어 현금과 예금으로 사내 유보되었다고 가정한다면 22퍼센트의 자기자본이익률로 인해 4년 이내에 주주 자본이 2배로 증가함을 알 수 있다. 그런데 자기자본이익률에서 '분모'가 되는 주주 자본이 2배 증가함에 따라서 오히려 자기자본이익률은 50퍼센트 줄어든다.

늘어나는 캐시플로를 바탕으로 코크만이 아니라 IBM이나 의약품 회사인 메르크 등을 비롯한 우량 기업의 대부분이 1990년대 후반에 자사주를 대량 구입하기 시작했다. 자사주를 구입하면 주주 자본을 줄이는 효과가 있었던 것이다. 연구 개발비나 설비 투자를 넘어서는 규모의 자금을 자사주 구입에 투자하는 기업도 줄을 이어, 미국 주식 시장에서는 자사주 구입 등에 의한 주식 소각액이 신주 발행 등 주식의 공급보다 많은 '주식의 순감純減' 현상이 나타나게 되었다.

다시 말하면 주식 시장이 '기업이 자금을 조달하는 장'이라기보다는

'기업이 부를 분배하는 장'으로 바뀐 것이다. 여기서 잊지 말아야 할 점은 대기업이 자사주 구입으로 시장에 반환시킨 자본은 시장에서 없어지는 것이 아니라는 점이다. 이는 고성장 첨단 기술 기업에 의한 신규 **주식 공개**IPO 등으로 흘러 들어가서 자본이 '**성숙 산업**'에서 '성장 산업'으로 이동하는 셈이 된다. 경영자가 자본을 유용하게 사용함으로써 거시 경제적으로도 자본의 이익률이 높은 부문으로 흘러 들어가 경제의 신진대사가 빨라지는 구조가 되는 것이다.

말할 필요도 없이 버핏은 자사주 구입에 적극적인 기업을 높이 평가하는 한편, 확대 지향의 M&A를 규탄한다. 자사주 구입은 자본의 팽창을 억제하여 기존 주주의 지분을 높이지만 M&A는 거꾸로 자본을 팽창시켜서 기존 주주의 지분을 낮출 염려가 있기 때문이다. 버핏은 1994년의 「회장의 편지」에 다음과 같이 썼다.

주식 공개 (IPO, Initial Public Offering)

기업이 최초로 일반인을 대상으로 자사 주식을 판매하는 것을 지칭하는 용어이다. 발행시장(Primary Market)에서 판매될 해당 회사 주식의 가격은 인수단에 의해 결정되고, 그때 결정된 가격을 '공모가'라 한다. 이처럼 신규 주식 공개 과정을 거친 주식은 유통 시장(Secondary Market)으로 불리는 일반적인 의미의 '주식 시장'에서 자유로운 거래가 가능해지게 된다.

성숙 산업

모든 산업은 처음 '도입기'를 거쳐 '성장기', '성숙기', '쇠퇴기'의 순환 과정을 거치게 된다. 이 중 급격한 기술 개발의 시기가 지나고 상품 보급률이 일정 수준에 도달하게 되어 시장의 크기가 고정적인 산업을 성숙 산업이라고 한다. 산업이 성숙기에 접어들게 되면 제품의 가격 변화와 기술 개발이 둔화되고, 생산 공정이 안정되지만 마케팅에 필요한 경비가 늘어나게 되며, 시설 투자에 대한 감가상각비의 부담도 늘어난다.

최고경영자는 때때로 사내의 전략 부문 담당자나 외부 컨설턴트, 투자은행가에게 좋은 매수 건수가 없느냐고 묻습니다. 하지만 이것은 자신의 방을 장식할 때 인테리어 디자이너에게, "나는 5만 달러짜리 양탄자가 필요할까요?" 하고 물어 보는 것과 같습니다.

모든 에너지를 집중해야 한다

1997년 봄, 연차주주총회를 맞아 코크의 최고재무책임자CFO 제임스 체스넛은 애틀랜타 본사에서 이루어진 인터뷰에서 명쾌하게 말했다.

"우리들은 '그 회사'를 경쟁 상대로 생각하지 않습니다. 그들이 하고 있는 일은 본질적으로 우리들이 하는 일과 다르니까요."

'그 회사'는 바로 로저 엔리코가 이끄는 펩시콜라를 지칭한다.

체스넛의 말에서 느낄 수 있듯이 코크는 더 이상 펩시에게 위협을 느끼지 않았다. 코크는 러시아나 베네수엘라 등에서 약진을 하는 등, 해외의 주요 시장에서 펩시와의 격차를 점점 넓히고 있었다. 가장 큰 시장인 미국에서도 코크는 42퍼센트의 시장 점유율을 차지하여 31퍼센트의 펩시를 따돌리고 있었다. 과거 20년 동안에서 가장 큰 격차였다.

사업 규모에서는 펩시가 코크를 압도했다. 펩시의 직원 수는 48만 명에 달하여 고용 규모 면에서는 미국에서 GM, 월트 디즈니에 이어 세 번째로 컸으며, 이는 3만 3천 명을 고용한 코크의 10배가 넘었다. 매출은 70퍼센트, 총자산은 60퍼센트나 더 많았다. 기업의 외형적인 면을 중요하게 생각한다면 펩시가 코크보다 한 수 위라고 간주할 수 있지만 그것은 좀더 생각해 볼 필요가 있다.

코크는 매년 꾸준히 50퍼센트 이상의 자기자본이익률을 올리고 있었고, 1996년 마침내 자기자본이익률이 60퍼센트에 이를 정도로 고수익 기업이 되었다. 그들은 주주들로부터 위탁받은 자본을 보통의 음료수 사업에 운용하여 헤지펀드 정도의 높은 이익을 올리고 있었다. 음료수 사업은 '성숙 사업'이지 '성장 산업'이 아니라고 생각하던 분위기에서 말이다. 참고로 성장 산업인 첨단 기술 업계의 마이크로소프트나 인텔

등도 40퍼센트 미만의 자기자본이익률을 보였다.

물론 펩시도 우량 기업이라고 할 수 있다. 과거 10년간 펩시의 자기자본이익률은 평균 20퍼센트를 넘었으며 이는 미국 기업의 평균을 넘는 것이다. 주주가 얻을 수 있는, 주가 상승과 배당금을 모두 고려한 이익도 연평균 23퍼센트에 이르렀다. 그러나 100년의 역사를 자랑하는 '성숙 산업' 코크가 매년 50퍼센트 이상의 자기자본이익률을 달성하고 있었기 때문에 펩시로서는 중과부적衆寡不敵이었다.

특히 가장 주목할 점은 주식 시가 총액이다. 코크의 시가 총액은 1997년 봄에 1,500억 달러를 돌파하여 미국 내 기업 가운데 GE에 이어 2위를 기록했다. 한편 펩시의 시가 총액은 500억 달러로 코크의 3분의 1 수준이었다. 즉, 코크는 펩시보다 훨씬 적은 자본과 노동력으로 펩시의 몇 배에 이르는 부를 창조했던 것이다. 미국 언론은, "콜라 전쟁은 코크의 완승完勝으로 끝이 났다."라는 식의 논조 일색이었다.

왜 이렇게 차이가 벌어진 것일까? 원인은 명백하다. 코크가 차례차례 비전략 사업에서 손을 떼고 있는 동안 펩시는 다각화 경영을 추진하고 있었기 때문이다. 그동안 펩시는 스낵 사업이나 레스토랑 사업에도 손을 뻗쳐 막대한 자산과 대량의 고용을 안고 있었기 때문에 이익률에서 코크를 따라가지 못했다. 캐시플로의 대부분을 비음료수 사업에 투자해야 했기 때문에 본업인 음료수 사업에 경영 자원을 집중할 체제를 갖추지 못한 것이다.

1980년대 종반에 코크는 드디어 컬럼비아 영화사를 소니에 매각했다.

그것은 총 30억 달러 이상의 거액이 오고간, 할리우드 영화사로는 최고 매수액이었다. 미국의 각 언론들은, "일본인에게 미국인의 혼을 팔아 버렸다."라고 비난하면서 소니의 동향에 주목했는데, 그 이면에서 고이주에타는 조용한 혁명을 차근차근 진행하고 있었다. 하지만 소니는 그 후 컬럼비아 영화사 매수로 인해 막대한 손실을 감수해야 했다.

체스닛은 코크와 펩시 사이에서 벌어졌던 '콜라 전쟁'에서 코크가 승리한 이유를 다음과 같이 말했다.

"우리는 다시 한번 무차입금 경영으로 돌아가서 전체 사업을 주주 자본으로 감당해야 했습니다. 주주 자본은 부채 자본보다 자본 비용이 훨씬 많이 듭니다. 전체 자본 비용은 11퍼센트에 이르러서 이보다 많은 이익을 만들 수 있는 분야는 청량음료 사업 이외에는 찾을 수 없었습니다. 경영 자원을 청량음료 사업에 집중적으로 투입한 것이 성공으로 이어졌다고 할 수 있겠죠. 앞으로도 코크는 다각화를 추진할 계획이 없고 잉여 캐시플로도 자사주 구입을 통해 주주들에게 반환할 것입니다."

당시 미국인은 1인당 연평균 343개의 코크 제품을 소비하고 있었다. 미국을 포함하여 1인당 연평균 150개 이상의 코크 제품을 소비하고 있는 나라의 인구를 전부 합하면 6억 5천만 명이고, 중국 등 1인당 연평균 9개 이하를 소비하는 나라의 인구는 모두 36억 명에 이르렀다. 이에 대해 체스닛은, "코크에게 이렇게 막대한 성장 기회가 있는데 다른 분야에 진출하는 것은 바보 같은 짓입니다."라고 말했다.

코크는 해외 시장 경쟁에서 펩시를 압도하면서 성장의 열매를 마구 거둬들이고 있었다. 코크는 매출액의 70퍼센트, 이익의 80퍼센트를 해외에서 벌어들이고 있었지만, 펩시는 매출의 70퍼센트를 성숙 시장인 미국 내수 시장에 의존하고 있었다. 더구나 펩시의 이익 총액에서 음료수 사업의 비율은 40퍼센트에 머물렀다.

이런 상황에서 펩시를 이끌고 있던 로저 엔리코는, 시장 경쟁에서 승리하기 위해 사력을 다하는 코크에 대항하기 위해 그동안 펩시에서 추진해 오던 '다각화 사업'의 기둥이었던 레스토랑 사업을 분리하기로 결정한다. 그 대상에는 피자헛, 타코벨, 켄터키 프라이드 치킨KFC 등이 포함되어 있었다. 이는 '레스토랑 사업은 수익을 붙잡는 쇠고랑'이라는 월스트리트의 압력에 굴복한 결과이기도 하다. 펩시는 코크보다 10년이나 뒤진 채로 코크와 같은 길을 가려고 했다.

≪ 11 ≫
부 창조의 거인 고이주에타

주주와 직원, 지역의 이익은 서로 밀접한 관련이 있다.

잭 웰치를 추월하다

최고경영자를 평가하는 방법은 여러 가지가 있다. 그 중 월스트리트에서 일반적으로 사용하는 방법은 '한 주당 이익을 얼마만큼 늘렸는가', '주가 상승과 배당금을 합하여 주주에게 얼마만큼 이익을 안겨 주었는가' 등을 기준으로 하여 주요 기업과 동종 타회사의 최고경영자를 비교한다. 그 중에서도 가장 기본적인 평가는 '오너인 주주에게 장기적으로 누적된 부를 얼마만큼 안겨 주었는가' 하는 것이다. 경영자, 엄밀히 말하면 이사회는 오너로부터 자본을 위탁받아서 제대로 운용해야 하는 '수탁자 책임'을 지고 있기 때문이다.

오너는 경영자를 신뢰하고, 부를 늘려 준다는 기대 아래 자본을 위탁한다. 이것이 바로 주식회사의 기본 이념이다.

1995년 말, 『포춘』지는, "부 창조의 제1인자라는 영광이 로베르토 고이주에타와 잭 웰치에게 돌아가다."라는 제목의 대형 특집 기사를 꾸몄다. 표지에는 코카콜라의 최고경영자 고이주에타와 GE의 최고경영자인 잭 웰치가 나란히 등장했다. 1994년 말 시점으로 계산해 보면, 고이주에타가 창조한 부의 총액은 590억 달러로 미국에서 1위, 웰치가 창조한 부의 총액은 520억 달러로 2위였다. 이처럼 고이주에타는 '최고의 최고경영자'로 칭송받던 웰치를 근소한 차이로 추월하고 있었다. 워런 버핏이 버크셔 해서웨이를 통해 코카콜라 주식을 대량 취득하여 금액 면에서 버크셔 최대의 '영구 보유 종목'에 올린 것도 '부 창조자' 고이주에타에게 반했기 때문이라고 설명할 수밖에 없다.

부의 총액을 재는 잣대로는 '시장 부가가치'가 사용된다. '시장 부가가치'는 투자가가 현재의 시가로 투자 자본을 회수한다면, 그동안 투자한 자금을 빼고 얼마만큼의 자금을 손에 넣을 수 있는가 하는 것이다. 엄밀하게 말하면 기업이 발행한 주식이나 채권의 시가 총액이 투자가들에 의해 투입된 자본의 원금 총액을 얼마만큼 능가하는가를 나타내는 지표인 것이다.

투자 신탁을 예로 든다면, 투자 신탁의 '펀드매니저'가 기업의 '경영자'에 해당한다. 펀드매니저의 능력은 투자가들로부터 위탁받은 자금을 운용하여 얼마만큼의 이익을 냈는가로 결정된다. 여기에 대해서는 다른 설명이 필요 없다. 투자가들의 입장에서는 그들이 투자 신탁을 해약하여 회수한 자금이, 투자 신탁을 구입하면서 들어간 자금보다 얼마나 많은지가 가장 중요하다. 여기서 투자한 자금보다 많은 부분만큼이 '시장 부가가치'에 해당한다.

시장 부가가치는 유명한 컨설턴트 회사인 스턴 스튜어트가 만들어낸 지표인 '경제 부가가치'와 밀접한 관계가 있다. 경제 부가가치가 '매년'

창출해 내는 부富라면, 시장 부가가치는 '장기간'에 걸쳐 누적되는 부의 총액이다. 이론상으로 장래의 경제 부가가치를 합하여 일정한 금리를 가지고 현재 가치로 나누면 시장 부가가치를 얻을 수 있다.

고이주에타와 웰치는 개인적으로 몇 가지 공통점이 있다. 두 사람 다 화학자 출신으로 가톨릭 신앙을 가진 가정에서 자랐다. 그리고 둘 다 1981년 봄에 많은 사람들의 예상을 뒤엎고 유서 깊은 대기업의 최고경 영자에 취임했다. 또한 취임 이후에 강렬한 카리스마와 지도력을 발휘하여 명확한 경영 전략을 내걸고 그들이 목표로 하는 바를 향해 강력하게 추진해 나갔다.

그러나 그들이 경영하는 코크와 GE는 역사가 오래된 대기업이라는 것 외에는 그다지 공통점이 없다. 코크는 청량음료라는 단일품목 사업체인 데에 반해 GE는 항공기 엔진이나 의료기기, 금융 서비스 등 다양한 사업체를 갖고 있는 거대 복합기업이기 때문에, 이 둘은 사업 구조부터 다르다.

사업 구조가 다른 만큼 두 회사의 자본 구조 역시 다르다. 1994년 말시점에서 코크와 GE의 투하 자본(사업 투자 자본) 총액은 각각 84억 달러와 450억 달러였다. 이처럼 코크는 GE의 5분의 1도 안 되는 자본을 가지고 사업을 꾸려 나갔던 것이다. 이때 코크 주식의 시가 총액은 미국 내 4위로, 1위의 GE에 비해 크게 뒤져 있었다. 그러나 사용하고 있는 자본이 상대적으로 적기 때문에 투하 자본의 원금과 시가의 차액으로 나타나는 부의 총액(시장 부가가치)에 있어서는 코크가 GE를 앞서는 결과를 보였다.

코크의 시가 총액이 투하 자본에 비해 많은 것은 투하 자본의 이익률이 높기 때문이다. 1994년에 코크는 자본의 이익률이 35.5퍼센트에 달하여 10퍼센트인 자본 비용을 크게 넘어섰다. 다시 말해 코크에 1억 달러의 자본을 위탁하면 1년 후에는 1억 3,550만 달러로 늘어난다는 의미이다. 이 경우 '이익'은 주주 자본과 부채 자본을 포함한 자본의 이익이며 주주 자본의 이익률을 나타내는 자기자본이익률과는 다른 것이다.

반면 GE는 1994년의 자본이익률이 14.8퍼센트에 머물러, 코크의 절반도 채 되지 못하였다. 그러나 GE는 코크와 비교할 수 없을 정도로 많은 자본을 투자하여 각 사업에서 평균 이상의 이익을 만들어내고 있었다. 이익률에서는 GE의 각 사업이 코크의 음료수 사업에 뒤졌지만, 각 사업이 만들어내는 이익을 합하면 막대한 액수가 되는 것이다. 그리하여 코크 수준의 시장 부가가치를 달성한 것이다.

『포춘』지의 특집기사는, "단순한 설탕물 제조회사가 거대 복합기업보다 훨씬 많은 부를 창조했다."라는 사실을 내세워 큰 반향을 불러일으켰다.

'부의 총액'에서 코크가 1995년에 이어 1996년, 1997년까지 3년 연속 1위를 지켰고, GE는 2위로 밀려났다. 이런 코크의 성장에 자극을 받아 경제 부가가치의 도입을 서두르는 기업들이 미국뿐 아니라 유럽 등에서도 늘어났다.

고이주에타는 '부 창조의 거인'이라는 명성을 얻으며 웰치와 나란히 '미국 최고의 최고경영자'로 불렸다. 하지만 이러한 영광을 이끈 고이주에타는 1997년 가을에 급작스레 사망한다. 그는 최고경영자의 수완을 재는 가장 기본적인 기준에서 '잭 웰치를 추월한 사나이'란 칭송을 얻었지만 65년의 길지 않은 생애에 막을 내리고 만다.

주주를 위한 최고의 선물은 '최고의 경영자'

버핏이 코크나 워싱턴 포스트 사의 이사회 임원으로 활동하는 것과 같이 고이주에타도 이스트먼 코닥과 포드 모터의 이사회 임원을 지냈다. 버핏과 같이 고이주에타도 '주주 가치의 기수'인 만큼, 이사회 임원으로서의 의무와 책임을 잘 알고 있었다.

고이주에타의 전기인 『나는 코크를 마시는 세상을 사랑한다*I'd like the World to Buy a Coke*』를 쓴 저널리스트 데이비드 그레이싱에 따르면 고이주에타는 그의 인생에 있어 코크의 경영 이외에 다른 데에 관심을 둔 적이 거의 없었다고 한다. 1993년, 사진용품 기업인 코닥에서 벌어진 최고경영자 교체 사건이 유일한 예외였다.

그 당시 고이주에타는 코닥의 최고경영자를 결정하는 데에 상당한 시간과 에너지를 쏟았다. 꼭 2년 전에 버핏은 살로먼의 국채 부정입찰 사건이 발생하자 그 회사의 이사회 임원으로서 살포먼을 파탄의 위기에서 구해내기 위해 사랑하는 오마하를 떠나 월스트리트로 들어가야만 했다. 그와 마찬가지로 고이주에타도 코닥의 이사회 임원으로서 크게 활약할 기회가 온 것이다.

코닥은 코크나 GE와 같이 다우존스 공업주 평균에 채용된 명문 기업이다. 19세기 후반부터 100년에 걸쳐 필름 시장에서 독점적인 지위를 구축했고, 1970년대가 끝날 무렵에는 코닥의 '상징'이라고 할 수 있는, 노란색 상자에 든 필름이 코크 등과 함께 세계에서 가장 강력한 상표 인지도를 자랑하게 되었다.

그러나 1980년대에 들어 상황이 변하기 시작했다. 코닥은 일본 후지 필름의 저가低價 공세에 대항하지 못하고 시장 점유율을 서서히 빼앗기고 있었다. 1993년을 맞이할 무렵까지 모두 5회에 걸친 리스트럭처링 (사업 재구축 및 구조 조정)을 통해 4만 명의 인원을 감축하고 연구 개발비로 100억 달러를 투자하면서도 철저한 비용 관리가 이뤄지지 않았고 신제품 개발도 하지 못하고 있었다. 장기 부채는 70억 달러까지 늘어나고 수익이나 주가도 저조한 성적을 보이고 있었다.

코닥 주식을 대량 보유하고 있던 연금기금이나 투자 신탁은 주주로서 공공연히 불만을 표시했다. 그들은 연금 가입자나 투자 신탁 보유자들의 이익을 지키는 '수탁자 책임'을 지고 있는 만큼, 투자 기업의 경영자에게 위탁한 자본이 제대로 사용되지 않으면 보유주를 매각하거나 의결권을 행사하여 의사를 표시해야만 하는, '할 말은 하는 주주'였던 것이다.

1993년 1월, 코닥의 최고경영자 케이 위트모어는 기관투자가의 뜻에 따라 자신의 오른팔이 될 최고재무책임자CFO로 크리스토퍼 스테판을 영입했다. 그 후 코닥의 주가는 급반등했으나, 그로부터 3개월 뒤 스테판 때문에 자신의 지위가 위태로워질 것을 두려워한 위트모어는 그를 해고했다. 기관투자가들은 다시 한번 위트모어를 강력하게 비판했다.

고이주에타는 코닥 이사회의 임원으로서 주주인 기관투자가들의 이익을 대변하는 입장에 있었다. 이사회가 제 기능을 하고 있는지가 기업 재생의 열쇠라고 믿고 있었던 그는, 잠시 코크의 경영에서 물러나 코닥을 재건시키는 데에 전력을 다하기로 마음을 굳혔다.

그가 코크의 최고경영자로 취임하여 처음으로 한 일이 '이사회를 활성화한 것'이라는 사실에서 알 수 있듯이, 고이주에타는 자신의 체험을 통해 기업 지배 구조 확립의 중요성을 인식하기 시작했다. 1980년대 후반 버핏이 코크의 이사회 임원이 된 것도 고이주에타가 이사회 임원으로서의 임무를 깊이 자각하게 된 원인이 되었다.

고이주에타는 코닥의 이사회를 주도하여 1993년 여름에 위트모어를 해임함과 동시에 이사회 내에 설치되어 있던 최고경영자 선정위원회의 위원장을 맡았다. 그는 외부에서 일류 경영자를 영입하는 것이 코닥의 문제를 해결하기 위한 최고의 방법이라고 판단하고, 최고경영자나 이사회 임원의 영입 업무 등을 수행하는 유력한 헤드헌팅 회사 하이드릭 앤 스트러글스와 계약했다.

당시 미국에서 최고경영자 영입 대상 1위로 가장 인기가 높았던 인물은 모토롤라의 최고경영자를 지낸 51세의 조지 피셔였다.

1976년에 대형 통신업체 AT&T의 벨 연구소에서 모토롤라로 옮긴 피셔는 단기간에 두각을 나타내어, 1988년에 최고경영자가 되었다. 그로부터 6년 동안 **조지 피셔**George Fisher는 모토롤라의 경영을 맡으면서 '**식스 시그마**'로 불리는 품질 개선 프로그램을 회사 전체에 도입했다. 그런 한편, 이동 통신 분야에 기민하게 진출하는 등 모토롤라를 이류 반도체 업체에서 이동 통신을 주력으로 하는 세계적인 첨단 기술 기업으로 변신시켰다.

미국 기업 사회에서 영웅으로 급부상한 피셔는, 당시 '최고경영자 시장'에서 파격적인 '가격'이 붙어 있었다. 1993년 초에 컴퓨터의 거인 IBM도 피셔에게 접근하여 존 에이커스에 이어 IBM의 최고경영자로 취임해 달라고 요청했으나 거절당했다. IBM의 최고경영자 자리는 경영자로서 '최고의 지위'였는데도 말이다.

그 후 IBM은 식품·담배의 대형기업인 RJR 나비스코의 최고경영자였던 **루이스 거스너**Louis Gerstner를 불러들였다.

고이주에타는 IBM조차도 영입에 실패한 피셔에게 조준을 맞추었다. 하이드릭 앤 스트러글스가 준비한 후보자 50명을 심사하여 10월 10일까지 10명으로 줄이고, 최종적으로 피셔를 후보 1순위에 올렸다.

코닥은 명문 기업이지만 IBM보다 한 수 아래였던 만큼 고이주에타의 영입 시도는 무모하게 보였다. 그러나 고이주에타는 진지하게 영입을 추진했다. 코닥을 피셔 정도의 최고경영자에게 맡긴다

루이스 거스너(Louis Gerstner)

1980년대까지 컴퓨터 업계의 절대 강자로 군림하던 IBM이었지만 '컴퓨터 혁명'이라는 기치 아래 컴퓨터 업계에 새바람을 몰고 온 신생 업체에 밀려 적자 경영에서 허덕이고 있었다. 이에 루이스 거스너의 전임자였던 존 에이커스는 IBM의 거대한 몸집을 분할하고 IBM의 최대 강점 사업이었던 중대형 컴퓨터를 포기하는 정책을 사용했다. 기존 체제에서 실패를 했으니 정반대의 전략을 사용하겠다는 것이었다. 그러나 이러한 방법도 큰 효과를 거두지는 못했다.

1993년 새로 최고경영자로서 취임한 루이스 거스너는 그동안 IBM이 취해 오던 해결 방법을 완전히 뒤집어 버렸다. IBM의 패인을 오히려 강화시키자는 것이 그의 생각이었다. 조직 내외에서 반발이 들끓었던 것은 당연했지만 결국 그의 전략이 문제를 해결하는 데 주효했다는 것이 시간이 흐르면서 매출 신장과 주가 상승 등을 통해 증명되었다.

루이스 거스너가 사용했던 전략은 크게 다음과 같다. 첫째, 시장 상황에 따라 신속하면서도 유기적으로 움직일 수 있는 분권화된 조직을 구성한다. 둘째, 구조 조정 등 조직 개편은 가능한 한 단기간 내에 완료한다. 셋째, 고객이 원하는 바를 파악한다. 넷째, 이 모든 것은 전략적 비전을 갖고 우선순위를 정해 시급한 일부터 해결한다.

면, 그것은 코닥의 주주에게 최고의 선물이 될 것이 분명했다.

『나는 코크를 마시는 세상을 사랑한다』를 쓴 그레이싱에 따르면, 고이주에타는 투자은행 골드먼 삭스의 파트너 존 와인버그와 함께 시카고의 한 호텔에서 비밀리에 피셔를 만났다. 잠시 동안의 대화가 끝날

무렵, 고이주에타는 피셔에게 마지막으로 이런 말을 남겼다.

"미국에는 국민적인 자산이라고 할 수 있는 기업이 몇 개 있습니다. 하나는 코카콜라이고, 또 하나는 코닥입니다. 그런 위대한 기업을 구하는 일은 우리의 의무라고 할 수 있습니다."

처음에는 냉정하던 피셔도 고이주에타가 한 마지막 말에 드디어 마음을 움직였다. 쿠바 난민에서 미국 '일류 기업'의 '일류 최고경영자'가 된 고이주에타가 아니면 설득력을 가지지 못했을 발언이었다. 그 후, 고이주에타와 피셔는 몇 번에 걸쳐 연락을 취했고, 10월 하순에 코닥의 이사회를 대표하여 고이주에타가 피셔의 영입 사실을 발표했다. 그는 다음과 같이 성명을 발표했다.

"조지 피셔를 선정한 이유가 그의 폭넓은 경험 때문만은 아닙니다. 그는 비용 관리에 철저하면서도 수익 성장을 달성하는 데에 뛰어난 능력을 갖고 있으며, (모토롤라) 주식 가치를 크게 높인 뛰어난 성과가 있기 때문입니다."

다른 자리에서는, "후임자를 정했습니다. 우리는 처음에 신神을 맞으려고 했습니다만 신보다 약간 격이 떨어진 사람을 맞이하고 말았습니다."

'신 다음으로 최고의 인물'을 코닥에 보냈다는 뜻이었다.

고이주에타는 코닥의 앞길을 막고 있는 기존의 최고경영자를 해임하고 일류 경영자를 후임자로 영입했다. 이사회 임원으로서 나무랄 데 없이 완벽하게 임무를 수행한 것이다. 버핏이 살로먼에서 최고 경영진을 퇴임시키고 유능한 후계자를 선정한 것처럼 말이다.

코닥은 피셔에게 500만 달러의 계약금을 비롯하여 파격적인 보수를 약속해야 했다. 그러나 파격적인 대가는 충분한 효과를 거둬들였다. 코닥에 들어간 피셔는 주주 가치를 최대화하는 데에 온 힘을 쏟았다. 자본 비용을 파악하여 그것을 초과하는 이익을 낳는 사업에 특화하는 계획을 세우고, 코닥의 장점인 화상 사업을 '핵'으로 하여 사업 내용을 전면적으로 재검토했다. 즉 경제 부가가치 개념을 도입한 것이다. 3년 뒤 코닥의 자기자본이익률은 그때까지 달성한 수치 중 가장 높은 32퍼센트를 기록했고, 주가는 최고경영자를 교체할 당시와 비교할 때 거의 두 배로 뛰어올랐다.

1998년 봄, 피셔는 1997년에 사망한 고이주에타를 추도하는 의미에서 코닥의 연차주주총회를 코카콜라의 본거지 애틀랜타에서 개최했다. 총회 후에 열린 기자회견에서 피셔는 고이주에타를 언급하면서, "고이주에타와 저는 절친한 친구 사이였습니다. 제가 코닥에 들어간 가장 큰 이유는 코닥의 이사회 임원이었던 고이주에타가 코닥에 입사하기를 권유했기 때문입니다."라고 말했다.

고이주에타, 그의 파란만장한 생애

버핏이 '유례가 없는 최고경영자'라고 평한 고이주에타는 아메리칸 드림을 실현한 인물이기도 하다.

고이주에타는 1931년 11월에 쿠바의 수도 아바나에서 설탕 농장을 경영하는 부유한 집안의 장남으로 태어났다. 그가 태어나고 자라난 곳은 스페인 식민지 시대의 영향을 받아 지어진 호화 저택들이 즐비한 부촌富村이었다. 스페인의 자존심 강한 바스크 족의 피를 이어받은 가문들이 살고 있는 호화 저택은 **쿠바 혁명** 후에 국가과학아카데미 건물로 지정되었을 정도로 훌륭했다.

당시의 쿠바 부유층 자녀들 대부분이 그렇듯이 고이주에타도 현지의 명문 학교를 수석으로 졸업하고, 미국 예일 대학으로 유학을 가서 화학을 전공하여 학위를 취득했다. 대학을 졸업하고 귀국하여 1년 정도 아버지의 농장 사업을 도왔으나, 고이주에타는 거기에 만족할 수 없었다. 자신의 능력과 관계없이 장래가 보장되어 있는 농장 사업보다는 맨손으로 승부를 걸 수 있는 일을 해 보고 싶었던 것이다.

1954년, 그는 신문에서 우연히 스페인어와 영어에 능통한 화학자를 모집한다는 광고를 발견했다. 광고주의 이름은 기재되어 있지 않았으나, 고이주에타는 개의치 않고 응모했다. 실제로 가보니 광고주는, 당시 인구가 650만 명이었던 쿠바 청량음료 시장의 절반 이상을 장악하고 있었던 코카콜라였다. 그는 코카콜라에서 일하기로 결심했다.

1960년 고이주에타는 부인 올가와 함께 쿠바 혁명을 피해 미국으로 탈출했다. 가문의 자산을 모조리 몰수당해, 간신히 미국 플로리다에 도착한 그의 손에 남은 재산은 현금 20달러와 코크 주식 100주가 전부였다. 다행히도 그는 다른 쿠바 난민들과는 달리 코크에서 계속 일할 수 있었다.

하룻밤 새에 '자산가의 아들'에서 일개 '샐러리맨'으로 전락한 고이주

236

에타는, 쿠바 난민들이 모여 살고 있는 플로리다 주 마이애미를 거점으로 다시 일어났다. 코크에서의 일자리가 그에게 남겨진 유일한 자산이었던 탓인지 그는 이전보다 더욱 열심히 일했다. 중남미 담당 기술자로 두각을 나타내던 그는 1964년에, 당시의 코카콜라 사장이었던 폴 오스틴의 지시에 의해 애틀랜타 본사의 기술 부문으로 옮기게 되었다. 미국 국적을 갖고 있지 않은 이민자로서는 '최초'의 본사 근무자였던 것이다.

본사로의 발령은 고이주에타의 운명을 바꾸는 결정적인 계기가 된다. 그는 최고 경영진과 수시로 접하면서 회사의 조직 관리에도 눈을 뜨게 되었다. 비대화된 조직을 근대화하는 작업에 기술자 출신 특유의 엄격한 분석 능력이 큰 도움이 되었다. 특히 60년이 넘게 코크에 군림했고, 일선에서 물러나서도 여전히 '보스'로서 영향력을 갖고 있던 로버트 우드러프에게 인정받게 되었다. 1966년에 고이주에타는 35세의 나이로 기술 담당 부사장으로 발탁되었는데, 이는 코크 사상 최연소 부사장이 된 것이었다.

1970년대에 들어 오스틴의 지휘 아래 있던 코크는 미국 내의 청량음료 시장에서 고전하고 있었지만, 그런 중에도 적극적으로 해외 진출을 추진하는 한편, 대형 M&A에 의한 다각화 노선을 달리고 있었다. 우드러프의 의향은 무시된 채 미국 내에서는 보일러 회사나 와인 양조 회사, 해외에서는 멕시코의 새우 양식 회사를 매수하는 등 코크는 식품 복합기업의 양상을 띠어갔다. 우드러프와 오스틴의 관계는 악화되기만 했다.

그러는 사이에 고이주에타는 오스틴과의 관계를 유지하면서 우드러프와도 깊이 교류했다. '보스'의 자택을 방문하여 담배와 술을 같이 하면서 코크에 대해 이야기를 나누는 것이 그의 중요한 일과 중 하나였다. 경영진들이 오스틴파派나 우드러프파 중 어느 한 쪽에 줄을 서는 분위기 속에서, 그는 겉으로는 양쪽 파벌과 교묘하게 거리를 두면서, 물밑에서는 '보스'의 심중에 깊게 파고들어 갔다.

1970년대 후반, 오스틴이 알츠하이머 병과 폭음暴飮으로 더 이상 경영을 할 수 없게 되자, 이사회는 오스틴에게 1981년 3월까지만 업무를 수행하라고 통보했다. 한편 우드러프는 치매와 폐렴에 시달리고 있으면서도 이사회의 재무위원장 자리를 지키며 코크의 재무를 장악하고 있었다. 어쨌든 '오스틴-우드러프 체제'는 종말을 고하고 있었고, 차기 최고 경영자 후보는 최고경영자회의 임원 일곱 명으로 좁혀져 있었다. 거기에는 미국 내수 시장에서 '실력자'로 알려진 도널드 키오를 포함하여 유일하게 40대인 고이주에타도 들어 있었다.

결국 우드러프의 최종적인 판단에 따라 최고경영자의 자리는 고이주에타에게 돌아갔다. 다른 사람을 생각하고 있던 오스틴도, 아흔 줄의 나이에 여전히 이사회를 장악하고 있는 우드러프 앞에서는 어쩔 수가 없었다.

1981년, 고이주에타는 정식으로 코카콜라 최고경영자에 취임했다. 약 100년의 역사를 갖고 있으며 미국 문화를 상징하는 코카콜라에 외국인이 최고경영자가 되기는 그가 처음이었다.

일류 경영자는 사후를 준비한다

1997년 10월 애틀랜타의 에모리 대학병원, 입원 중인 고이주에타는 병문안을 온, 사장 겸 최고운영책임자COO 더글러스 아이베스터에게,

"내 건강을 걱정해 주는 건 대단히 고마운 일이지만, 코카콜라에 대해서는 전혀 걱정할 필요가 없네. 강력한 경영진을 가지고 있고, 회사의 장래 또한 밝으니 말이야."라고 말했다.

그해 9월 초, 코크는 공식적으로 고이주에타가 악성 종양으로 입원했다고 발표했으나, 실제로 그가 앓던 병은 폐암이었다. 전임 최고경영자인 폴 오스틴은 자신이 알츠하이머 병을 앓고 있는 사실을 끝까지 숨겼으나 고이주에타는 달랐다. '주주 가치의 신봉자'라고 불리던 그는, '최고경영자의 건강 변화는 주주에게 즉시 알려야 하는 중대 정보'라고 여기고 있었다. "악재는 즉시 알리라."는 버핏의 말처럼, 최고경영자의 건강 악화는 경영상 '악재'에 속했다.

보통의 경우 최고경영자는 자신의 건강이 악화된 사실을 가능한 한 밝히지 않으려 한다. 건강하지 못하면 경영 능력이 떨어진다는 이유로 퇴임을 종용받기 때문이다. 또한 최고경영자가 교체될 때는 회사의 구심력이 없어질 가능성과 함께, 후계자 경쟁이 표면화되어 경영이 겉돌 염려도 있다. "마이크로소프트의 최고경영자 빌 게이츠가 갑자기 경영일선에서 물러나게 되면, 주가는 절반으로 떨어진다."라고 말할 정도이다. 하지만 주주를 위한 경영을 실행하는 최고경영자라면 건강 악화를 즉시 공개할 의무가 있다.

아이베스터의 병문안이 있은 지 얼마 안 되어 고이주에타는 급작스럽게 사망했다. 그때 고이주에타의 나이는 65세였다. 1997년 10월 21일 화요일, 코크는 전 회사가 휴업을 하고 애틀랜타 시내에서 장엄한 장례식을 거행하였다.

장례식에는 코크의 제2인자로서 고이주에타를 지원해 온 아이베스터를 위시하여 많은 코크 직원들이 참석했고, 그 외에도 애틀랜타 출신의 미국 전 대통령 지미 카터, 코닥의 최고경영자인 조지 피셔, 코크의 최대주주인 워런 버핏의 모습도 보였다. 버핏은 언론과의 인터뷰에서 이렇게 말했다.

"그(고이주에타)의 리더십에 의해 코카콜라는 대단한 성공을 거두었습니다. 그는 그 일을 자랑스럽게 생각하고 있었습니다."

고이주에타의 업적은 그야말로 눈부신 것이었다. 그는 성숙 산업인 음료수 사업을 단일 품목으로 경영하면서, 최고경영자로서 일한 16년 동안 회사의 가치인 주식 시가 총액을 40억 달러에서 1,500억 달러로, 38배 가까이 늘렸다. 고이주에타가 코크의 최고경영자에 취임한 1981년에 마찬가지로 GE의 최고경영자에 취임하여 '최고의 최고경영자'라는 평가를 받은 웰치도 같은 기간 동안 GE의 주식 시가 총액을 12배 늘렸지만 고이주에타에는 미치지 못했다. 이로써 고이주에타가 쿠바에서 탈출하여 플로리다에 도착했을 때 가지고 있던 코크 주식 100주는 300만 달러 이상의 가치를 지니게 되었다.

고이주에타는 사망한 후에도 주주들에게 피해를 입히지 않았다. 버핏을 주축으로 운영되는 이사회는 1996년 65세인 최고경영자의 정년을 수정하여 고이주에타의 임기를 무기한 연장하기로 결정했다. 그러나 고이주에타는 몇 년 전부터 '후계자 계획'을 주도면밀하게 세우고 있었다. 자신이 경영하지 못하게 되었을 때를 대비해, 월스트리트로부터 두터운 신뢰를 얻고 있던 아이베스터가 즉시 최고경영자에 오를 수 있는 체제를 만들어 둔 것이다. 따라서 그가 입원했다는 뉴스가 흘러나와도 코크의 주가는 거의 움직이지 않았다.

미국의 연금기금이나 투자 신탁 등 기관투자가들은, '최고경영자의 자질을 높은 수준으로 계속 유지하지 않으면 주가의 장기 상승을 기대할 수 없다'는 인식을 공유하고 있기 때문에, 기업 내에 후계자 계획이 있는지 여부를 상당히 중요하게 생각한다. 따라서 현재는 우수한 최고경영자가 건재해도 후계자 계획이 없는 기업에는 예외 없이 압력을 가한다.

고이주에타로부터 아이베스터로 최고경영자가 바뀐 1997년 10월, 우주항공회사 휴즈 일렉트로닉스의 최고경영자였던 마이클 암스트롱이 AT&T의 최고경영자에 취임했다. 후계자 계획을 세우지 않고 있던 AT&T는 암스트롱이 선출되기까지 1년 동안 최고경영자가 정해지지 않아, 주가는 계속 저조한 성적을 보였다. 같은 시기에 대형 오락·미디어 기업인 월트 디즈니의 최고경영자 마이클 아이즈너는 일류 경영자로 평가받으면서도, 후계자 계획을 준비하지 않고 있다는 이유로 거대 연금기금으로부터 신랄한 비판을 받았다.

고이주에타의 후임으로 선정된 회계사 출신 아이베스터는 고이주에타가 죽은 지 몇 개월 후, 한 인터뷰에서 다음과 같이 말했다.

"제가 어느 날 갑자기 트럭에 치일 가능성은 얼마든지 있습니다. 저는 이것을 '트럭 이론'이라고 부릅니다. 저는 그 일이 언제쯤 일어날까를 기준으로 앞으로 1년 이내, 3년 이내, 5년 이내 등으로 나누어서 각각의 대응책을 마련하고 있습니다. 대응책이 없다는 것은 곧 최고경영자로서 책임을 다하지 않고 있다는 뜻입니다. 주주, 직원, 거래처, 보틀러, 소비자 등 셀 수 없이 많은 사람들이 코카콜라에 의존하고 있는 지금, 그것은 반드시 생각해 두어야 할 중요한 일입니다."

아이베스터는 최고경영자로 취임한 직후, 이사회 임원들에게 후계자 계획을 제출했다. 고이주에타와 마찬가지로 그 자신도 열렬한 주주 가치 신봉자였다. 그는 주주 이익의 대변자인 버핏을 비롯한 이사회 임원들에게 후계자 계획을 제대로 설명하는 것은 중요한 의무라고 여겼다.

아이베스터는 주주 가치에 대해 어떻게 생각하고 있을까? 대답은 명쾌하다.

"저에게 주주 가치는 전혀 새로운 개념이 아닙니다. 주택이나 자동차처럼 우리가 소유하는 개인적인 재산을 예로 들면 이해하기가 더욱 쉽습니다. '주택이나 자동차는 소유자의 이익을 위해 사용되어야 한다'는 주장에 반론을 제기하는 사람은 없습니다. 주식회사도 그와 같습니다. 오너인 주주의 이익을 위해 경영되어야 하는 것은 당연합니다. 그것은 오래 전부터 변함없는 사실입니다. 지금 주주 가치에 대한 논의가 활발하지만, 사람들은 이전부터 있어 왔던 것을 새로운 용어로 말하고 있는 것에 지나지 않습니다."

노블리스 오블리제

고이주에타는 생전에, "경영자는 주주 이익을 최우선으로 생각하기만 하면 된다. 그 외의 일은 자연히 따라온다."고 말했다. 자본주의 경제 체제 하에서 주식회사가 '이익'을 최우선으로 생각하는 것은 당연하다. 그는 이 당연한 일을 우직하게 실행하여 코카콜라 주주의 대부분이 살고 있는 조지아 주 애틀랜타에 상상할 수 없는 부를 안겨 주었다.

코카콜라의 본거지 애틀랜타를 방문하면 그곳이 (코카콜라 주식의 배당을 받는) 코카콜라 재단의 기부로 인해 윤택해진 거리라는 사실을 금방 알 수 있다. 애틀랜타의 거리는 잘 다듬어진 가로수들이 나란히 서 있고, 미국 굴지의 교육 기관이나 의료 기관이 들어서 있다.

이 모든 것은 1996년에 개최된 애틀랜타 올림픽 때 이루어진 공공 사업과 관계가 없다. 코카콜라 재단의 이사장 찰스 맥티는 '전부 코카콜라 주식 덕택'이라고 단언했다.

코카콜라 재단은 애틀랜타에 있는 자선재단 네 개의 총칭이다. 이들 중 하나는 로버트 W. 우드러프 재단이다. 이 재단은 이름에서 알 수 있듯이 코카콜라 중흥의 아버지로서 '보스'로 불렸던 우드러프가 생전에 설립한 재단으로, 우드러프는 1985년에 사망할 때까지 코크 주를 중심으로 한 개인 재산의 대부분을 로버트 W. 우드러프 재단에 기증했다. 그는 보유하고 있던 주식을 '현금'으로 바꾸지 않고 그대로 기증했기 때문에 재단의 운용 자산의 80퍼센트 이상이 코크 주식이다.

우드러프 재단의 재산은 고이주에타 시대에 유례를 찾아볼 수 없을 정도로 빠르게 팽창했다. 고이주에타가 최고경영자로 결정된 1980년 당시만 해도 2,200만 달러도 되지 않았던 재산이 고이주에타 시대가 끝난 1997년에는 42억 달러에 달했다. 1985년 우드러프가 죽은 뒤에 3억 5천만 달러의 신규 기증이 있었다고는 하지만, 그것을 제외해도 10배 이상 늘어난 결과이다.

순수한 주가 상승이 재단의 재산 증가에 어느 정도 공헌했는지는, 제2차 세계대전 전에 코카콜라의 경영에 깊이 관여했던 사업가 조셉 화이트헤드가 설립한 재단인 조셉 B. 화이트헤드 재단을 참고하면 쉽게 알 수 있다. 1980년의 시점에서 이 재단의 재산은 5천만 달러도 되지 않았으나 1997년에는 10억 달러 가까이 늘었다. 1980년 이후에 추가 기증이 전혀 없었는데도 말이다.

두말 할 필요도 없이 우드러프 재단이나 화이트헤드 재단은 매년 막대한 금액을 많은 사회 시설이나 교육 시설 등에 기부하고 있다. 미국 연방법에는, 자선재단이 증여세 등을 면제받기 위해서는 매년 시가로 책정된 재산의 5퍼센트를 교육이나 의료 등의 분야에 기부해야 한다고 명시되어 있다. 이에 따라 화이트헤드 재단은 1980년부터 재산의 5퍼센트를 매년 사회에 환원했는데도 재산이 줄어들기는커녕 20배 이상으로 늘어났다. 이는 모두 코크 주식이 대폭적으로 올랐기 때문이다. 버핏이 그러하듯, 주식을 장기간 보유한 것이 이러한 부의 증대를 가능하게 한 것이다.

코카콜라 재단의 재산은 1980년에 총 5억 달러가 못 되었는데, 1997년에 100억 달러로 증가했다. 따라서 100억 달러의 5퍼센트에 상당하는 5억 달러 가량이 매년 애틀랜타를 중심으로 한 조지아 주 내의 대학이나 병원에 기부되고 있는 것이다. 재단 이사장 맥티는, "현지 기업이 주주 이익을 추구하는 것은 지역 사회의 이익으로 이어집니다. 모순되는 점이 없습니다."라고 말하고 있다.

그 전형적인 예가 바로 애틀랜타의 에모리 대학이다. 에모리 대학은 코크 주식을 기부받은 후 주가가 상승하여, 1997년에는 40억 달러의 기금을 운용하는 미국 최대 규모의 대학기금이 되었다. 1997년에는 기금의 재산과 우드러프 재단으로부터 받은 기부금으로 비즈니스 스쿨(경영대학원)을 최신 컴퓨터 시스템을 갖춘 건물로 옮겼다. 그리고 고이주에타가 사망하면서 남긴 그의 재산 중 2천만 달러가 이 대학에 기부되었다.

그 외에도 코크 주가의 상승에 따른 영향은 애틀랜타 시내 도처에서 찾아볼 수 있다. 애틀랜타 올림픽을 기념하여 3천만 달러를 들여서 세운 아름다운 올림픽 공원을 조성하는 데에 세금이 한 푼도 사용되지 않았다는 것이 대표적인 예라고 할 수 있다. 코크의 주가 상승으로 윤택해진 코카콜라 재단이 기부한 돈으로 건설비를 충당할 수 있었던 것이다. 1992년부터 4년 동안 시내에 심은 1만 5천 그루의 가로수도 세금이 아니라 코카콜라 재단의 기부금으로 이뤄진 것이다.

미국의 자선재단이나 대학기금은 현금이 아닌 주식으로 기부받아서, 그 후에도 환금을 하지 않고 주식 그대로 보유하는 경우가 많다. 환금을 하면 양도소득세를 지불해야 하기 때문에 재산이 줄어들 수밖에 없을 뿐 아니라, 장기적으로 재산을 늘리기 위해서도 주식이 가장 유리하다고 판단한 것이다.

자산가가 재산의 대부분을 기부하는 것도 세금과 관련이 있다. 유산이 상속되면 상속자는 거액의 상속세를 지불해야 하지만, 자선재단에 기부하면 세금을 내지 않아도 된다. 자선재단이 다시 대학이나 병원 등에 기부할 때도 세금이 붙지 않는다. 다시 말해 정부를 거치지 않고, 민간 차원에서 부가 순환되는 구조가 정착되어 있는 것이다.

그러나 이와는 반대로 민간의 '부'가 주로 상속세나 증여세의 형태로 정부에 흘러 들어간다면, 주식의 형태로 '부'가 순환되는 일도 없을 뿐만 아니라, 그렇게 들어간 '부'는 부의 배분을 담당하고 있는 정부에 의해 필요 없는 공공 사업에 잘못 쓰이는 일이 발생하게 될 위험이 있다.

고이주에타가 죽은 해에는 24시간 뉴스를 제공하는 CNN의 창업자 테드 터너가 UN에 10억 달러를 기부한 사실이 발표되어, 세계의 주목을 끌었다.

고이주에타는 자선가로서 각광받은 적은 없다. 그러나 코크의 주가가 장기간 상승하여 코카콜라 재단의 재산이 늘어난 것을 기부로 간주한다면, 고이주에타는 터너를 능가하는 자선가라고 할 수 있다.

고이주에타는 생전에 마지막으로 쓴 코카콜라의 연차보고서에서 다음과 같이 말했다.

정부는 생활 수요를 만족시키기 위해, 자선가는 사회 수요를 만족시키기 위해, 기업은 경제 수요를 만족시키기 위해 태어났습니다. 기업은 단지 사업을 제대로 운영하여 주주 이익을 추구하면 대단히 의미 있는 형태로 사회에 공헌할 수 있습니다.

코카콜라 주식은 대부분 애틀랜타 시민이나 코카콜라 직원이 보유하고 있고, 현지의 자선재단에도 많이 기부되었다. 그리고 자선재단은 교육 기관이나 의료 기관의 확충 외에도 공원을 건설하거나, 가로수를 정비하는 등 사회 복지 관련 설비에 막대한 금액을 기부하고 있다. 고이주에타는 오로지 주주 이익을 확대함으로써 코카콜라의 직원을 포함한 사회의 곳곳에 부를 환원한 셈이 된 것이다. 이런 고이주에타의 생각은 주주 이익을 언제나 제일 먼저 생각하며, 사후에 자기 자산의 99퍼센트를 사회에 기부하겠다고 공언한 워런 버핏과 같다.

≪ 12 ≫
코카콜라, 그 영광과 좌절의 순간

주식 투자에 맞설 수 있는 부의 창출 수단은 없다.

괴상한 약의 위력

워런 버핏이 코카콜라를 좋아한 이유는, 이 회사가 이 세상에서 몇 안 되는, '없어서는 안 될 것inevitables'이기 때문이다. '없어서는 안 될 것'이기 때문에 버크셔 해서웨이 최대의 '영구 보유 종목'으로 올려도 안심할 수 있는 것이다. 코카콜라가 얼마나 '없어서는 안 될 것'인지를 알려면 코카콜라의 역사를 뒤돌아보아야 한다.

코카콜라 측에 따르면, '세계 최고의 소비재 상표'라는 평가를 받는 코카콜라는 1886년 조지아 주 애틀랜타에서 약제사 존 펨버턴에 의해 탄생되었다. 그해에 펨버턴은 코카 잎과 콜라 열매, 설탕과 카페인 등을 혼합한 뒤 졸여 만든 독특한 시럽에 탄산수를 섞어 팔았다.

그와 파트너들은 주성분을 가장 명확하게 나타내고 있고, 발음하기 좋다는 이유로 제품명을 '코카콜라'라고 정했다. 사람들의 주목을 끌기 위해 주로 사용한 광고 문구는 지금과 별 차이 없는 '맛있다delicious', '시원하다refreshing' 등이었지만, '두통이나 피로에 좋은 약'이라는 문구도 많이 사용했다. 관련법이 확립되기 전이어서 멋대로 약효를 정해 선전 문구로 사용해도 상관없었기 때문에 이런 일이 가능했다. 그 다음 해에는 지금도 흔히 볼 수 있는 붉은 필기체의 로고가 광고에 등장했다.

코카콜라는 약국의 탄산수 코너에서 그럭저럭 팔리고 있었지만, 펨버턴 시대는 오래가지 못했다. 실험에는 열심이지만 경영과는 거리가 멀었던 그가 1888년에 57세의 나이로 죽자, 코카콜라에 관한 모든 권리는 애틀랜타에서 약국을 경영하던 에이사 캔들러에게 이전되었다. 코카콜라의 기록에 따르면, 성실한 사업가였던 캔들러는 2,300달러에 코카콜라에 대한 모든 권리를 사들였다고 한다. 코카콜라가 '코크'라는 애칭으로 소비자와 친숙해지며 전국적으로 팔리게 된 것은 캔들러의 시대부터이다.

코카콜라의 모든 권리를 산 캔들러는 코카콜라를 특정 고객이 먹는 '괴상한 약'이 아니라 여성이나 어린이들도 포함해 누구나 마실 수 있는 보통의 청량음료로 판매한다는 방침을 세웠다. 신문이나 포스터, 달력, 시계, 연필, 책갈피, 제트 코스터 등 가능한 모든 곳에 광고를 내보냈다. 광고 문구도 '약' 이미지를 없애기 위해 간결하고 직감적인 '맛있다', '시원하다'라는 단어로 통일했다.

캔들러는 이미 1896년의 연차보고서에서 코카콜라를 통해 미국 시장만이 아니라 세계 시장을 제패할 결의를 드러냈다.

우리들은 세계의 도처에 진출할 때까지 계속 노력할 것입니다. 모든 사람들에게 '코카콜라는 특히 훌륭한 제품이고, 건강에도 좋고, 마시면 기분이 상쾌해진다'라고 인식시키는 것입니다. 지금까지 코카콜라만큼 인기 있는 물건은 없었습니다.

그로부터 꼭 100년 후, 코카콜라의 최대주주가 된 버핏은 캔들러의 연차보고서를 읽고 감탄했다. 1996년도 「회장의 편지」에서 버핏은 이렇게 말했다.

코카콜라 100년의 청사진은 1896년에 이미 그려져 있었습니다. '건강'이라는 말은 약간 과장된 표현이긴 하지만, 코크는 100년이 지난 지금도 캔들러가 제시한 기본 방침을 따르고 있습니다. 저는 이 사실이 무척 마음에 듭니다. 코카콜라와 같은 회사는 '없어서는 안 될 것'이라고 해도 좋을 것입니다.

1919년 코카콜라의 오너가 다시 한번 바뀌었다. 캔들러 집안이 가지고 있던 코카콜라 주식은 애틀랜타의 은행가 어네스트 우드러프에게 매각되었고, 그의 아들인 로버트 우드러프가 사장으로 취임했다. 캔들러 본인은 반대했지만, 갖고 있던 주식 대부분을 자식들에게 물려주었기 때문에 막을 수 없었다.

코카콜라는 우드러프의 경영 아래 세계적인 대기업으로 발전하였다. 그리고 20세기 최대의 소비재 상표가 되었다. 우드러프가 물려받은 코카콜라 제국은 미국 내외적으로 이미 두려울 것이 없었다. 1929년의 주가 대폭락과 함께 시작된 세계 대공황으로 기업들이 대부분 곤경에 빠졌을 때도 코카콜라는 착실하게 수익을 늘려나갔다. 이를 지켜본 언론은 "코카콜라는 어떤 마법을 쓰고 있는 것일까?"라며 감탄했다.

일자리를 잃은 사람들도 코크만은 계속 마셨기 때문에 코카콜라의 주가 상승은 멈추지 않았다. 주가는 (그 후의 주식 분할을 고려하지 않는 당시의 수준으로 보면) 1932년의 20달러에서 1939년에는 160달러가 되었다. 모든 사람들이 세상의 종말을 생각하고 있을 때 코크의 주가는 8배가 증가한 것이다. 주가 폭락을 예상하여 갖고 있던 주식을 잠깐 동안 처분했던 우드러프는 큰 손실을 입었다. 우드러프는 그 일을 계기로 코카콜라에 대한 신념을 더욱더 굳혀 갔다.

코카콜라는 세계 대공황이 일어날 때까지 남들보다 먼저 근대적인 기업으로서의 기반을 정비하고 있었다. 미국이 호경기로 정신을 못 차리던 '황금의 1920년대'에 미국 전역의 주요 시장에 빈틈없이 보틀링 공장을 세우고 유통망을 확립했다. 그래도 시장이 포화 상태가 되었다고 생각하지 않고 철저한 시장 조사에 나섰다.

우드러프가 실시한 전략을 구체적으로 살펴보면, 우선 그는 특별한 팀을 만들어서 몇 년에 걸쳐 전국의 소매업자, 약국, 주유소 등을 대상으로 고객의 성향을 조사했다. 그 결과, 미개척 시장이 아직도 많이 남아 있다는 결론에 도달했다. 예를 들면, 미국 전역에 고속도로가 깔리게 된 점에 주목하여 이동 중인 운전자에게 코크를 제공할 판매 경로로 주유소를 생각해 냈다.

1920년대가 끝나 갈 무렵, 우드러프가 내걸었던 표어인 "손을 뻗치면 어디라도"는 문자 그대로 실현되고 있었다. 코크는 빵집, 이발소, 볼링장, 다방, 잡화점, 대학, 구둣방, 병원, 호텔, 군대, 공원, 유원지, 경찰서, 당구장, 철도역, 레스토랑, 전화국 등 어디서나 살 수 있게 되었다.

업계 관계자나 언론은 코카콜라의 시장 조사와 그것이 가져온 효과에 감탄했다. 코카콜라는 근대적인 마케팅 기술을 확립한 개척자로 평가받았다. 세계 대공황을 무난히 넘길 수 있었던 것도 코카콜라가 '어디서', '어떻게' 상품을 제공하면 좋을지를 상세하게 파악하고 있었기 때문이었다.

불황을 모르는 코카콜라의 전진

코카콜라는 세계 대공황 시기뿐 아니라 제2차 세계대전이라는 재앙 속에서도 이익을 올렸다.

자서전 『신, 조국 그리고 코카콜라를 위해』*For God, Country and Coca Cola*에서 '코카콜라 제국'의 역사를 자세히 기록한 마크 펜더그래스트Mark Pendergrast에 따르면, 코카콜라는 전쟁 중에도 남극을 제외한 세계의 전 대륙에 64개에 이르는 공장을 건설했다. 게다가 필요한 건설비의 대부분을 정부 자금으로 조달했다. 전시戰時에 미국 정부는 GI(미국 육군 병사의 속칭)의 목을 코크로 축여 주며 사기를 진작시키는 것이 무엇보다 중요하다고 생각했던 것이다.

전선에 파견된 GI들에게 가장 인기 있었던 것이 코크였기 때문이었다.

펜더그래스트에 따르면 **조지 S. 패튼**George S. Patton 장군은 코크의 저장고를 군의 필수품으로 취급했으며, 전장을 옮길 때마다 코카콜라의 기술 고문을 파견하여 콜라 공장을 건설하게 했다고 한다. 그 자신도 럼주에 코크를 섞어 마시는

> **조지 S. 패튼**
> **(George S. Patton, 1885~1945)**
>
> 미국 캘리포니아에서 태어난 패튼은 웨스트포인트 육군사관학교를 졸업했으며, 제2차 세계대전에서 전차전을 이끄는 탁월한 능력을 발휘하여 많은 전투에서 승리를 이끌어내었다. 1945년 자동차 사고로 사망했다. 저서로 회고록 『내가 알고 있었던 전쟁(War As I Knew It)』이 있다.

것을 즐겼다.

맥아더 장군은 필리핀에서 처음으로 생산된 코크의 병에 사인하였고, 아이젠하워 장군은 북아프리카에서, "코크 300병, 그리고 매월 그 두 배를 생산할 수 있는 보틀링·세척·병마개 기계를 급히 보내라."는 내용의 전보를 쳤다고 한다.

펜더그래스트는『신, 조국, 그리고 코카콜라를 위해』에서 GI가 전선에서 고국으로 보낸 편지들을 소개하고 있다.

> 오늘은 부대원 전원이 코카콜라를 한 병씩 받았다. 모두 코크를 꼭 안고 있거나 계속 쳐다보기만 했다. 아직 아무도 마시지 않았다. 마시면 없어져 버리니까.

> 코카콜라가 이탈리아에 도착했다는 소문을 들었지만 아무도 믿지 않았다. 코카콜라는 먼 추억의 음료수, 천국 저편을 생각나게 하는 음료수이다.

> 만약 누군가 내게 "무엇을 위해 싸우는가?" 하고 물어 보면, 우리들의 대부분은 "코카콜라를 살 권리를 얻기 위해서."라고 대답할 것입니다."

이미 코크는 반세기를 거쳐 미국인들에게 깊숙이 침투하여 미국 문화를 상징하는 존재가 되어 있었다. 우드러프는 전략적으로 워싱턴에서 로비 활동을 전개하여 전선에 코크를 배급할 체제를 정비하는 한편,

국내에서는 코크가 전장의 GI들에게 용기와 힘을 불어넣어 주고 있다고 선전했다.

이러한 주변 여건 속에서 전쟁은 코크가 세계 시장으로 진출할 수 있는 좋은 계기가 되었다. 미군이 진출한 곳은 어디에나 코크와 초콜릿이 무한정 뿌려졌고, 여성과 어린이들을 중심으로 사람들의 입맛을 빠른 속도로 물들이기 시작했다.

미군에 의해 코크가 세계 각지로 퍼진 것을 계기로 코카콜라는 전세계에서 현지의 업자들과 계약을 하고 **라이선스**license **생산**에 들어갔다. 펜더그래스트에 따르면, 코카콜라는 1949년에 애틀랜틱시티에서 업자들을 대상으로 개최한 대규모 세미나에서, "우리(자본주의자)는 '공산주의' 하면 **철의 장막**을 떠올립니다. 반면 공산주의자는 '민주주의' 하면 코카콜라를 떠올립니다."라는 현수막을 걸어서 관계자들의 사기를 북돋웠다.

코크가 너무 빨리 퍼져나가자 '미국 문화에 의한 침식'이라며 코크를 적대시하는 나라도 많아졌다. 전쟁이 끝난 후 중국에서 정권을 장악한 공산당은 코카콜라를 '추악한 자본주의'의 상징으로 간주하여, 영국령의 홍콩에 있는 것을 제외한 모든 보틀링 공장을 국유화했다. 프랑스 공산당은 자국 내에서의 코크 생산을 두고 '코카콜라의 식민지'라며 맹렬히 반대했다. 프랑스의 지식층들은, "대지로부터 태어난 숭고한 음료인 와인이

라이선스 생산

다른 기업 또는 개인이 개발하였거나 소유하고 있는 제품 제조에 대한 기술·제조법·노하우·상표 등을 소유자의 허가를 받아서 생산하는 일이다. 특히 제품 제조에 관한 라이선스 생산일 경우 그 제품의 제조 공장 소재 지역이나 수출 지역에 대한 지정 등의 조건이 붙는다. 오늘날 라이선스 생산은 의류 산업부터 군수 산업에 이르기까지 광범위하게 이루어지고 있다.

철의 장막(Iron Curtain)

영국 총리 윈스턴 처칠이 1946년 3월 미국 방문 중에, "오늘날 발트 해의 수데텐란트에서부터 아드리아 해의 트리에스테에 이르기까지 대륙을 횡단하여 '철의 장막'이 내려져 있다."라고 한 데에서 비롯된 용어이다. 이 말은 소련의 폐쇄적이고 비밀주의적인 긴장 정책과 동유럽의 경찰국가(警察國家)를 격렬히 비난한 것으로, 제2차 세계대전 이후 소련권에 대해 서방 국가가 가진 불신의 표현이었다. 그 후 이 말은 반공 선전 문구로 주로 쓰이게 된다.

코카콜라에게 자리를 내주면 프랑스 문화가 파괴된다."라며 규탄했다.

그러나 그 어떤 비난도 코카콜라의 진격을 멈추게 하지 못했다. 프랑스에서의 논쟁은 오히려 코크의 지명도를 높여 더욱 많은 젊은이들이 코크를 찾도록 하였다.

맹렬한 세일즈맨을 세계 각국에 파견하고 철저한 시장 조사를 통해 막대한 이익을 올리는 코카콜라. 미국 밖에서는 '미국 자본주의의 첨병', '자본주의의 화신'이라고 간주되었지만, 오늘날 '코카콜라'는 '오케이'와 더불어 전세계 누구나 알고 있는 단어가 되었다. 펜더그래스트는 당시의 저널리스트의 말을 인용하여 이렇게 적고 있다.

당시 유럽에서는 자유의 여신이 들고 있는 것이 코크 병이라고 믿는 사람들도 있었다.

고이주에타의 실수 – 뉴 코크 소동

전쟁 중에 세계로 진출할 기반을 쌓아올린 코카콜라는 전쟁이 끝난 후 진정한 다국적 기업으로 변모하여 중단 없는 진격을 계속했다. 그들의 성공적인 결과는 주가가 단적으로 말해 주고 있는데, 1950년대 종반부터 1970년대 초반에 걸친 10여 년 동안, 코크의 주가는 대략 20배 정도 뛰어올랐다. 같은 기간에 코크만큼 시장 가치를 높인 기업은 없었다. 그 시기는 버핏이 파트너십을 청산하고, 버크셔 해서웨이로 재출발한 시기이기도 하다.

그러나 폴 오스틴이 코카콜라의 최고경영자를 지낸 1970년대에 코카콜라는 지나친 다각화 경영으로 인해 '대기업 병'에 빠져 주가가 하락했다. 경제 분석가들은, "코크와 같은 성숙 산업으로는 더 이상의 고성장은 무리"라고 판단했다. 그러나 오스틴의 후임으로 최고경영자에 오른 로베르토 고이주에타의 지휘 아래서 코크의 주주는 다시 이익을 얻게 되었다. 고이주에타가 최고경영자로 취임한 후부터 사망한 1997년까지 16년 동안 코크의 주가는 38배나 뛰어올랐다.

고이주에타 시대에 코크가 얼마나 미국 문화에 깊이 침투되어 있는가를 보여 주는 한 사건이 있다.

1985년 초, 고이주에타는 애틀랜타의 병원으로 '보스' 우드러프를 찾아갔다. 당시 95세였던 우드러프는, 코크보다는 몇 년 젊은 나이였지만 육체의 쇠약함은 감출 길이 없었다. 청력이 떨어져서 제대로 들을 수도 없었다. 그러나 두뇌만은 여전히 또렷했다.

고이주에타는 세계에서 가장 유명한 음료수, 코카콜라의 제조 비법을 손에 넣으려고 했다. 코크 탄생 100주년을 1년 앞두고, 세계에서 가장 엄격하게 지켜지고 있는 제조 비법을 말이다. 고이주에타가 이런 생각을 한 데에는 코카콜라에 무언가 새로운 바람을 불러일으켜야만 한다는 위기 의식 때문이었다. 그 당시 미국에서는 사람들의 눈을 가린 후 펩시와 코크를 마시게 하여 어느 쪽이 더 맛있는지 고르게 하는 시험이 유행하였는데, 이 시험에서 코크는 최대의 경쟁자인 펩시에게 항상 패배했고, 미국 내 슈퍼마켓 매출에서도 펩시에게 뒤져 있었다.

고이주에타는 '시대가 변하면 비즈니스도 변한다. 비즈니스에 변하지 않는 것은 없다.'라고 생각했다. 병원 내에서 고이주에타는 미각 시험 결과나 시장 점유율 등을 내보이면서 '보스'에게 코크의 맛을 바꿔야 한다고 열심히 설명했다.

변화를 싫어했던 '보스'에게 코크의 맛을 바꾸자고 호소하는 것은 그야말로 말도 안 되는 무모한 일이었다. 코크의 제조법은 이전 세기에 사업가 캔들러가 약제사 펨버턴으로부터 구입한 것으로 '보스' 우드러프의 아버지가 코카콜라를 매수하여 미국의 상징으로 만든 '금세기 최고의 비밀'이었다.

'코카콜라'라고 불리는 제품은 절대적으로 '최고'가 되어야 했기 때문에 코크보다 맛이 좋은 제품을 따로 팔 수는 없었다. 다시 말해 새로운 제품이 최고라면 이제까지의 코크는 없어지는 수밖에 없었던 것이다. 그래도 '보스' 우드러프는 한숨을 쉬면서 결국 승인해 주었다. 그로부터 3개월 뒤 '뉴 코크'의 탄생을 보지 못한 채 '보스'는 숨을 거두고 만다.

고이주에타는 '뉴 코크'에 대해 자신이 있었다. 미각 시험에서 펩시보다도 맛이 좋다는 평을 받았을 뿐만 아니라, 주재료 성분 중 코카 잎 성분을 제거하여 "코크에 마약이 들어 있다."라는 소문을 완전히 잠재워 버릴 수도 있었다.

이미 고이주에타와 키오는, "코카콜라의 이름은 신성한 것이며 다른 어떤 제품에도 이 이름을 붙여서는 안 된다."라는, 1세기 가까이 지켜온 불문율을 깨고 '뉴 코크'라는 새로운 상품의 출시를 위한 포석을 깔고 있었다. 1982년에 칼로리를 줄인 '다이어트 코크'로 대성공을 거두고, 계속해서 체리 맛이 나는 '체리코크'를 세상에 내놓은 것이 바로 그것이다.

1985년 4월 고이주에타와 키오는 뉴 코크 발표회에서, "1세기에 가까운 코카콜라 역사상 가장 중대한 마케팅 전개에 대해 기자회견을 갖겠습니다."라고 자신만만하게 말했다. 발표회는 역대 미국 대통령과 그랜드 캐니언, 보리밭, 카우보이, 유명한 록 가수, 자유의 여신 등 미국을 상징하는 장면을 담은 비디오 화면과 함께, "우리들은 언제나 코카콜라, 전 아메리카의 역사."라는 애국적인 분위기의 배경 음악으로 시작되었다. 고이주에타는 "최고의 물건이 더욱 좋아졌다."라고 선언했다.

그런데 기자들과 질의 응답할 순서가 되자 두 사람은 멈칫거렸다. 왜 신제품을 출시해야만 했냐고 물어도 두 사람 다 "뉴 코크는 코크보다 맛이 좋으니까.", "코크는 펩시에게 지고 있었으니까."라고 설명하지 못하고, 분위기만 이상해져 버렸다. 그렇게 설명하면 이제까지의 코크는 최고의 제품이 아니었다는 것을 인정하는 셈이 되기 때문이다. 두 사람이 대답을 머뭇거리는 걸 납득하지 못한 기자들이 신랄한 질문을 계속 퍼붓자, 후반부는 마치 항의 집회와 같은 분위기가 되어 어수선해졌다.

그러나 발표회장의 대소동은 서곡에 지나지 않았다. 코카콜라 본사에는 하루에 천 통 이상의 항의전화가 쇄도했다. 거의 대부분 "내 코크를 돌려다오."라는 내용이었다. 『시카고 트리뷴Chicago Tribune』지의 저명한 칼럼니스트 밥 그린은 "나는 태어나서부터 계속 코크와 같이 있었다."라고 말했다. 그는 마치 소중한 친구를 잃어버린 것처럼 탄식하며 소비자를 무시한 코카콜라의 결정을 비난했다.

수개월이 지나도록 '뉴 코크 소동'은 가라앉지 않았고, 항의전화가 하루에 8천 통 이상 온 적도 많았다. 그뿐이 아니었다. 4만 통이 넘는 항의편지가 애틀랜타 본사에 날아들었다. 편지 내용은 전쟁 중에 GI가 고국에 보낸 편지와 흡사했다. 언론도 소란스러웠다. 시애틀에 살고 있는 코크 애용자 게이 마린은 '전미全美 올드 콜라old cola 애용자 협회'를 창설하여, 코크의 맛을 원래대로 돌리라고 요구하며 집단 소송까지 벌였다.

이미 문제는 '뉴 코크의 맛'이 아니라, '미국의 상징'을 되찾아야 한다는 것으로 옮겨져 있었다. 『비즈니스 위크』지는 뉴 코크 발매를, '1980년대 최대의 마케팅 실패'로 단정지었다. 결국 코카콜라는 '항의의 폭풍' 속에서 1985년 7월, 원래의 코크를 부활시키겠다는 발표를 하기에 이른다. 이리하여 원래의 코크는 뉴 코크와 구별하기 위한 '코카콜라 클래식Coca Cola Classic'이란 이름으로 세상에 다시 등장하게 되었다.

반향은 대단했다. 발표하자마자 회사로 1만 8천여 명이 감사의 전화를 해왔다. 한 언론은 코카콜라가 선전 효과를 노리고 일부러 뉴 코크를 출시한 것은 아닌가 하는 분석을 내놓기도 했으나, 사실은 고이주에타를 비롯한 경영진의 실수였던 것이다.

어쨌든 '뉴 코크 대소동'은 미국 국민들에게 코크의 소중함을 재인식시켜 주었고, 펩시에 빼앗기고 있던 시장 점유율을 되찾는 계기가 되었다. 버핏의 말처럼 코카콜라는 세상에서 '없어서는 안 될 것'이 되었다. 고이주에타는 그 사실을 누구보다도 뼈저리게 느꼈다.

바로 그때, 즐겨 마시는 음료수를 펩시에서 체리코크로 바꾼 버핏도 '뉴 코크 소동'의 모든 것을 지켜보게 되었다. 고이주에타의 전기를 쓴 데이비드 그레이싱은, "버핏의 마음을 움직인 것은 1985년에 발표된 체리코크보다도 같은 해에 나온 뉴 코크일 것이다."라고 말한다.

1980년대 후반, 베를린 장벽이 무너지면서 냉전 시대가 종결되자, 코카콜라는 다시 한번 새로운 시장을 찾아나섰다. 동구와 구 소련의 여러 나라들로 과감하게 진출한 것이다.

고이주에타 시대의 마지막 해가 된 1997년에는 러시아 시장에서 최대의 경쟁 회사인 펩시와의 격차를 더욱 벌려놓았다. 1996년에 러시아 시장에서 펩시를 추월하기 시작한 코크는, 1997년에는 시장 점유율을 3 대 1로 벌려놓았다. 펩시는 닉슨 정권 시대(1969~1974)에 이미 구 소련과 독점 계약을 맺고, 1994년에도 판매량 60퍼센트의 시장 점유율을 장악하고 있었던 만큼, 이런 결과를 보인 것은 펩시의 '완패'라고 할 만했다. 그해에 중국 시장에서 코크 판매량은 30퍼센트나 늘어났다.

투자는 '인내'이다

1999년 4월 델라웨어 주 월밍턴에서 개최한 코카콜라 연차주주총회는 여느 때와 다른 분위기였다. 이는 더글러스 아이베스터가 최고경영자로서 두 번째 맞는 주주총회였다.

그는 "우리의 실적을 생각하면 기분이 즐거워지지 않습니다." 하고 입을 열었다. 2년 전 같은 장소에서 고이주에타가, "잭 웰치가 이끄는 GE를 추월하겠다."라고 소리 높여 선언할 때와는 완전히 다른 상황이었다.

물론 아이베스터는, "장래의 전망과 잠재력을 생각하면 기분이 즐거워질 수 있다."고 강조했지만, 현재의 실적이 위험스럽게 된 것은 어쩔 수 없는 사실이었다. 그해의 1사분기에 중요한 시장인 일본, 브라질, 독일에서 코크의 판매량이 떨어졌고, 미국 시장에서도 치명적인 가격 인상으로 판매량이 1.5퍼센트밖에 증가하지 않았다. 그 결과 전세계 총판매량은 전년도 같은 시기와 비교하여 1퍼센트가 줄어들었다. 판매 수량이 이처럼 감소한 것은 과거 10년 동안 없었던 일이었다.

주가도 마찬가지였다. 불과 9개월 전만 해도 최고치인 89달러를 기록했던 주가는 총회 직전에 59달러로, 30퍼센트 이상 떨어졌다. 주식 시가 총액도 5백억 달러 이상 축소되었다. 1998년의 시가 총액 순위에서는 상위 10개 회사 내에도 들지 못해, 고이주에타가 내걸었던 '세계에서 가장 가치 있는 기업'의 자리에서 멀어졌다.

아이베스터의 경영 전략에 문제가 있었던 건 아니다. 오랫동안 고이주에타의 오른팔로 일해 온 그는 기본적으로 고이주에타의 노선을 계승하는 방침을 내세웠다. 다만 시기가 좋지 않았다. 고이주에타에서 아이베스터로 경영이 승계되기 직전에 러시아의 루블화가 평가절하되는 등 신흥 시장이 동요하기 시작한 것이다.

코카콜라는 국제화를 추진하여 수익을 크게 신장한 전형적인 다국적 기업이다. 매출액의 70퍼센트, 이익의 80퍼센트 이상을 해외 시장에 의존하고 있었기 때문에, 신흥 시장의 동요는 코크의 수익에 크게 영향을 끼쳤다. 신흥 시장의 수요 감소와 아시아 통화 가치의 하락으로 인한 달러 강세 현상도 영향을 끼쳤다. 아이베스터가 최고경영자로 취임한 시점에서 이미 주가는 심상찮은 조짐을 보이고 있었다.

당연히 코카콜라의 최대주주인 워런 버핏이 어떻게 생각하고 있는지에 사람들의 관심이 쏠렸다. 1999년 4월 코카콜라의 주주총회가 끝난 뒤, 버핏과 아이베스터는 주주들에게 둘러싸여 사인 공세를 받았다. 그때 버핏은, "코카콜라에 투자한 것을 지금도 후회하지 않습니까?"라는 질문을 받았다.

코카콜라는 워싱턴 포스트 사와 더불어 버핏이 '영구 보유 종목'으로 채택하고 있는 기업이다. 게다가 버크셔의 최대 보유 종목으로, '없어서는 안 될 것'이었다. 버핏은, "우리들은 10년 후에도 코카콜라 주식을 갖고 있을 것입니다. 그리고 30년 후에도 갖고 있을 것입니다."라고 분명히 말했다. '코크를 포기할 생각이 있는가?'라는 질문은 그야말로 어리석은 질문이었던 것이다.

버핏은 고이주에타가 죽은 뒤에 쓴 「회장의 편지」에서 코카콜라의 경영을 절대적으로 신뢰하고 있다는 것을 새삼 강조했다.

> 코크는 1981년부터 최고경영자 자리를 맡아 온 로베르토 고이주에타를 잃었습니다. 저는 지난 9년간 그로부터 받은 100여 통의 편지를 이번에 전부 다시 읽었습니다. 그것들은 우리가 비즈니스와 인생에서 성공할 수 있도록 도와주는 훌륭한 길잡이가 될 수 있습니다. 그는 명확하고 훌륭한 비전을 갖고 있었고, 어디를 향해 어떻게 나아가야 할 것인지를 알고 있었습니다. 그의 비전은 언제나 코크의 주주들을 더욱 행복하게 해주었습니다.

버핏은 고이주에타로부터 받은 편지의 일부분을 소개했다.

> (제 처) 올가는 저에게 '업세션(obsession, 신들린 상태)'이라는 말을 씁니다만 당신(버핏)은 이것을 '포커스(focus, 집중)'라고 합니다. 저는 '포커스'라는 말이 훨씬 더 마음에 듭니다.

고이주에타가 '주주 가치 증대'라는 사명에 '신이 들려 있었던' 사실을 다시 한번 보여 주는 대목이다.

투자 대상을 선정할 때, 버핏은 투자하는 기업의 사업이 해당 산업에서 우위를 차지할 가능성이 충분하고, 장기적으로 윤택한 캐시플로를 만들어낼 수 있는지에 주목한다. 10년이나 20년 정도를 내다볼 수 없는 사업은 안전여유율이 낮은 것으로 간주하여 투자하지 않는다. 이런 점에서 보면 코카콜라는 그의 투자 철학에 딱 들어맞는 기업이다. 동시에 버핏은 '경영진이 오너처럼 행동하는가' 등을 기준으로 최고 경영진의 자질도 중요하게 생각한다. 아무리 훌륭한 사업을 경영한다 해도 주주들로부터 위탁받은 자본을 소중히 취급하지 않고 낭비하는 기업은 투자 대상에서 제외한다. 이런 점에서 고이주에타는 주주 자본을 훌륭하게 사용한, 전설적인 경영자였다.

버핏은 고이주에타와 마찬가지로 아이베스터도 신뢰하고 있다고 말했다. 「회장의 편지」에서 그는 다음과 같이 쓰고 있다.

로베르토 고이주에타는 더글러스 아이베스터와 오랫동안 같이 일해왔기 때문에, 아이베스터가 적임자라는 사실을 누구보다도 잘 알고 있었습니다. 고이주에타로부터 아이베스터에게로 경영의 리더십이 물려졌지만 코카콜라는 그때와 마찬가지로 앞으로도 계속 스팀롤러(도로를 편평하게 할 정도로 강력한 회사)일 것입니다.

아이베스터는 버핏을 어떻게 생각하고 있을까? 그는, "당신에게 워런 버핏이란 인물은 어떤 의미를 갖고 있습니까?"라는 질문을 받고 다음과 같이 명료하게 대답했다.

"워런 버핏은 저에게 네 가지 의미를 가지는 존재입니다. 첫째, 그는 저의 좋은 친구입니다. 둘째, 그는 코카콜라의 대주주입니다. 셋째, 그는 코카콜라의 이사회 임원입니다. 넷째, 상당히 현명한 사람입니다. 곤란한 문제에 부딪쳤을 때 이런 사람에게 의지할 수 있는 코카콜라의 경영진, 주주, 직원들은 행운아입니다."

≪ 13 ≫
그는 멈추지 않는다

저는 상당히 좋은 결과를 가져다줄 '불확실한 것'보다
는, 어느 정도 수준의 좋은 결과를 가져다줄 '확실한
것'을 선택하겠습니다.

질레트 주식 취득에 나서다

1989년 매사추세츠 주 보스턴, 세계 최대의 면도기 제조업체인 질레
트 본사에 작은 변화가 생겼다. 카페테리아(cafeteria, 손님 자신이 좋아하
는 음식을 직접 가져다 먹는 셀프 서비스 식 간이 식당)나 자동판매기에서
쉽게 살 수 있는 탄산음료가 펩시에서 코크로 바뀐 것이다. 현지에서는
그다지 수요가 없던 체리코크도 준비되어 있었다.

코카콜라 주식을 취득한 다음 해, 워런 버핏은 '질레트'에 주목하기
시작했다. 그리고 그해 버크셔 해서웨이를 통해 질레트의 최대주주가
됨과 동시에, 코카콜라의 경우와 마찬가지로 이사회 임원이 되었다. 앞
서 말한 질레트 본사의 변화는 버핏이 코크를 좋아했기 때문에 질레트
가 그를 위해 특별히 배려한 것이었다.

버핏이 질레트에 흥미를 갖게 된 것은 코카콜라 주식을 구입할 때와
마찬가지로 연차보고서 때문이었다. 1988년 여름, 오마하의 자택에서
질레트의 연차보고서를 읽고 있던 버핏은 대차대조표가 이상하다는 사

실을 발견했다. 질레트의 1988년 대차대조표는 회사가 심각한 경영 위기에 빠져 있지 않은데도 채무 초과 상태에 빠져 극단적인 레버리지(차입 등 타인의 자본으로 자기자본이익률을 높이는 것)를 사용하고 있는 사실을 보여 주고 있었다.

'적대적 M&A'의 폭풍이 휘몰아치고 있던 1980년대에 질레트도 계속되는 매수 공세에 시달리고 있었다. 살로먼 매수를 시도했던 '기업 약탈자' 로널드 펠먼에 의해 잠시 흔들린 적도 있었다. 특히 1988년, 투자 회사 코니스턴 파트너스의 매수 공세는 견디기 힘든 것이었다. 질레트는 '위임장 투쟁'에서 52퍼센트의 표를 얻어 겨우 고비를 넘겼다. 그러나 이 과정에서 거액의 자사주를 재매입하는 바람에 1988년까지 2년 동안의 '주주 자본'이 '부채 자본'으로 바뀌어 채무 초과 상태에 빠져 버린 것이다.

버핏은 주주 자본을 모두 써 버린 질레트가 거액의 출자를 바랄 것이라고 생각했다. 그와 관련해 질레트 경영진과 만나고 싶었던 버핏은 질레트 연차보고서에 소개된 임원 명단에서 조 시스코라는 이름을 발견했다. 시스코는 버크셔 해서웨이 산하의 손해보험회사 GEICO의 이사회 임원이었기 때문에 예전부터 버핏과 알고 지내는 사이였다. 버핏은 곧 시스코에게 전화했다.

"그들에게 외부의 출자에 흥미가 있는지 물어봐 주겠나?"

"지금 바로 콜먼 모클러에게 연락해 보겠네."

콜먼 모클러는 1975년부터 질레트의 최고경영자를 지내고 있는 실력자였다. 그는 재임 중에 사업체 스물한 개를 폐쇄하거나 매각 대상에 올려 경영과 자본을 면도기 사업에 집중시켰다. 그리하여 생산성을 연평균 6퍼센트 향상시켰고, 1974년보다 직원 수를 줄이면서도 매출액을 3배 이상 늘리는 데에 성공했다. 경영의 초점을 정하지 않고 이것저것에 손을 대다가 기업 약탈자의 먹이가 된 다른 기업과는 여러 모로 달랐다.

시스코의 연락을 받은 모클러는 버핏의 제안에 흥미를 보였다. 그리고 며칠 뒤 경영 간부를 데리고 오마하를 방문했다. 그는 면도기 사업 등으로 생기는 캐시플로로 부채를 변제할 수는 있지만, 신제품 개발을 위한 투자를 늘려야 한다고 생각하던 참이었다. 그렇기 때문에 출자를 받아들여서 일거에 자본을 확충하는 것도 나쁘지 않다고 판단했던 것이다.

질레트를 '가장 성공한 다국적 기업'으로 평가하며 『예리한 칼날』 (Cutting Edge, 질레트를 비유한 말)이라는 책을 쓴 고든 매키벤에 따르면, 버핏은 오래된 차를 손수 운전하여 공항까지 마중을 나가서 모클러를 태우고 시내의 레스토랑으로 갔다. 둘 다 햄버거와 코크로 점심식사를 하고 후식으로는 소프트 아이스크림과 사탕을 먹는 등, 시골 마을 오마하다운 분위기에서 회담이 이루어졌다.

후일 버핏은 매키벤에게, "중서부 소년 둘이 잡담하고 있는 듯한 분위기에서 허물없이 이야기할 수 있었다. 그를 이해하는 데에는 5분도 걸리지 않았다. 그가 유능하다는 것을 직감적으로 알았다."고 말했다. 모클러도 버핏이 마음에 들었고, 회담 후에 버핏의 출자를 받아들일 준비를 시작했다.

구체적인 조건에는 서로 의견이 달랐으나, 타협점을 찾기까지는 그다지 많은 시간이 걸리지 않았다. 질레트는 1989년 7월 20일에 이사회를 개최하여 고문을 지내고 있던 투자은행 J.P. 모건의 파트너 로베르토 멘도사에게 의견을 물었다. 멘도사는 "이번 안건은 주주들에게 공정하고 이성적인 것입니다."라고 평가했다. 이사회도 만장일치로 버핏의 출자를 받아들이는 것을 승인했다.

미국의 M&A에서는 제삼자인 어드바이저adviser의 객관적인 평가가 매우 중요한 역할을 담당하고 있다. 버핏은 어드바이저를 이용하지 않지만, 이러한 그의 태도는 주주들로부터 손해를 볼 위험성에 대한 주의를 게을리 한다는 비판을 받을 수도 있다. 경영진이 자신의 이익을 우선시하여 주식 구입 상대를 마음대로 선정하면 주주가 손실을 입을 수도 있기 때문이다. 예를 들면 가격 면에서 더 유리하게 매각할 수 있는데도, 경영진이 자신의 임의대로 매각 대상자를 결정하면 주주는 원래 얻게 될 이익을 얻을 수 없게 되는 것이다.

이사회가 열린 다음 날, 질레트는 버핏이 우선주를 취득한 사실을 정식으로 발표했다. 버핏이 투자한 금액은 총 6억 달러였다. 그리고 그가 구입한 질레트의 우선주는 확정 이자가 붙어 있는 채권의 성격도 가지고 있는 것으로, 2년 후에 한 주당 50달러의 가격으로 보통주로 전환할 수 있는 권리가 붙어 있었다. 우선주를 전부 전환하면 질레트의 보통주 1,200만 주를 손에 넣게 되며, 버핏은 총발행주식의 11퍼센트를 보유하는 최대주주가 되는 것이었다.

이에 대해 일부 언론은 매우 비판적으로 평론하였다. 버핏이 코카콜라의 경우와 달리, 일반 투자가는 흉내낼 수 없는 방법으로 질레트 주식을 취득할 권리를 손에 넣었기 때문이다. 그러나 질레트의 주주였고 '전설적인 펀드매니저'로 불리는 피터 린치는 "이번 안건은 이해가 관련

된 모든 사람들에게 이익이 되는 일이다." 하고 버핏을 옹호했다.

20억 달러의 수익도 아쉽다

버핏이 출자한 뒤 질레트는 빠른 속도로 부활하기 시작했다. 질레트는 새롭게 얻은 6억 달러를 부채를 갚는 데 사용하여 대차대조표를 재구축했다. 우선주는 주주 자본과 부채 자본의 요소를 동시에 갖고 있는데, 신용평가회사는 버핏의 우선주를 주주 자본으로 간주했다. 버핏이 전환권을 행사하여 보통주로 바꿀 것이라고 판단한 것 같다. 그 결과 질레트의 신용도는 올라가게 되었다.

질레트는 유능한 경영자로 알려진 모클러를 1991년 1월에 잃었다. 당시 61세의 모클러는 은퇴 예정일을 10개월 남겨두고 그만 심장병으로 사망하고 만 것이다. 그러나 모클러는 주도면밀한 후계자 계획을 세워 두었기 때문에 큰 어려움 없이 제2인자였던 알프레드 제인이 자리를 물려받게 되었다.

버핏이 질레트 주식을 구입하게 된 큰 이유 중 하나는 모클러의 존재였다. 버핏은 1991년 봄에 나온 1990년도 「회장의 편지」에서 모클러에 대해 다음과 같이 쓰고 있다.

> 모클러는 '고결, 용감, 겸허를 모두 겸비한 신사'라는 표현에 딱 맞는 사람입니다. 유머와 뛰어난 경영 능력을 갖고 있죠. 제가 그와 같이 일하는 것을 얼마나 기다렸는지 모릅니다.

그해에 버핏은 질레트의 우선주를 보통주로 전환시켜 최대주주가 되었다.

1990년에 질레트는 신형 면도기 '센서'를 출시하여 대성공을 거두었다. 첫해에만 2,400만 개가 팔려 예상치인 1,100만 개보다 2배 많은 판매고를 올렸다. 센서는 출시 첫해에 북미 시장의 10퍼센트를 지배하는, '질레트 역사상 최대의 인기상품'이 되었다.

질레트의 실적 역시 급상승하기 시작했다. 이익은 연 20퍼센트로 올랐고 자기자본이익률은 40퍼센트를 기록하게 되었다. 기관투자가들은 질레트의 장래성에 기대를 걸고 주식을 사들였다. 거기에 맞추어서 버크셔 해서웨이가 보유하고 있는 질레트 주식의 시가 총액도 올라, 1991년 말에는 13억 달러를 돌파하여 금세 투자액의 2배가 되었다. 1993년 말에는 14억 달러, 1995년 말에는 25억 달러 이상이 되었다.

그래도 버핏은 질레트에 투자한 것을 후회했다. 1995년도 「회장의 편지」에서 다음과 같이 솔직한 심정을 밝혔다.

1995년도 최고 보유 종목은 질레트였습니다. 이전부터 지적한 바와 같이 질레트는 훌륭한 사업입니다. (버크셔 해서웨이의) 재무제표는 실수를 인식하지 못하고 있지만, 모순적이게도 질레트 주식을 산 것은 제가 저지른 최대의 실수입니다.

그는 '우선주를 산 것'이 실수라고 인정했다. 우선주는 확정 이자가 붙어 있는 채권의 성격이 있어서 값이 올라가는 데에 한계가 있었던 것이다.

채권처럼 부채 자본의 성격이 강해지면 위험 부담은 적어지지만 그만큼의 이익도 기대할 수 없게 된다. 한편 주주 자본의 성격이 강해지면 위험 부담은 커지지만 그만큼 이익도 높아진다. 버핏이 질레트가 가진 충분한 안전여유율을 예상했다면 100퍼센트 주주 자본이라도 위험 부담은 낮았을 것이다. 그러나 그는 그렇게 하지 못했고, 더 많은 이익을 얻을 수 있는 기회를 놓치고 말았다.

버핏은 자신이 저지른 실수를 구체적으로 증명하기 위해 1995년의 자료를 기본으로 하여 간단한 계산을 해 보였다. 1989년 이후의 주식 분할을 고려하면 버크셔 해서웨이가 보유하는 질레트의 우선주는 보통주 4,800만 주에 상당했다. 6억 달러로 처음부터 보통주를 구입했다면 1995년에는 4,800만 주가 아니라 6천만 주를 보유할 수 있었다. 금액으로 하면 1995년 말까지 6억 2천만 달러를 더 벌어들일 수 있었으며, 이것은 처음 투자한 금액을 넘어서는 엄청난 규모였다.

질레트와 코크는 '없어서는 안 될 것'

결론적으로 버핏은 코크를 좋아하는 것처럼 질레트를 좋아한다. 만약 누군가 버핏에게 "어떤 사업에 가장 매력을 느끼는가?"라고 물어 보면, 그는 언제나, "코카콜라나 질레트 같은 회사"라고 대답한다. 코카콜라와 질레트는 그만큼 공통점이 많다.

우선 버핏 자신이 '이해할 수 있는' 사업을 하고 있다. 버핏은 질레트 면도기 애용자로, 질레트가 1998년에 발매한 최초의 3중날 면도기 '마하 쓰리'도 일찍부터 애용했었다. 같은 해 버크셔의 주주총회에서 질레트에 대해 물었을 때 그는 "1997년 11월부터, 시험 기간을 포함하여 마하 쓰리를 계속 사용하고 있다."고 대답했다. 그리고는 자신의 턱을 쓰다듬으며, "보시오. 놀라운 면도기이지요."라며 익살을 떨었다.

이것은 누구나 흉내낼 수 없는 것이다. 버핏은 데어리 퀸의 소프트 아이스크림을 좋아해서 데어리 퀸을 매수하고, 시즈의 초콜릿을 좋아해서 시즈 캔디 숍스를 매수한 것처럼, 자신이 직접 경험하는 것을 통해 잘 알고 있는 기업을 선택한다. 코카콜라의 주식을 취득할 때는 어린 시절 할아버지의 잡화점 일을 거들면서 코크를 팔러 다녔던 경험이 많이 작용했다.

게다가 질레트와 코카콜라는 19세기 후반에 탄생한 오래된 기업으로, 앞으로도 '없어서는 안 될 것'이다. 두 회사 모두 강력한 프랜차이즈가 뒷받침되어 있고, 각각의 산업 분야에서 압도적인 시장 점유율을 장악하고 있다. 유럽이나 중남미에서는 면도기 시장의 절반 이상을 석권하고 있는 '질레트'가 면도기의 대명사가 되어 있고, '코크'는 세계 시장의 반을 차지하는, '오케이'와 더불어 가장 잘 알려져 있는 영어 단어가 되었다.

버핏은 기회가 있을 때마다, "매일 밤 잠이 들 때, 아침에 전세계 대부분의 남자들이 질레트 면도기로 면도하는 상상을 합니다. 그것만으로도 즐거워집니다."라고 말한다. 질레트 면도기를 이용하는 인구는 세계적으로 수십억 명에 이른다. 불황·전쟁·재해가 발생하여도 사람들은 계속 면도를 할 것이다. 버핏에게는 그것이 무엇보다도 확실한 '안전여유율'이다.

코크도 질레트와 마찬가지이다. 1990년대 후반, 전세계에서 매일 10억 명이 코크로 목을 적셨다. 1997년에 최고경영자가 된 더글러스 아이베스터는 신흥 성장 시장의 위기를 언급하면서도, "이 세상에 어떤 일이 일어나든 사람들의 갈증은 없어지지 않는다."고 말했다. 이러한 사업이 확고한 프랜차이즈를 확립하고 있으면 성장성은 무한하다고 할수 있다.

1996년도 「회장의 편지」의 한 구절을 소개하겠다. 여기에는 버핏에게 있어 질레트가 '제2의 코크'라는 사실이 선명하게 나타나 있다.

> 코카콜라나 질레트와 같은 기업은 '없어서는 안 될 것'이라고 부를 만합니다. 10년이나 20년 후의 청량음료나 면도기 사업을 정확하게 예상할 수는 없습니다. '없어서는 안 될 것'과 같은 필수적인 사업도 경영자가 제조·유통·포장·상품 개발에서 끊임없이 노력하지 않으면 살아남을 수 없다는 것도 사실입니다. 그러나 통찰력 있는 사람이라면 평생 동안의 장기 투자를 해도 코크와 질레트의 우위성은 결코 사라지지 않을 것이라고 생각할 것입니다. 첨단 기술 기업이나 벤처기업은 '없어서는 안 될 것'보다 높은 성장률을 달성할 것입니다. 하지만 저는 상당히 좋은 결과를 가져다줄 '불확실한 것'보다는 어느 정도 수준의 좋은 결과를 가져다줄 '확실한 것'을 선택하겠습니다.

과감한 리스트럭처링과 연구 개발

'없어서는 안 될 것'인 질레트는 1998년에 일어난 세계적인 신흥 시장의 '위기'를 순식간에 '기회'로 되돌려 놓았다. 전임 최고경영자인 모클러와 마찬가지로 제인도 글로벌화를 추진하였고, 그 결과 질레트는 '글로벌화에 가장 성공한 소비재 제조회사'라는 평가를 받았다. 1회용 면도기나 면도날로 미국 시장의 70퍼센트를 석권한 질레트는 1998년 시점에서 총매출의 60퍼센트 이상을 해외 시장에서 거두고 있었다.

제인은 적극적으로 해외 진출을 하는 한편 대형 건전지 제조회사 듀라셀을 매수하여 '면도기 제조는 성숙 산업'이라는 통설을 뒤집었다. 제인은 8년 동안의 임기 중에 질레트의 연간 매출액을 2배 이상인 100억 달러로 끌어올려서, 주식 시가 총액을 60억 달러에서 630억 달러로 10배 이상 늘렸다. 그런 만큼 아시아나 러시아 등 신흥 시장이 대혼란에 빠져서 1998년 3사분기에, 전년도 같은 시기에 얻은 이익의 99퍼센트밖에 달성하지 못했을 때 월스트리트는, "드디어 제인의 신통력이 다했다."라고 말하기도 했다.

신흥 시장에서 수요가 급속히 줄어들었을 뿐만 아니라, 신흥 시장의 통화가 평가절하되고 달러 강세가 계속되었기 때문에, 그때까지 질레트가 해 왔던 국제화를 위한 노력이 일거에 힘을 못 쓰게 되었다. 주가는 일시적이나마 최고치보다 40퍼센트 이상 떨어졌다.

수익 악화 징조를 느낀 제인은 1998년 9월에 대규모 리스트럭처링을 발표했다. 구체적으로는 세계 곳곳에 있는 공장 14개, 물류 거점 12개, 사무실 30개를 폐쇄함과 동시에 전 직원의 10퍼센트 이상에 상당하는 4,700명을 정리했다. 8년 동안 지속되어 온 두 자리 숫자의 이익률을 회복하겠노라고 선언한 것이다. 실제로 그해 4사분기에는 이미 전년 같은 기간에 거두었던 이익만큼 늘어나, 문자 그대로 'V'자형의 회복을 실현했다.

질레트의 이러한 행보는 우리에게 많은 교훈을 준다. 실제로 많은 기업들이 오랫동안 축적해 온 자본 이득에 안주하여, 어지간한 일이 없는 한 리스트럭처링을 실행하지 않는다. 우량 기업이라면 더욱더 리스트럭처링을 하지 않는다. 어떤 경제학자는 질레트 등을 예로 들면서, "평범한 기업이라면 몇 년간에 걸쳐 했을 리스트럭처링을 그들은 수개월 이내에 해냈다."고 평했다.

질레트 내의 제2인자로서 제인을 지지해 온 마이클 홀리는 다음과 같이 말했다.

"주식을 공개하는 모든 기업들은 항상 시장으로부터 압력을 받습니다. 이것은 받아들이지 않으면 안 되는 현실입니다. 기업에 대한 투자가 주로 은행 중심으로 이루어지는 나라들도 있습니다. 은행들은 주로 위험률이 낮은 곳에 투자하는 대신 많은 이익을 기대하지도 않습니다. 그래서 그런 나라의 기업들은 시장으로부터 많은 압력을 받지 않습니다. 하지만 주주들이 높은 이익을 추구하는 미국의 기업들은 사정이 다릅니다."

미국의 기업은 다른 어떤 나라의 기업보다 자본 비용이 많다. 자본 비용이 많다는 것은 투자가들이 요구하는 이익이 많다는 뜻이다. 골드먼 삭스의 주임 투자전략가 애비 코엔은 "넘어야 하는 허들(hurdle, '자본 비용'을 의미함)이 높을수록 기업은 투자 판단을 하는 데에 엄격한 규율을 적용하게 됩니다."라고 설명하고 있다.

아무리 훌륭한 프랜차이즈를 갖고 있다 해도 현재 상태에 안주하면 더 이상 성장할 수 없다. 버핏의 말처럼 '없어서는 안 될 것'이라도 끊임없이 노력해야 한다. 질레트가 '성장 산업'에서 '성숙 산업'으로 전락하는 것을 피하기 위해 내놓은 대책은 과감한 '연구 개발'이었다.

그 첫 사례가 바로 세계 최초의 3중 날 면도기 '마하 쓰리'의 출시이다. 제인과 홀리를 기수로 한 질레트는 1998년 6월, 6년의 시간과 총 10억

274

달러의 연구 개발비를 들여 '마하 쓰리'를 세상에 내놓았다. 종래의 제품보다 가격을 높게 책정했지만, 그해 말까지 '성숙 시장'이라고 불리던 미국과 유럽 시장에서 폭발적인 수요를 불러일으키는 데에 성공했다.

물론 버핏도 이사회 임원으로서 필요에 따라 질레트의 경영진들에게 조언을 하고 있다. 1961년 질레트에 입사해 1999년 4월에 제인의 후임 최고경영자로 승격한 홀리는, "투자의 천재 버핏은 우리들의 사업을 아주 잘 이해하고 있습니다."라고 말했다. 장기 투자를 기본으로 하는 버핏은 신흥 시장의 위기에 따른 일시적인 수익 악화에는 신경 쓰지 않는다. 그는, "주식 시장이 5년, 아니 10년 동안 폐쇄되어도 특별히 걱정하지 않습니다."라고 말할 정도이다.

왜 맥도날드 주식을 매각했을까?

버핏은, "일생 동안 겨우 한 줌의 '없어서는 안 될 것'밖에 발굴할 수 없겠죠."라고 말한다. 자동차의 GM, 컴퓨터의 IBM, 소매업의 시어즈 로벅 등의 기업은 상당히 오랫동안 무적의 존재로 보였지만, 각각의 업계 구조나 경쟁 조건의 변화에 적응하지 못하여 일시적으로는 빈사 상태에 빠졌던 경험이 있다.

특히 '흔한 상품commodity'을 취급하는 사업은 유능한 경영자가 등장하여 일시적인 급성장을 이루더라도, 항상 신규 기업의 압력에 노출되어 있기 때문에 수익률이 낮아질 가능성이 많다. 경기 동향에도 민감하여 '없어서는 안 될 것'이 되기는 어렵다. GM은 '흔한 상품'을 취급하는 전형적인 예에 속한다. 게다가 GM은 경기가 상승하면 설비 투자를 해야 하는 운명을 지닌 '장치 산업'으로, 신규 산업에 투자하거나 자사주를 구입하는 데에 쓸 캐시플로도 충분히 만들어내지 못한다.

미국에서는 '니프티 피프티'('멋진 50개 회사'라는 뜻으로 미국의 기관투자가가 가장 선호하는 50개의 우량 주식을 가리킨다)로 불리는 기업군이 때때로 주목을 받는다. 코카콜라는 상표 인지도나 기술 개발력, 경영의 효율성, 사회적인 평가 등, 모든 면에서 두각을 나타내는 그룹으로 '니프티스트'(niftiest, 가장 훌륭한)라는 형용사가 붙은 적이 있다. 하지만 버핏은, "'니프티 피프티'를 선정하기는 영원히 불가능하며, '트윙클링 트웬티'(twinkling twenty, 반짝이는 20개 회사)를 꼽는 것도 무리이다."라고 말한다.

뉴욕 주식 시장에서 다우평균이 처음으로 5천대에 도달한 1995년, 버핏은 '없어서는 안 될 것'의 새로운 대상을 발견했다. 그것은 세계 최대의 패스트푸드 체인인 맥도날드였다. 버핏은 다음 해인 1996년까지 코카콜라에 투자한 13억 9천만 달러와 견줄 만한 12억 6,500만 달러를 투자하여 맥도날드 총발행주식의 4.3퍼센트를 취득했다. 거액의 투자였기 때문에 버크셔의 1996년도 연차보고서에 공개한 대량 보유 종목의 상위 8개 회사에 맥도날드의 이름이 갑자기 올라가게 되었다.

주식 시장에서는 '맥도날드는 실로 버핏이 좋아할 만한 종목'이라는 시각이 지배적이었다. 강력한 프랜차이즈를 가진 소비 관련 기업으로 거액의 설비 투자를 필요로 하는 장치 산업이 아닌 점에서 맥도날드는 코카콜라와 여러 면이 비슷했기 때문이었다. 국제화에서도 두 회사는 공통점이 많다. 게다가 맥도날드는 코카콜라와 독점 계약을 맺고 있었다.

그러나 버핏은 1996년도 「회장의 편지」나 1997년도 「회장의 편지」에서 맥도날드에 대해 전혀 언급하지 않았다. 그뿐 아니라 1997년도 연차보고서에 대량 보유 종목 목록에서 맥도날드의 이름은 아예 빠져 있다.

맥도날드의 이름이 대량 보유 종목 목록에서 빠졌다는 뉴스가 흘러나온 1998년 3월 16일에 맥도날드의 주가는 하루에 3퍼센트나 떨어졌다.

이렇게 된 이유 중 하나는 버핏이 맥도날드 사업의 잠재력은 높이 샀지만 경영진은 충분히 신뢰할 수 없었던 데에 있다. 맥도날드의 경영진은 오랫동안 지금의 상태에 안주하면서 발전을 위한 노력을 하지 않아 시장 점유율을 경쟁 회사인 버거킹 등에게 빼앗기고 있었다. 그뿐 아니라, 이사회는 경영진으로부터 충분히 독립하지 못하였고 기업 지배 구조도 주주들을 위한 구조가 아니었다. 당시 맥도날드의 최고경영자 마이크 퀸란은 월스트리트와의 대화를 거의 중요하게 생각하지 않아서 '스텔스 최고경영자'(보이지 않는 최고경영자)라고 불릴 정도였다.

투자 판단을 할 경우, 버핏은 항상 기업의 내재 가치를 살펴보는 것과 함께 경영자의 자질도 평가한다. '없어서는 안 될 것'이라도 예외가 되지 않았다. 그는 때로, "위대한 사업도 경영의 초점을 잃으면 문제를 오래 끌게 되고, 주주들이 손해를 보게 됩니다."라고 지적한다. 코카콜라와 질레트도 한때 그런 적이 있었다. 코카콜라는 새우 양식, 질레트는 석유 탐색에 손을 뻗쳤던 시기가 있었던 것이다.

버핏이 맥도날드의 주식을 처분한 것에 충격을 받은 듯, 이후 맥도날드는 변하기 시작했다. 1998년 맥도날드의 이사회는 퀸란을 해임하고 그 자리에 잭 그린버그를 앉혔다. 그린버그는 『USA 투데이』의 기자에게, "이제까지 우리 회사는 방만한 경영을 해 왔습니다. 과거 40년 동안 우리가 한 일은 레스토랑을 새로 연 것뿐이었습니다. 더 이상 이런 일은 없을 것입니다."라고 선언했다.

그린버그가 최고경영자의 자리에 앉게 된 지 채 1년이 되지 않아 맥도날드 주가는 60퍼센트나 상승했다.

버핏은 1998년에 처음으로 맥도날드에 대해 언급했다.

저는 한 가지 고백할 것이 있습니다. 1998년에 보유 종목을 바꾸었는데, 그 결과 얻을 수 있었던 이익을 얻지 못했습니다. 특히 맥도날드 주식을 처분한 것은 상당히 큰 실수였습니다. 올해는 차라리 제가 주식 시장이 열리는 시간에 매일 극장에 나갔더라면, 그래서 아무 일도 하지 않았더라면 주주 여러분들은 더욱 많은 이익을 얻었을 것입니다.

버핏은 '악재'를 솔직하게 고백한 것이다. 그는 1999년 5월 주주총회에서, "맥도날드 주식을 매각함으로써 10억 달러 이상의 이익을 놓치고 말았습니다."라고 말했다.

영구 보유 종목을 찾아서

코크와 질레트는 '없어서는 안 될 것'이며 경영진의 자질도 높다. 그렇기 때문에 버핏은 두 회사를 버크셔 해서웨이의 '영구 보유 종목'으로 정했다. 워싱턴 포스트도 두말 할 나위도 없이 '건드려서는 안 될 중요한 영구 보유 종목'이다. 주식을 100퍼센트 보유하고 있는 GEICO, 시즈 캔디 숍스, 제너럴 리는 '영구 보유 종목'이 아니라 버크셔와 일심동체이다.

1998년 말의 대량 보유 종목 상위 목록에는, 보유하고 있는 주식의 시가 총액을 기준으로, 134억 달러의 코카콜라, 52억 달러의 아메리칸 익스프레스, 46억 달러의 질레트, 39억 달러의 연방주택금융 저당금고, 25억 달러의 웰스 파고 은행Wells Fargo & Company, 15억 달러의 월트 디즈니, 10억 달러의 워싱턴 포스트 등이 올라 있었다.

이 중에서 아메리칸 익스프레스는 신용카드를 축으로 한 금융 서비스, 연방주택금융 저당금고는 주택저당증권MBS을 발행하는 정부 계열의 금융기관, 웰스 파고 은행은 캘리포니아 주에 기반을 두고 있는 대형 지방은행이다. 특히 연방주택금융 저당금고는 '영구 보유 종목'이지만, 기본적으로 버핏의 절친한 친구인 찰스 멍거의 종목이다. 1988년 멍거가 회장을 지낸 버크셔 해서웨이 산하의 웨스코 파이낸셜이 이 회사의 주식을 대량으로 취득했다.

이들 7개 회사 중에서 코카콜라, 질레트, 워싱턴 포스트, 연방주택금융 저당금고를 뺀 3개 회사도 '영구 보유 종목'일까? 버핏은 분명하게 말하지 않지만, 그의 말대로 적어도 '상당히 유망한 것highly probables'일 것이다. 버핏과 멍거는 주주들에게 '없어서는 안 될 것'을 발굴하기가 어렵기 때문에 '상당히 유망한 것'으로 만족할 수밖에 없다고 말한다.

아메리칸 익스프레스는 버핏이 1998년에 주식을 더 구입했기 때문에 버크셔의 질레트를 추월하여 그해에 대량 보유 종목 2위가 되었다. 아메리칸 익스프레스는 1990년대 전반 기관투자가들의 압력에 눌려서 최고경영자 제임스 로빈슨을 해임하고 하비 골럽을 후임으로 하는 등 새로 부활하게 된 종합금융 서비스 회사이다.

버핏은 1991년에 아메리칸 익스프레스의 (전환권이 붙어 있는) 우선주 3억 달러 어치를 사들였다. 하지만 당시의 아메리칸 익스프레스는 그가 바라는 경영 스타일이 아니었다. 로빈슨 밑에서 아메리칸 익스프레스는 '금융의 슈퍼마켓'이라는 구상을 내걸고 본업인 신용카드 이외에 보험, 은행, 증권에 진출하고, 회화 비즈니스까지 손을 뻗쳤다. 버핏이 요구하는 경영의 원칙을 전부 깨뜨린 로빈슨이었지만 그가 3억 달러를 출자해 달라고 요청했을 때 버핏은 거절하기 어려웠다. 왜냐하면 아메리칸 익스프레스에 투자한다는 것은 버핏에게 있어서 '귀향'의 의미를 가지고 있기 때문이었다. 버핏은 파트너십 시절인 1964년에 아메리칸 익스프레스 주식을 대량 취득하여 1967년의 시점에서 운용 자산의 40 퍼센트를 차지할 정도였다.

1990년대 초반에 아메리칸 익스프레스는 사업의 초점을 잃고 있었으나, 버핏은 이 회사의 사업 자체에 대해서 옛날과 다름없는 신념을 갖고 있었다.

버핏은 기본적으로 은행주를 좋아하지 않는다. 은행은 생리적으로 정보를 공개하지 않는 습성이 있기 때문에 대출 채권의 내용을 정확하게 알 방법이 없다. 그러다가 불량 채권이 산더미처럼 쌓였을 때에야 비로소 그 실태가 밝혀진다. "악재는 즉시 알리라."라고 말하는 버핏과 맞지 않는 것이다.

또한 은행은 레버리지가 상당히 높다. 부채 자본이 주주 자본의 몇 배인지를 나타내는 레버리지 비율은 업계 평균이 10배 전후이다. 그러나 이것이 비정상적으로 높으면 잠깐 실수하여 부채 자본을 구성하는 대출 채권의 일부가 회수되지 않는 것만으로도 거액의 주주 자본을 잃을 위험이 있다. 주주들이 모아 준 자본이 잘못 사용될 가능성이 높은 것이다.

그러나 1990년 버핏이 웰스 파고 은행의 주식을 살 당시, 웰스 파고

은행은 여타 은행의 경영 방식과 여러 면에서 달랐다. 버핏은 당시 웰스 파고의 최고경영자인 칼 라이차르트Carl Reichardt와 폴 헤이즌Paul Hazen의 경영 수완에 반했다.

1990년 당시 캘리포니아에는 지나친 부동산 융자로 불량 채권이 산더미처럼 쌓여 있는 금융기관이 속출하고 있어서 웰스 파고의 주식을 파격적인 가격으로 살 수 있었던 사실도 무시할 수 없다. 하지만 세간에서는 웰스 파고가 살아남을 수 있을지조차 의문스러운 상황에서 아무리 '파격적인 가격'이라고 해도 사기는 곤란하다는 생각이 지배적이었다. 어떤 유력 투자전략가는, "웰스 파고가 살아남을 수 있을지는 미지수이다. 살아남지 못한다면 버핏도 살아남지 못할 것이다."라고 말할 정도였다.

이제 버핏이 가진 최대 문젯거리는 새로운 '없어서는 안 될 것'을 발굴하기가 너무나 어렵다는 점이다. 버크셔 해서웨이가 보유하고 있는 자금은 해마다 늘어나기 때문에, 그대로 놔두면 버크셔의 운용 성적은 낮아질 수밖에 없다. 하지만 파격적인 가격으로 살 수 있는 '제2의 코크'를 발굴하기란 쉽지 않은 일이다.

게다가 예전과 같이 수억 달러가 아니라 수십억 달러의 투자 대상을 찾는 일은 몇 안 되는 거대 우량 기업으로 범위가 한정되어 있다. 버핏의 신통력이 앞으로도 통할 것인가? 버핏을 주목하고 있는 사람들은 다시 한번 '버핏론'을 전개하기 시작했다.

누구나 주인공이 될 수 있다

주식 시장이 5년, 아니 10년 동안 폐쇄되어도 저는
특별히 걱정하지 않습니다.

록펠러를 추월하는 빌 게이츠

"빌 게이츠가 존 록펠러를 추월할 날이 머지않았다."

1999년 봄, 대표적인 주가지수인 다우존스 공업주 평균이 처음으로
1만대를 넘어서자, 뉴욕의 주식 시장 관계자들 사이에서 이러한 관측
이 나오기 시작했다. "마이크로소프트, 예상을 뛰어넘는 대폭적인 수익
증가" 등의 뉴스가 나오자 마이크로소프트의 주가는 한때 175달러를
넘어서 천정부지로 상승하고 있었기 때문이었다.

마이크로소프트의 주식을 1주당 175달러로 계산하면, 게이츠가 보
유하고 있는 마이크로소프트 주식의 시가는 900억 달러에 달한다. 1천
억 달러대로 진입하는 것도 결코 꿈이 아니었다. 부호 순위에서 빌 게
이츠는 워런 버핏을 2위로 내려앉히고 확고부동한 1위를 차지했다. 19
세기에서 20세기 초에 활약한 석유왕 **존 록펠러** 등 과거의 인물들과 겨

뤄도 역대 5위에 드는 금액이다. 참고로 1999년 여름, 드디어 게이츠가 보유하고 있던 주식의 시가 총액이 1천억 달러를 돌파했다. 버크셔 해서웨이의 주식을 40퍼센트 보유하고 있는 버핏은 425억 달러였다.

잡지 『아메리칸 헤리티지』의 계산에 따르면, 록펠러는 최고 전성기에 (1998년 여름 시점의 가격으로 환산하여) 1,890억 달러의 자산을 보유하고 있었다. 게이츠는 이미 자동차왕 헨리 포드를 뛰어넘는 자산을 보유하고 있었고, 철강왕 앤드류 카네기, 선박·철도왕 코닐리어스 밴더빌트에 육박하고 있었다. 마이크로소프트의 주가는 계속해서 1년에 2배 가까이 상승하고 있었기 때문에 록펠러를 뛰어넘는 것은 시간 문제였다.

20세기 말에, 당대에 거부를 이룬 창업자는 게이츠만이 아니었다. 인텔의 고든 무어, 델 컴퓨터의 마이클 델, 오라클의 래리 엘리슨 등, 1990년대 '미국의 부활'을 상징하는 첨단 기술 업계의 총아들이 부호 순위에서 윗자리를 석권했다. "신흥 산업의 창업자가 부호 순위의 상위에 죽 늘어서게 된 것은 록펠러 시대 이래 1세기 만의 일"이라고 일컬어졌다.

그 외에도 1세기 전과 공통점이 있었다. 카네기는 근대적인 시스템을 도입하여 철강 산업에 혁명을 일으켰고, 델은 인터넷을 적극적으로 활용하여 컴퓨터 업계에 충격을 주었다. 시대 배경도 사업 내용도 다르

존 D. 록펠러
(John D. Rockefeller, 1839~1937)

뉴욕 주 리치퍼드에서 태어난 록펠러는 친구와 함께 차린 작은 규모의 상사회사(商事會社)에서 시작하여 뉴저지 스탠더드 석유회사라는 미국 굴지의 회사를 만들어내었다. 그가 만든 스탠더드 석유회사는 1911년까지 미국 정유 생산량의 85퍼센트를 지배하고 있던 독점적 석유회사였다.

1862년 석유 정제 공장을 세운 록펠러는 같은 업종의 회사를 규합하여, 1870년 스탠더드 석유회사의 전신(前身)격인 오하이오 스탠더드 오일(Standard Oil Co. of Ohio)을 설립하였다. 당초 이 회사는 위험 부담이 많은 원유 생산에 참여하지 않고, 직접 수송 부문을 독점하여 원유 생산의 지배와 정제 업자의 통합에 성공하였으며, 결국 미국 석유 시장을 지배하기에 이르렀다. 그 과정에서 록펠러는 엄청난 부를 축적하게 된다. 그러나 1890년에 제정된 반독점법인 셔먼법으로 스탠더드 석유회사는 해산하게 되고 록펠러도 재계에서 은퇴하게 된다. 이때부터 그는 미국 시카고 대학 설립을 위해 6천만 달러 이상의 금액을 기부하는 등 자선 사업에 몰두하였다.

지만, 다른 사람들이 흉내낼 수 없는 시스템을 구축하여 막대한 이익을 올린 점은 같다.

1990년대의 역사적인 주가 상승에 대해 연방준비제도이사회 의장인 앨런 그린스펀은 '근거 없는 열광'이라고 경종을 울리면서도, 때때로, "미국은 100년에 한 번 오는 변혁을 경험하고 있고, 현재의 모습은 과거의 모습과는 근본적으로 다를 가능성이 있다."라고 말했다. 컴퓨터나 통신 기술의 혁신이 급속도로 진행되어 생산성의 상승률이 역사적으로 가장 높은 수준에 이르고 있다는 사실에 주목한 발언이었다. 이것이 소위 말하는 '신경제New Economy'론으로서, 다우 평균 1만대 진입 현상을 정당화하는 근거가 되고 있다.

'신경제'의 실체에 대해서는 사후에 검증되어야 한다. 케네디 정권의 탄생으로 막을 올려서 미국 경제가 장기적인 상승을 이룩한 황금의 1970년대에도 그와 같은 논의가 활발했었다. 그러나 1990년대 후반 시점에서 뒤돌아보면, 1970년대는 여전히 GM이나 엑슨 등의 기존 기업들이 패권을 장악하고 있었고, 경쟁도 한정되어 있었다. 록펠러를 추월할 만한 창업자도 나타나지 않았다.

빌 게이츠도 워런 버핏에게 배웠다

빌 게이츠는 1990년대의 미국 '신경제'를 대표하는 경영자로서, 미국의 역사적인 주가 상승을 상징하는 존재였다. 그런 그가 컴퓨터의 기본 소프트웨어로 첨단 기술 업계 최강의 마이크로소프트 제국을 만들어 가는 과정에서 '미국 최고의 투자가'로 인정받는 버핏에게 많은 것을 배웠다고 한다. 물론 컴퓨터나 인터넷 기술에 대해서가 아니고 경영이나 비즈니스에 대해서이다.

겉으로 봐서 게이츠와 버핏은 '대부호'라는 점을 빼면 공통점이 별로 없다. 게이츠는 정보화 사회의 기수인 데에 반해 버핏은 컴퓨터를 잘 다룰 줄 모르고, 신문, 청량음료, 면도기, 구두, 초콜릿 등 로우테크(lowtech, '하이테크'의 반의어)에만 투자한다. 게이츠는 버핏보다 스물다섯 살 어리고, 세대도 다르다.

그러나 두 사람은 친한 친구 사이이며 서로를 감화시키고 있다. 게이츠는 브릿지(트럼프 게임의 일종)가 취미인 버핏의 영향을 받아 브릿지 애호가가 되었고, '컴맹'을 자칭하는 버핏은 게이츠의 권유로 컴퓨터를 한 대 구입했다.

그러나 버핏은 컴퓨터를 업무용으로 사용한다기보다 인터넷 등을 통해 게이츠를 포함한 친구들과 브릿지 게임을 즐기는 데에 사용하고 있다.

"존경하는 경영자는 워런 버핏"이라고 공공연히 말하는 게이츠는 1995년에 『포춘』지와의 인터뷰에서 다음과 같이 말했다.

> 워런은 복잡한 일을 이해하는 데에 뛰어난 재능을 갖고 있습니다. 그는 메이 웨스트(미국의 글래머 여배우)를 인용하여 투자 철학에 대해 재미있게 이야기하고는 합니다. 그러나 이러한 유머에도 깊은 의미가 숨어 있습니다. 따라서 언제나 그로부터 무엇인가를 배우고 있습니다.

경영자 게이츠를 관찰해 보면 버핏과 비슷한 점이 많다. 우선 개인 재산의 대부분을 마이크로소프트의 주식으로 보유하고 있고, 버핏이 즐겨 말하는 대로 '경영자는 오너(주주)처럼 행동하라'를 실천하고 있다. 버핏과 마찬가지로 부의 대부분을 주식으로 쌓아올렸고, 대량의 자사주를 계속 보유하여 주주와 위험 부담을 함께하고 있다.

다른 첨단 기술 창업자 대부분이 스톡옵션(자사주 구입권)으로 거액의 보수를 거머쥐고 있는데도 게이츠는 스톡옵션을 조금도 취하지 않고 있다. 버핏 역시 스톡옵션을 '주주보다 경영자에게 이로운 도구'로 여기며, 버크셔 해서웨이 자회사의 경영자에게도 스톡옵션을 부여하지 않는 방침을 세우고, 철저하게 지키고 있다.

무배당 경영을 택하고 있는 점도 두 사람의 공통점이다. 그들은 모두, 주주들로부터 위탁받은 자본을 제대로 운용할 수 없다면, 경영자는 이익을 배당이 아니라 재투자로 돌려야 한다고 생각한다. 유리한 투자 기회가 없어진 단계에서 배당을 통해 주주에게 자본을 반환하는 것이다.

또한 개인적인 재산을 사용하는 방법도 비슷하다. '1천억 달러의 사나이'가 된 게이츠는 1999년 여름, 개인 자산 50억 달러를 교육과 의료를 위해 자선단체에 기부했다. 한 개인이 기부한 금액으로는 최고 액수였다. 버핏도 은퇴 후에 개인 자산의 99퍼센트 이상을 자선단체에 기부하겠다고 말하고 있다.

버핏은 '사람들이 각자 가장 잘하는 분야에서 될 수 있는 한 열심히 일하면 그만큼 사회 전체가 부유해진다.'라고 생각하고 있다. 버크셔 해서웨이를 오랫동안 경영하면서 개인 자산을 늘린다면 사회에 환원하는 금액도 늘어난다는 것이다.

버핏이 은퇴하여 개인 자산의 99퍼센트 이상을 자선단체에 기부하면, '버핏 재단'은 록펠러나 카네기, 포드 등의 재단을 뛰어넘어 사상 최대의 자선단체가 될 것이다.

게이츠와 버핏은 부호 순위에 단골로 올라오는 점도 닮아 있다. 『포브스』지가 매년 실시하는 부호 순위에서, 1992년에 1위 게이츠, 2위 버핏, 1993년에 1위 버핏, 2위 게이츠, 1994년에 1위 게이츠, 2위 버핏이었다. 1990년대에는 항상 두 사람이 1, 2위를 다퉜다.

버크셔 해서웨이의 주주이며, 버핏에 관한 책을 쓰기도 한 펀드매니저 로버트 해그스트롬은 이렇게 말한다.

"버핏과 게이츠는 세계에 대한 호기심이 왕성한 지적인 거인들으로, 그들은 서로에게 반했습니다. 버핏은 기술 혁신이나 인터넷이 무엇을 의미하는지를 게이츠에게 배우고, 게이츠는 어떻게 자본을 배분하고, 주주들과 접하고, 경영진을 북돋울 것인지에 대해 버핏에게 배웁니다."

워런 버핏, 그가 기업 문화를 바꾸고 있다

빌 게이츠는 버핏으로부터 직접 영향을 받은 경영자이지만, 1990년대 미국에서는 버핏과 직접 관련이 없는 '버핏 형 기업'이 속출했다. 그가 주식을 대량 보유하고 있는 코카콜라, 월트 디즈니, 아메리칸 익스프레스, 워싱턴 포스트 등이 유능한 경영자를 배출하고 성공을 거두자, 연쇄 반응적으로 많은 기업들이 주주들을 위한 경영에 나서며, '버핏 형 기업'이 되었다. 1990년대의 '미국의 부활'을 상징하고, **블루칩**(blue chip, 우량 종목)의 대표격인 IBM이 그 한 예이다.

1997년 5월 13일 대형 식품·담배업체인 RJR

> **블루칩(blue chip)**
> 위험이 작고 가치 하락의 가능성이 매우 낮은 우량 투자 종목을 일컫는 용어로, 주로 오랜 기간 안정적인 이익 창출과 배당 지급을 실행해 온 기업의 주식을 의미한다. 우량 투자 종목은 수익성과 성장성이 뛰어날 뿐만 아니라 재무적 기반도 건실해야 하며 주요 산업에 속하고 업계에서 유력한 지위에 있어야 한다. 장래성이 있더라도 '소형주'이거나 '투기성이 강한 것'은 통상 블루칩이라고 하지 않는다.

나비스코에서 IBM으로 자리를 옮긴 루이스 거스너는 최고경영자로서 IBM의 전 사원들에게 이런 메시지를 보냈다.

"친애하는 동료 여러분. 우리들은 오늘 우리 회사의 역사에 남을 이 정표에 도달했습니다. 자, 일터로 돌아갑시다. 새로운 출발선에 서는 것입니다."

이날 IBM의 주가는 블랙 먼데이의 직격탄을 맞기 직전인 1987년 8월 22일에 기록한 사상 최고가를 10여년 만에 넘어섰다.

대형 컴퓨터에서 개인용 컴퓨터로 옮겨가는 소형화의 물결을 타지 못한 IBM은, 1990년대에 들어 실적이 급속히 추락했다. 루이스 거스너가 IBM에 영입된 1993년에는 미국 기업 사상 최대인 81억 달러의 적자를 기록하여 주가는 40달러까지 떨어졌다. 'IBM은 죽음으로 가고 있는 거인'이라고 일컬어졌다.

그로부터 4년 뒤, IBM의 주가는 4배 이상 상승했고, 월스트리트에서 IBM 주식은 '배워야 할 종목'으로 불리게 되었다.

IBM이 첨단 기술 업계의 맹주(盟主, 집단의 우두머리)로 돌아간 것은 아니다. 기술적인 주도권은 대형 반도체 기업인 인텔을 창업한 앤디 그로브가, "일찍이 IBM이 하던 일을 우리들이 하고 있다."라고 지적한 대로 윈텔(마이크로소프트와 인텔의 연합)에 빼앗기고 있었다. 그럼에도 미국 주식 시장이 높이 평가한 것은 IBM이 '주주를 위한 경영'을 우직할 정도로 추구한 점이다.

거스너의 주도로 IBM은 대규모의 리스트럭처링을 실행했다. 1987년 보다 직원 수를 40퍼센트 감축하는 등 처절한 인원 감축과 함께 주주들로부터 위탁받은 자본의 규모도 40퍼센트 줄였다. 적은 노동력과 자본으로 매출을 40퍼센트 정도로 늘려, 자기자본이익률을 11년 만에 20퍼센트 이상 끌어올렸다. 말하자면 '축소된 부활'이었다.

구체적으로 IBM은 채산성이 나쁜 공장이나 연구 시설 등을 과감하게 처분하여 대차대조표상에서 없애 버렸다. 그동안 가치가 없는 공장 등이 재평가되지 못했기 때문에 대차대조표에서 과대하게 평가되었다. 다시 말해 무능한 경영진들은 자신의 잘못을 인정하려 들지 않고 낙관적인 견해를 고집하고 있었던 것이다.

새로 최고경영자에 오른 거스너는 대차대조표를 재구축하여 불합리한 과거의 유산을 청산하고, 적은 자본을 투하하여 많은 캐시플로를 만들어내는 등 경영의 새바람을 몰고 왔다.

버핏은 규모를 중시하는 M&A를 좋아하지 않는다. 개인적인 이익을 우선시하고 자본을 낭비하는 경영자가 많기 때문이다. 그는 자사주가 대폭 떨어질 때는 오히려 잉여 자본을 자사주를 매입하는 데에 투자하는 편이 주주 이익 면에서 훨씬 낫다고 생각한다. 이와 관련해 버핏은, "만약 자사주가 내재 가치의 절반일 때 매입하면 1달러를 지불하여 2달러를 손에 넣게 되는 것이다. 자본을 이용하는 데에 이것보다 더 좋은 방법은 없다."라고 한다.

그런 의미에서 거스너는 버핏이 추구하는 바에 걸맞은 경영자였다. 그는 1997년 경제 분석가 설명회에서, "이제까지 실행했던 것 중에 가장 중요한 것은 무엇이었습니까?"라는 질문에, "윤택한 캐시플로를 사업 확장에 사용하려는 유혹에 굴하지 않고, M&A를 하지 않았던 것입니다."고 대답했다.

그는 1995년에 30억 달러를 투자한 로터스 디벨로프먼트를 매수한 것 외에는 대형 매수를 하지 않은 대신 자사주를 대거 구입하는 데에 매진했다. 1995년 초부터 2년 동안 총 132억 달러의 자사주를 구입했고, 1997년에는 추가로 30억 달러를 매입할 계획을 세웠다. 이미 자사주 구입은 IBM에 있어서 최대의 지출 항목이 되어 있었다. 이에 대해 거스너는, "자사주 매입은 잉여 자본을 주주에게 반환하여 자본 효율을 높이는 유효한 전략"이라고 설명했다.

대담한 스핀오프가 유행하다

스핀오프(Spinoff, 분사 경영)

자회사나 특정 사업 부문의 주식을 모기업의 기존 주주들에게 할당하여 분리·독립시키는 경영 방법으로, 주식의 매수 등을 통해 두 개의 기업이 하나로 통합되는 M&A와는 정확히 반대되는 개념이다. 스핀오프는 주로 지나치게 방대해진 거대 기업이 조직의 활성화를 도모하기 위하여 채택하는 경영 기법이다.

IBM은 쓸데없는 M&A를 하지 않음으로써 부활했지만, M&A의 반대 개념인 **스핀오프**(spinoff, 사업의 분리·독립)를 통해 부활하여 '버핏 형'이 된 기업도 많다.

1990년대의 대표적인 '스핀오프'는 대형 통신회사 AT&T가 1996년에 실시한 통신기기 부문의 '스핀오프'이다.

AT&T는 통신기기 부문의 자본이나 노동을 본사에서 완전히 분리하여 루슨트 테크놀로지라는 별도의 회사를 만들었다. 오랜 전통의 벨 연구소도 본사에서 루슨트 테크놀로지로 옮겨 버린 점을 생각하면 IBM을 능가하는 과감한 리스트럭처링이라고 평가할 만하다.

1997년 7월 뉴욕 주식 시장에서는 주가가 최고치를 갱신하면서, 주식 시가 총액이 5백억 달러를 돌파한 루슨트 주식이 주목을 끌었다. 이로써 루슨트의 모기업이자 통신업계의 거인으로서 군림해 온 AT&T와 어깨를 나란히 하게 된 것이다. 이는 스핀오프가 완료된 지 1년도 되지 않아 예전의 모기업을 능가할 정도로 성장했던 것을 의미한다. '부분parts은 합계sum보다 가치 있다'는 이론을 입증한 셈이다.

'스핀오프'는 경영과 자본이 모회사에서 완전히 분리되는 것을 말한다. 만약 A사가 B부문을 B사로 스핀오프했다고 한다면, 이 경우 A사는 B사의 주식을 주주에게 무상으로 할당함으로써 스핀오프가 완료된다. 바꾸어 말하자면, 그때까지 A사 주식을 가지고 있던 주주가 자동적으로 A사와 B사의 주식을 얻게 되면서 스핀오프가 끝나는 것이다.

스핀오프 관련 컨설턴트 회사를 경영하는 조 코넬은, "정당하게 평가되어 있지 않은 부문을 스핀오프함으로써, 그 부문의 잠재 가치를 시장에 풀어 주어 주주 전체의 부를 늘릴 수 있습니다."라고 스핀오프에 대해 해설하고 있다. 모회사의 경영 규모가 줄어드는 것으로도 잘 알 수 있듯이, 스핀오프는 어디까지나 주주 가치의 증대에 역점을 두고 있는 것이다.

이것은 '자회사 상장上場'과는 본질적으로 다른 것이다. A사가 B부문을 B사로 자회사화하여 상장한 경우를 생각해 보자. A사는 계속 B사 주식의 과반수를 장악하고 있기 때문에 경영이나 자본이 아직 분리되지 않은 상태이다. 더군다나 A사의 주주는 B사 주식을 받을 수 없기 때문에 B사의 잠재 가치로 인한 이익을 충분히 누릴 수 없다. 또한 B사는 여전히 A사의 자회사로 남아 경영이 자유롭지 않다. 따라서 잠재 가치가 반드시 겉으로 드러나게 된다고도 할 수 없다.

물론 A사는 매각 이익을 설비 투자 등에 이용할 수 있다. 그래도 A사보다 B사의 성장력이 높은 경우, A사가 아무리 설비 증강으로 본업을 강화해도 B사를 능가하는 이익을 올리기 어렵다. A사의 주주는 B사의 성장의 열매를 얻을 수 없게 되는 것이다. 더군다나 B사 주식의 매각 이익에는 양도소득세가 붙고, 그것은 주주가 부담해야 한다.

루슨트 테크놀로지의 최고경영자 리처드 맥긴은 스핀오프를 완료한 후 1년 뒤, 한 인터뷰에서 스핀오프의 효용에 대해 다음과 같이 말했다.

"기업 경영이라는 것은 주주들을 대신하여 자본을 운용하고, 지속적으로 최고의 가치를 주주들에게 제공하는 것입니다. 그렇게 하기 위해서는 '선택'과 '집중'의 경영을 관철시켜, 고객의 수요에 철저하게 대응하는 것이 중요합니다.

스핀오프에 의해 AT&T, 루슨트가 각각 자신들의 전략 사업에 경영자원을 집중 투하하여 장기적인 가치 향상을 꾀하고 있습니다. 루슨트는 경영의 자유를 획득하고, AT&T의 경쟁 회사와도 거래를 하게 되었습니다. AT&T의 주주는 루슨트의 주가가 상승하여 엄청난 부를 손에 넣었습니다. 자회사 상장은 전략적이라기보다는 전술적인 느낌이 강합니다. 자회사 상태로는 아무것도 변하지 않았을 것입니다."

그 외에 100년 역사의 명문 화학 제조업체 몬산토가 1997년에 본업인 화학 부문을 스핀오프하여 생명과학업체로 변모했다. 몬산토의 주주들은 저성장 산업인 화학 제조업체의 주주인 동시에 실리콘 밸리의 벤처기업 수준의 성장을 목표로 하는 기업의 주주가 되었다. 이 외에도 전통 있는 전기 제조회사인 웨스팅하우스 일렉트로닉은 미국 3대 방송 네트워크의 하나인 CBS를 매수하고 본업을 스핀오프하여 대형 미디어 기업으로 탈바꿈했다. 이는 본사 소재지나 회사명까지도 바꾸는 철저한 탈바꿈이었다.

눈을 뜨기 시작하는 주주들

1990년대 들어 경영자가 주주 가치의 증대를 내걸게 된 것에 호응하여 주주들이 기업의 오너로서 눈을 뜨게 되었다. 그들은 최고경영자를 필두로 한 경영진을 관리하기 시작했는데, 이는 한마디로 표현한다면 기업 지배 구조가 변화한 것이다.

버핏이 이상적으로 생각하는 기업 지배 구조는 「회장의 편지」를 읽으면 대강 파악할 수 있다.

> 경영자는 주주들로부터 위탁받은 자본을 관리하는 사람입니다. 따라서 최고경영자는 언제나 오너의 입장에서 경영해 나가야 합니다. 오너 입장에서 생각한다면 오너에게 경영의 실태를 솔직하게 알려 줄 것이고, 무분별한 사업 확대로 자본을 낭비하지 않을 것입니다. '유능하며, 정직하고, 일을 열심히 하는 경영자'가 되어야 하는 겁니다.

기업 지배 구조에서 가장 중요한 문제는 '최고경영자의 평가를 어떻게 하느냐'이다. 평가 기준이 애매하고 자칫 주관적일 우려가 있기 때문이다. 게다가 최고경영자는 경영의 최고 권력자이기 때문에 최고경영자를 관리해야 할 이사회의 독립성이 결여되어 있는 상황에서는 아무도 최고경영자를 객관적으로 평가할 수 없다. 버핏은 이사회가 최고경영자를 제외하고 정기회의를 여는, 즉 최고경영자가 없는 상태에서 최고경영자를 평가하는 것을 가장 이상적인 기업 지배 구조로 여긴다.

연금기금이나 투자 신탁을 필두로 하는 거대 기관투자가들은 1980년대 후반부터 1990년대에 걸쳐 서서히 주주의 권리에 눈을 뜨기 시작했다. 그들은 먼저 최고경영자를 객관적으로 평가할 수 있는 기업 지배 구조를 구축했다.

그 선봉에 섰던 것이 '행동하는 주주'로 불리는 캘리포니아 주 공무원 퇴직연금기금(이하 'CalPERS')이었다.

1990년대 초반, IBM이나 GM, 이스트먼 코닥 등 다우존스 주가평균에 채용되는 대기업들은 CalPERS의 압력으로 기존의 최고경영자들을 추방했을 뿐만 아니라, 기업 지배 구조를 개혁해야 했다. 1990년대 후반이 되어서도 상황은 마찬가지였다. 이번에는 오히려 오너를 위한 경영을 하지 못한 최고경영자들을 해임하는 것이 당연하게 여겨지기 시작했다.

CalPERS는 1997년, 투자 대상 기업 가운데 기업 지배 구조가 나쁘다고 평가되는 애플 사에 압력을 가했다. 업적이 급속도로 떨어지는데도 최고경영자인 길버트 아멜리오를 제대로 평가하지 않았기 때문이었다. 그들은 애플 사의 이사회를 '휴면에 빠진 위원회sleeping board'로 분류했다.

그해 애플 사는 이사회를 근본적으로 개혁하기로 결정했다. 구체적으로는 이사회 임원 7명 중 5명을 퇴임시키고 외부에서 거물급 최고경영자 등 4명을 영입했다. 이로써 경영진이 이사회를 좌지우지할 염려가 줄어들었다.

신임 임원들 가운데 주목을 받은 사람은, 대형 소프트 업체인 오라클의 창업자이면서 최고경영자인 래리 엘리슨과 크라이슬러, IBM의 최고재무책임자CFO를 역임한 적이 있는 제롬 요크였다. 특히 요크에게 많은 기대가 모아졌는데, 그는 기존의 애플 경영진들과 특별한 관계를 맺지 않았을 뿐만 아니라, 크라이슬러와 IBM의 리스트럭처링에서 탁월한 수완을 발휘한 인물이기도 했다.

하지만 애플의 이사회에는 창업 때부터 그때까지 회사 경영에 깊이 관여해 온 마이크 마쿨라가 '장로'로서 군림하고 있었다. 그런 마쿨라에게 다른 임원들은 대항할 생각조차 하지 못했다. 지도력이 의심스러운 아멜리오를 해임시키지 못했던 것도 마쿨라가 그를 선정했기 때문이었다. 그 밖에도 애플의 이사회는 애플 주식을 한 주도 갖고 있지 않은 임원이 있는 등, 위원회 임원들이 자사 주식을 많이 보유하고 있지 않은 편이라서 오너 의식도 그다지 없었다.

CalPERS의 기업 지배 구조 전문가였던 케일러 기란은, "자기 자산을 '위험'에 노출시키지 않으면 경영 전반에 무관심해지는 것은 당연하다. 애플의 이사회 임원들에게는 경영을 다시 활성화시킬 만한 동기도 시간도 없었다." 하고 신랄하게 비판하였다. 그리고 임원은 '열심히 행동하는 주주'여야 한다고 덧붙였다.

많은 우량 기업에서는 위원회 임원에게 자비를 들여서 주식을 구입하도록 요구할 뿐 아니라 부족하면 차입금을 사용하라고 독촉하기도 한다. 이런 상황에서 애플의 이사회는 분명 '최악의 이사회'였다.

CalPERS는 캘리포니아 주의 정부 직원을 대상으로 하는 공무원 연금인데, 미국에서 투자 펀드 회사를 운영하는 넬 미노우에 따르면, 공무원 연금은 투자 대상 기업과 특별한 이해관계를 갖고 있지 않아서 '건전한 기업 지배 구조의 개선을 요구하는 데에는 최고로 적합'하다. 그러나 GM의 연금이 경쟁 회사인 포드 모터스Ford Motors의 주식을 가지고 있더라도 포드 모터스를 좌지우지하기는 어려운 것처럼, 기업연금이 기업 지배 구조의 개선을 주도하기는 어렵다.

이에 비해 버핏은 CalPERS처럼 '행동하는 주주'로 나서지 않는다. 그에게 있어 기업 지배 구조는 그다지 염두에 두는 사항이 아닌 것이다. 그는 다만 오너가 감시하지 않아도 최고의 성과를 낼 수 있는 경영자를 선택하여 투자할 뿐이다. 따라서 버핏은 '행동하는 주주'가 될 필요가 없다.

이에 대해 버핏은 다음과 같이 말한다.

"장기 투자를 전제로 하기 때문에 적어도 5년 동안은 그대로 내버려 둡니다. (국채 부정입찰 사건을 일으킨) 살로먼과 같이 특별한 경우가 아닌 한 경영에 관여하지 않습니다. 조언을 구하면 언제라도 받아 줄 용의는 있지만 말입니다. 가장 좋은 투자 방법은 절대 팔지 않을 확신이 서는 기업에만 투자하는 것입니다."

평범한 사람들의 주식 시장

샌프란시스코에 살고 있는 평범한 샐러리맨인 패럼 디론은 경제 채널 CNBC를 즐겨 본다. 그는 주식 시장과는 관계없는 일을 하고, 특히 경제에 대해 잘 모른다. 그래도 그는 낮에 집에 있는 날 TV 오락 프로그램이 아니라 CNBC에 채널을 고정시킨다. 그는 경제 뉴스만 듣고 있어도 "전혀 지루하지 않다."고 말한다.

디론은 1997년 온라인 주식 위탁 매매를 하고 있는 이트레이드 E-Trade에 구좌를 개설하고 24만 달러를 위탁했다. 33세의 독신이었기 때문에 자금은 충분히 있었다. 그는 실리콘 밸리 근처에 살고 있기 때문인지 CNBC을 통해 첨단 기술 주식을 싼 가격에 살 수 있는 기회를 찾았다.

'아메리카 주식 연합United Shareholders of America'. 저널리스트인 제이콥 와이즈버그는 디론이 처음 주식 투자를 시도할 무렵, 『뉴욕 타임스 매거진』에 이러한 표제어의 기사를 썼다. 이는 미국의 정식 국명인 미합중국United States of America보다 미국의 실태를 여실히 보여 주고 있다.

실제로 1990년대 후반, 미국에서는 디론과 같은 사람이 특별한 인물이 아니라는 사실을 쉽게 느낄 수 있었다. 뉴욕 시내의 스포츠 센터에서 방영하는 TV 채널은 야구나 풋볼을 방영하는 스포츠 채널 ESPN이 아니라 경제 채널인 CNBC에 맞추어져 있었다. 알래스카의 벽지에 있는 레스토랑에 들어가서 CNBC를 시청하는 일도 어렵지 않았다.

이제 사람들은 야구경기 결과를 이야기하듯 주식 시장에 대해 이야기를 주고받는다. 와이즈버그에 따르면, 사람들의 주요 화제가 스포츠에서 주식으로 바뀐 것은 자연스러운 일이다. 통계적인 재미를 제공하는 점에서는 주식 투자도 스포츠와 비슷하기 때문이다.

'직원의 주주화'도 급속도로 진행되었다. 주주 가치의 증대를 목표로 하는 경영자들은 대부분 버핏이 그동안 주장해 온, "경영자는 오너처럼 행동하라."에 의거하여, "직원은 오너처럼 행동하라."고 말하기 시작했다. 특히 실리콘 밸리의 벤처기업에서는 직원 전원이 오너인 회사도 드물지 않게 되었다.

다우 평균이 1만을 돌파한 직후 실리콘 밸리는 '강렬한 첨단 기술 문화와 강렬한 주식 문화가 동거하는 세계'였다. 인터넷 관련 벤처기업을 중심으로 신규 주식 공개IPO가 속출하고 주식으로 많은 부富를 거머쥐는 '제2의 빌 게이츠'가 계속 탄생했다.

1998년 봄, 실리콘 밸리에 사는 엑소더스 커뮤니케이션스(미국 웹호스팅 업체)의 창업자 K. B. 찬드라세카는 거실 소파에 앉아서 TV 화면을 보고 있었다. 그는 인도인이었다. CNBC가, "오늘 많은 주목을 받고 있는 엑소더스 커뮤니케이션스가 주식을 공개했습니다. 가격은 24.75달러입니다."라고 보도하자 찬드라세카는 부인과 서로 껴안으며 기뻐했다. 예상한 가격보다 15달러 많은 액수였던 것이다.

찬드라세카는 엑소더스의 창업자 겸 회장이다. 주식 공개를 한 날로부터 1년여 만에 엑소더스의 주가는 50배 이상 뛰어올라서, 그가 갖고 있는 주식은 스톡옵션을 제외해도 시가 2억 달러로 부풀었다. 이때 그의 나이 38세였다. 그는 "이런 일이 나에게 생길 줄은 꿈에도 몰랐다. 내 자신이 아메리칸 드림을 실현한 것이다."라고, 멋지게 단장된 본사 사무실에서 유쾌하게 말했다.

그도 그럴 것이 찬드라세카는, 그가 태어나고 자랐던 인도를 떠나 처음으로 미국에 발을 들여놓은 1990년 당시만 해도 일개 외국인 기술자에 지나지 않았다. 미국에서 교육을 받은 적도 없고 인맥도 전혀 없었다. 1994년 말 '이제부터는 인터넷이 폭발적으로 확산된다'는 신념을 가지고 엑소더스를 창업할 때도, 직원은 불과 열다섯 명이었고, 작은 사무실에는 냉방 시설도 없었다. 최대의 자산은 머릿속에 그려져 있던 사업 계획뿐이었다.

그로부터 10년이 지나기도 전에 엑소더스는 1천 명 이상의 직원을 거느리는 '인터넷의 인프라 기업'으로 성장했다. 오라클 등 유력 첨단 기술 기업이 엑소더스의 고객이 되었다. 최고경영자에는 IBM, 내셔널 세미컨덕터 애플의 경영 간부를 역임한, 실력 있는 여성 경영자 엘렌 행콕이 취임했다.

엄청난 부를 손에 넣은 것은 찬드라세카나 행콕만이 아니었다. 엑소더스의 직원들은 비서를 포함하여 말단 직원까지 월급을 현금이 아니라 주식으로 받기를 원했고, 찬드라세카가 거기에 따랐기 때문이다. 찬드라세카는 인도식 영어로, "여기서는 직원 전원이 오너이자 창업자입니다. 이것이야말로 '직원 제일주의'입니다. 모두 성공과 실패의 가능성을 함께 공유하며 24시간 정신없이 일합니다." 하고 말한다.

미국에서는 성인 중 과반수가 주식 보유자이다. 이는 전후戰後 태어난 '**베이비 붐**' 세대가 50대를 맞이하면서 퇴직 후를 대비하여 열심히 저축하기 시작했고, 경영자나 직원들이 자사주를 갖도록 촉진하는 기업이 늘었기 때문이다. 대기업의 소유권이 일부의 대자본가들에서 일반 대중의 손으로 넘어가서 '미국에서 진정한 대중 자본주의가 실현되었다'는 평가도 들리기 시작했다.

> **베이비 붐(baby boom)**
>
> 어떤 시기에 사회 공통적으로 아기를 가지고 싶어하는 경향이 나타나 출생률이 급격하게 증가하는 것을 의미한다. 대체로 베이비 붐은 전쟁이 끝난 후나 불경기가 끝난 후와 같이 사회적·경제적으로 풍요롭고 안정된 상황에서 일어나는 경향이 있다. 우리나라에서는 한국 전쟁이 끝난 1955년 이후 베이비 붐이 나타나 자연 인구 증가율이 3퍼센트 수준까지 증가하기도 하였다.

대중 자본주의의 선도자, 워런 버핏

이런 '대중 자본주의'를 선도하는 자는 누구인가? 그가 바로 해마다 오마하에서 '자본주의자의 우드스탁'을 개최하는 버핏이다. 그리고 이제 '아메리카 주식 연합'이 그의 일거수일투족을 주목하고 있다.

1998년 여름부터 가을까지 러시아와 아시아 등 신흥 성장 시장은 대혼란을 맞게 되었고, 그것을 계기로 버크셔 사가 대량 보유하고 있는 코카콜라와 질레트의 주가가 대폭 하락했다. 코카콜라를 필두로 한 국제 우량 기업은 수익의 대부분을 해외 시장에 의존하고 있었는데 러시아의 통화 위기 등으로 신흥 성장 시장이 혼란스러워졌기 때문이다.

1998년의 시점에서 버크셔 해서웨이가 보유하고 있는 보통주의 시가 총액은 372억 달러였다. 이 중에서 34억 달러는 코카콜라, 46억 달러는 질레트의 주식이었다. 당연히 1998년에는 버크셔 해서웨이의 보통주 수익률은 S&P500종목 주가지수를 크게 밑돌았다. 거기에 영향을 받아 뉴욕 증권거래소에 상장된 버크셔 해서웨이의 주가도 내려갈 기세를 보였다.

버크셔 해서웨이를 투자회사로 간주한다면, 투자 신탁과 같이 주당순자산의 증가율을 가지고 수익률을 재는 것이 적절하다.

버크셔 해서웨이의 주당순자산 증가율은 1981년 이후 꾸준히 S&P500종목을 초과했고, 1998년에는 48.32퍼센트를 달성하여 S&P500종목의 8.6퍼센트를 압도했다. 그러나 그해 대형 보험회사 제너럴 리를 매수하지 않았다면 18년 만에 S&P500종목 주가지수를 밑돌았을지도 모른다.

'다우 평균 1만 시대'를 맞이한 1998년 당시, 버핏의 가장 큰 고민거리는 코카콜라 주식의 하락이 아니라 쌓여 가는 자금이었다. 다우 평균이 3년 동안 2배 가까이 상승하면서도 비교적 저평가되고 있는 매력적인 기업을 찾아내기 어려워졌기 때문에 현금과 예금이 투자되지 못하고 쌓여 갔던 것이다.

버핏도 비교적 사업 규모가 작은 기업 중에 주식이 저평가되어 있는 종목이 있다는 것을 알고 있다. 그러나 그것으로는 버크셔 해서웨이의 수익률을 올릴 수 없기 때문에 투자 대상이 되기가 곤란하다.

그런 와중에 버핏은 1998년 최후의 대형 매수를 실행했다. 제너럴 리를 220억 달러에 매수한 것이다.

1998년 9월, 제너럴 리의 매수를 승인하기 위해 열린 임시 주주총회에서 버핏은 다음과 같이 말했다.

"언제나 주식 시세의 하락은 환영할 만한 일입니다. 특히 시세가 급락하면 90억 달러를 내년까지 갖고 있지 않아도 좋을 것입니다."

90억 달러는 그때까지 버크셔 해서웨이가 가지고 있던 보유 자금 중 가장 많은 규모였다. 그 후에도 주가는 계속 상승하여, 1999년 봄 해서웨이가 보유하고 있는 현금은 150억 달러가 되었다.

하지만 버크셔 해서웨이가 많은 현금을 가지고 있는 것은 좋은 징조가 아니다. 그것은 버크셔 해서웨이의 수익률이 떨어진다는 것을 의미한다. 그러나 버핏은 내재 가치를 초과한 가격으로는 결코 주식을 사지 않았다. 버핏의 투자 철학에 위배되는 행위이기 때문이었다. '자신이 이해할 수 없는 첨단 기술 주식에는 투자하지 않는다'는 생각을 갖고 있는 만큼 미국 주식 시세 전체를 이끌고 있는 '첨단 기술 주식 붐'의 혜택을 받은 적도 없다. (그러나 2002년 7월, 버핏은 '첨단 기술 주식'에는 투자하지 않겠다는 그동안의 원칙을 깨고 통신업체인 미국 레벨3 커뮤니케이션스에 대한 투자 계획을 밝혔다.—편집자)

물론 버핏은 장기 투자를 기본으로 하기 때문에 초조해하지 않는다. 1999년 5월 연차주주총회에서는, "주식 시장에서는 타자가 스트라이크로 아웃되는 일은 없습니다. 공을 다 치지 않아도 상관없습니다. 여러분들 앞에 최고의 공이 나타날 때까지 참을성 있게 기다리면 됩니다."

하고 말했다. 이런 점에서 버핏은 일반적인 펀드매니저와 엄연히 다르다. 버핏에 따르면 펀드매니저는 언제나, "빨리 방망이를 휘둘러라. 이 게으름뱅이야." 하는 스트레스를 받는 존재이다. 따라서 그들은 수중의 현금과 예금을 최대한 줄이기 위해 내재 가치에 비해 고평가되어 있는 종목을 살 수밖에 없는 것이다.

대형 매수는 계속된다

1999년, 월스트리트에 작은 이변이 일어났다. 한 경제 분석가가 버크서 해서웨이에 대해 처음으로 제대로 된 보고서를 쓴 것이다. 화제의 주인공은 대형 증권회사 페인웨버에 소속되어 있는 여성 경제 분석가 앨리스 슈로더였다. 슈로더는 워런 버핏과 버크서 해서웨이의 경영진들을 직접 취재하면서 그들의 성공에 대해 분석하여 최초로 '버크서 경제 분석가'가 되었다.

버크서 해서웨이는 주주 자본의 규모로 보아 GE 등 거대 기업을 제치고 미국 최대의 기업이 되었는데도 월스트리트로부터 완전히 무시되고 있었다. 주식 매매가 빈번하지 않았기 때문이다. 버크서의 주주는 대부분 주식을 장기간 보유하는 개인투자가였던 것이다. 버핏은, "이것은 증권회사의 영업 담당자에게는 죽음을 선고하는 것이나 마찬가지겠죠. 무엇인가를 30년 동안이나 계속 갖고 있는 것은 자기 희생 정신을 자랑하는 수도원에서도 드문 일입니다."라고 말했다.

장기 보유 주주가 많다는 것은 버크서 해서웨이 주식의 유동성이 낮다는 뜻이다. 따라서 기동성 있게 매매하는 투자 신탁 등 기관투자가는 버크서 해서웨이의 주식을 그들의 포트폴리오에 넣으려고 하지 않는다. 더욱이 버크셔 해서웨이는 M&A에 대해 투자은행가에게 상담을 구하는 일도 없기 때문에 고객으로서 매력이 없다. 이와 같은 현상에는 터무니없는 수수료를 요구하는 투자은행가를 무척 싫어하는 버핏의 성향도 한몫했다.

슈로더는 보고서에, "버크셔 사를 단순한 '폐쇄closed-end'형 투자 신탁으로 보는 것은 잘못된 일입니다. 보험을 중심으로 한 사업 회사로 분석해야 합니다." 하고 결론지었다. 버크셔는 지속적인 대형 매수로 사업 내용이 크게 변하기 때문에, 경제 분석가나 기관투자가들과 같은 월스트리트의 전문가들도 버크셔 사의 동향에 관심을 기울여야 한다고 말하고 있는 것이다. 여기서 '폐쇄형 투자 신탁'이라는 것은 일반 기업과 마찬가지로 주식을 증권거래소에 상장하는 회사형 투자 신탁을 말한다.

사실 버크셔의 대차대조표 내용은 고정적이지 않다. 1995년 이래, 버크셔의 보통주 포트폴리오는 총자산이 299억 달러로 76퍼센트를 점유하고 있었는데도, 1999년 3월에는 그 비율이 32퍼센트로 떨어졌다. 제너럴 리를 매수하여 총자산이 1,240억 달러로 4배나 늘어났기 때문이다. 1999년 버크셔의 (자회사를 포함한) 직원 수는 4만 7천 명이 넘는데, 이는 1995년과 비교하여 두 배로 늘어난 숫자다. 슈로더는, "버크셔는 코카콜라나 질레트 등의 대량 보유 종목의 주가로 전체의 이익이 정해지는 투자회사가 아닙니다."라고 자신의 견해를 밝혔다.

주식 시장 관계자들 중에는, "버핏이 지속적인 주식 시세의 상승에 대응하기 위한 고육지책으로 제너럴 리를 매수했다."는 견해를 가진 사람들도 있었다. 제너럴 리를 매수하기 직전, 버크셔는 465억 달러의 투자 포트폴리오 중에서 362억 달러를 주식으로 바꾸고 있었는데, 매수한 뒤에는 610억 달러 중 397억 달러를 주식으로 운용하고 있었다. 제너럴 리가 갖고 있는 210억 달러의 투자 자산 중에서 80퍼센트 이상이 채권으로 운용되고 있었기 때문이다.

다시 말해, 버크셔 사는 제너럴 리를 매수하면서 양도소득세를 한 푼도 내지 않고도 순식간에 주식의 비중을 70퍼센트대에서 60퍼센트대로 내리는 데에 성공한 것이다. 동시에 보험회사의 성격이 한층 더 강해져서 주식 시세의 동향에 좌우되지 않고 안정적인 수익을 올릴 수 있는 기반을 쌓게 된 것이다.

물론 보험회사의 성격이 한층 더 강해지면 부작용이 따르기도 한다. 버크셔 산하의 보험회사가 보험료 수입으로 벌어들이는 자금은 버크셔의 새로운 캐시플로가 되기 때문에, 주식 시세가 계속 상승한다면 수중에 자금이 더욱 늘어나서 한층 더 심각한 운용상의 어려움에 처할 가능성이 높아지는 것이다. 언제나 그렇듯이 버핏은 주주들에게, "앞으로도 계속 높은 이익이 지속되리라는 기대는 하지 않았으면 좋겠다."고 충고하고 있다.

버크셔는 영원하다

어쨌든 여전히 버핏은 그의 절친한 친구 찰스 멍거와 함께 '버크셔 호'의 키를 쥐고서, 100억 달러가 넘는 대형 매수를 노리고 있는 것이 틀림없다. 보통의 기업에서는 은퇴하고도 남을 나이인데도 버핏과 멍거는 여전히 보통 사람을 능가하는 명철한 두뇌를 가지고 의욕에 불타 있다.

버핏은, "자신에게 무슨 일이 생기면 버크셔는 어떻게 되겠습니까?" 하는 질문을 자주 받는다. 그럴 때 그는 언제나 "제가 은퇴하는 시기는 제가 죽고 나서 5년 뒤입니다."라고 대답한다. 자신이 어떻게 되든지 간에 사람들은 코카콜라를 계속해서 마시고, 질레트의 면도기로 수염을 깎을 것이고 시즈 캔디를 계속 먹는다는 사실은 변함없다는 뜻이다. 또한, 자회사를 포함한 '버핏 종목'은 최고의 상품을 보유하고 있고, 일류 경영진이 운영하고 있기 때문에 버핏이 없어도 끊임없이 성장해 나가리라는 것을 확신하고 있는 것이다.

버핏은 '버핏 종목'의 경영자들에게 일일이 간섭하지 않는다. 예를 들면 시즈의 최고경영자인 찰스 허긴스는, 버핏이 1972년에 이 회사를 매수한 이래로 줄곧 최고경영자 자리에 있었는데, 여전히 건재하다. 시즈를 성장시킨 것은 허긴스이지 버핏이 아니다.

정작 문제는 직원이 열두 명에 불과한 지주회사 버크셔의 최고경영자이다. 버크셔 해서웨이의 최고경영자는 매일 회사 전체의 자본을 어디에 배치할 것인가를 정해야 한다. '자본의 배분자'로서의 임무를 지는 것이다.

하지만 이미 버핏은 버크셔의 주주들에게, "어제 저는 죽었습니다."라는 말로 시작되는 편지를 준비해 놓고 있다. 버핏에게 있어서 버크셔 해서웨이는 자신이 죽은 뒤에도 영원히 자신이 계획한 모습 그대로 달려 나갈 존재인 것이다.

워런 버핏, 그의 끝없는 행보

1998년 7월에 80달러를 넘었던 코카콜라의 주가는 코카콜라 창립

100주년 기념일 무렵에 65달러까지 떨어졌다. 한때 미국의 부와 문화를 상징하던 코카콜라의 명성은 예전의 빛을 잃어 가고 있다. 코카콜라를 번영의 자리에 올려놓은 고이주에타가 죽은 후, 그 자리를 넘겨받은 아이베스터는 결국 이 사태에 책임을 지고 2000년 4월 최고경영자의 자리에서 내려오게 된다. 어떤 면에서는 아이베스터가 불운하기도 했다. 그가 취임하자마자 아시아 외환위기가 터졌고, 전임 경영자인 고이주에타의 카리스마가 너무 강하게 남아 있었던 것도 그에게는 버거운 일이었다. 그뿐 아니라, 유럽의 코카콜라 오염 사건, 사내 인종 차별 소송 등, 꼬리를 물고 터지는 대형 악재가 아이베스터의 숨통을 조였다. 실적 부진의 늪에 빠져 있던 아이베스터가 결국 사임 의사를 표명하게 된 이면에는 워런 버핏이 있었다.

워런 버핏에 의해 최고경영자의 자리에서 내려오게 된 사람은 아이베스터 외에도 질레트의 마이클 홀리가 있다. 버핏은 취임한 지 18개월밖에 되지 않은 홀리를 최고경영자의 자리에서 해임하면서, 그 이유를 묻는 사람들의 질문에 이렇게 대답할 뿐이었다.

"타율이 3할 2푼인 타자로는 만족스럽지 않습니다. 우리에게는 3할 7푼의 성적을 내는 타자가 필요합니다."

1990년대 미국의 고성장을 맞이하면서, "주가가 너무나 올라가 더 이상 투자할 곳을 찾을 수 없다."고 말하던 세계적 투자가 워런 버핏은 2000년부터 미국 시장에 들이닥친 경기 침체를 기회로 다시 한번 움직이기 시작했다.

인터넷 관련 주식이 융성하던 시절에도 자신이 잘 알지 못하는 분야라며 별 관심이 없던 워런 버핏은 2002년 7월 레벨3 커뮤니케이션스에

1억 달러를 투자할 계획을 밝혔다. 레벨3 커뮤니케이션스는 전세계 인터넷 서비스 제공업자들이나 케이블 TV 회사 등에 광통신망을 공급하는 업체로, 이 회사에 대해 워런 버핏은, "유동성과 건전한 재무 구조를 동시에 갖춘 회사다."라고 평가했다. 워런 버핏의 투자 계획이 발표된 이후 레벨3 커뮤니케이션스의 주가는 50.9퍼센트나 폭등했다.

그뿐 아니라, 2002년 한 해 동안에만 에너지 업체인 윌리엄스에 20억 달러를 투자했고, 유동성 위기에 몰린 윌리엄스와 다이너지로부터 가스 파이프 라인을 각각 4억 5천만 달러, 18억 8천만 달러에 사들였다. 이런 식으로 2001년부터 2002년까지 2년 동안 버핏이 기업 인수를 비롯한 각종 투자에 사용한 돈은 154억 달러에 이른다. 그러나 이것은 그의 투자 계획에서 시작에 불과하다.

21세기에 들어서면서 미국 경제는 다시 한번 크나큰 변혁의 시기를 맞이하고 있다. 끝도 없이 오르기만 했던 미국 증권 시세는 구조 조정에 들어갔다. 수많은 매체를 통해 이름을 드높이던 최고경영자들은 몰락의 길에 들어서기도, 영광의 길에 들어서기도 한다. 이러한 때 '전설적인 투자의 귀재' 워런 버핏의 행보는 전세계 투자가들의 눈과 귀를 사로잡고 있다.

시대가 바뀌어도 '인내', '성실', '신념'처럼 변하지 않는 가치들이 있다.

투자도 마찬가지이다. 기업을 대상으로 투자를 하는 데에 있어서 가장 중요한 원칙은, 한 기업에 대한 평가는 그 기업의 '본질적인 가치'에 의존해야 한다는 것이다.

우리는 미국에서 손꼽히는 갑부이자 전설적인 투자가, 탁월한 경영자, 그리고 한 인간으로서도 훌륭한 인격을 갖춘 워런 버핏이라는 인물을 통해서 이 원칙의 중요성을 새삼 확인할 수가 있다.

그는 1965년 이후 지금까지 연평균 24.7퍼센트라는 뛰어난 투자수익률을 기록하고 있다. S&P500의 주가지수 상승률이 연평균 12.9퍼센트라고 할 때 놀라운 실적이라고 하지 않을 수 없다.

우리나라에서는 상황 변화에 따라 기업 평가에 대한 관점이 달라져 왔다고 할 수 있다. IMF 외환위기 이전까지는 자산의 크기나 시장 점유율과 같은 요소들이 기업 평가에 있어서 무시 못할 요소로 인식되어 왔다. 그러다가 IMF 외환위기를 겪는 상황에서 '수익성'이 강조되기 시작했다. 그러던 것이 최근 1, 2년 사이에, 정보통신 기술의 발전에 의해 인터넷 산업이 각광받기 시작하면서 안정성이나 수익성은 상당히 무시되고 성장성만이 유일한 가치 판단 기준인 듯한 투자 분위기가 광풍처럼 몰아쳐 오기도 했다.

물론 인터넷 관련 산업에 대한 열기 고조가 우리나라에서만 나타난 특수 상황은 아니었다. 이런 인터넷 관련 정보통신기술 산업에 대한 관심 고조로 성장성 위주의 투자를 하는 경향은 증권 시장의 세계화 경향에 따라 미국을 비롯한 외국의 증권 시장에서도 마찬가지로 나타났다.

그러나 '성장성'이라는 하나의 투자 판단 요소도 장기적인 관점에서는 수익성이나 안정성과 별개일 수가 없다. 장기적으로 수익성과 안정성을 높이지 못하는 성장성은 결국 주가의 버블화를 초래할 수밖에 없기 때문이다. 그 결과 우리나라뿐만이 아닌 전세계의 증권 시장이 극심한 혼미 양상을 보이고 있다.

이러한 때 워런 버핏의, 원칙에 충실한 투자 자세는 우리에게 많은 것을 시사한다.

워런 버핏은 장기적으로 수익을 창출해 내는 기업, 주주를 파트너로 생각하는 기업을 주요 투자 대상으로 삼았으며, 자기가 잘 알지 못하거나 확신하지 못하는 분야에 대해서는 투자하지 않았다.

점점 변동이 극심해져 가는 투자 환경에서 워런 버핏의 투자 철학은 우리나라 주식 투자가들에게 다시 한번 자기 자신의 투자 자세를 가다듬는 기회를 제공해 줄 것이다.

더구나 증권 시장의 세계화에 따라 현재 유럽 최대 증시인 인터내셔널 익스체인지iX에 이어 미국의 뉴욕 증권거래소를 중심으로 하는 세계증시Global Equity Market, GEM가 개장을 앞두고 있는 시점이다.

점점 더 투자의 기회는 다양해지고 있지만 그에 따른 투자 정보는 우리들을 점점 더 판단하기 어려운 상황으로 몰아가고 있다. 이런 시점에서 우리에게 더욱더 필요한 것이 바로 워런 버핏의 투자 철학인 '원칙중

심주의'이다.

투자는 인터넷 상에 존재하는 가상게임이 아닌, 눈앞의 현실이다. 그리고 투자를 하는 것은 나의 선택이지만 그 결과에 대해서는 나와 나의 가족 또는 내가 소속되어 있는 조직이 책임져야 할 일이기 때문이다.

신동기

워런 버핏의 투자원칙

초판 1쇄 인쇄 · 2021년 4월 09일
초판 1쇄 발행 · 2021년 4월 16일

지은이 · 마키노 요
옮긴이 · 신동기
펴낸이 · 김형성
펴낸곳 · (주)시아컨텐츠그룹
편 집 · 강경수
디자인 · 이종헌

주 소 · 서울시 마포구 월드컵북로5길 65 (서교동), 주원빌딩 2F
전 화 · 02-3141-9671
팩 스 · 02-3141-9673
이메일 · siaabook9671@naver.com
등록번호 · 제406-251002014000093호
등록일 · 2014년 5월 7일

ISBN 979-11-88519-22-4 (03320)